歴史文化ライブラリー
586

吉田松陰の生涯

猪突猛進の三〇年

米原　謙

吉川弘文館

目　次

松陰はどのように論じられてきたか―プロローグ……1
肖像画と木像／評伝を書くということ／膨大な著作／徳富蘇峰『吉田松陰』／松陰論の概観／アーレント『全体主義の起原』／松陰熱の復活／本書の視角

少年時代

短い生涯……14
萩松本村／毛利氏／家族／吉田家の養子となる／遊学／ペリー来航

父・杉百合之助……23
父の日常／父の教育／父は勤王家だった？／杉家と仏教

叔父・玉木文之進……30
スパルタ教育／洋学嫌い／吉田小太郎／萩の乱と文之進

兵学修行……36
山鹿素行とその兵学／山鹿流・吉田家／兵学師範となる／山田宇右衛門と山田亦介／「畳の上の水練」
山鹿流兵学者・松陰……45
松陰の兵学講義／松陰と西洋兵学／西洋歩兵論／来原良蔵が海軍伝習所へ／門下生たちと西洋兵学／素行『配所残筆』／士道論

遊　学

新米の兵学師範として……56
徳川政治体制の危機／軍制改革の模索／「対策壹通」／「戦法論疑」と「水陸戦略」
平戸に遊学……62
平戸で／「近時海国必読書」／「慎機論」と「戊戌夢物語」／「百幾撒私」
江戸に遊学……69
江戸の学者たち／佐久間象山／関心の広がり／宮部鼎蔵／浦賀と房総を視察
亡　命……78
鳥山新三郎／「過書」事件／亡命の理由／「執迷的妄信者」

東北へ旅立つ……85
旅程／遊歴の目的／三厩へ／山田宇右衛門の叱責
水戸学との出会い……94
水戸の雰囲気／水戸学の淵源／天皇と将軍の関係／徳川体制の正統化原理／日本的華夷思想／水戸学の相対主義／『新論』の新しさ／水戸学のディレンマ
ペリー来航
萩から再び江戸へ……106
帰国を命じられる／日本歴史を学ぶ
ペリー艦隊来る……110
再び江戸へ／ペリー来航の目的／ペリー艦隊の動向／浦賀に行く／象山の観察／日本ナショナリズムの原点／啓蒙思想家たち／「海戦策」／松浦武四郎／勝算は？
密航を企図して長崎へ……123
永鳥三平／長崎へ／徳川斉昭「海防愚存」／唐突な長崎行き／象山の考え／遅すぎた長崎到着／プチャーチンの動向／横井小楠に会う
ペリー再来と密航失敗……136

三たび江戸へ／ペリー再来／抗戦か密航か／抗戦と密航のあいだ／金子重之助／金子の動機／松陰と金子／下田へ／投夷書／櫓杭なし／ポーハタン号上で／挫折

伝馬町牢へ……151
牢制度／入牢／金子重之助の運命／牢生活は「愉快」

幽囚のひと

野山獄で……160
萩へ／密航と仇討／攘夷と開国／『清国咸豊乱記』／民政重視／民政論と大陸進出論

貿易をめぐって――攘夷と開国……170
勝海舟と象山／高島秋帆／堀田正睦／クルチウスの書簡／松陰の場合／大艦の必要性／復古的社会観／貿易肯定論になったか？／兵学的思考／橋本左内／横井小楠／佐久間象山／松陰の華夷世界観／市井三郎『明治維新の思想』

杉家の幽室で……184
杉家で蟄居／経学は「空理」／君臣は義による＝象山／視野の狭窄

ハリスの来日……190
米国領事館設置／左内と松陰のハリス論／通商条約と尊王攘夷論／堀江克

之介
月性と黙霖……194
月性／夷狄への屈辱感／月性の討幕論／松陰の反対論／月性の頌辞／黙霖と松陰／「僕は毛利家の臣なり」／一方的な誤解／尊王精神を再確認する
『講孟余話』……206
『孟子』講義／放伐論を否定／モラリズム／「利」を排斥／ヒロイズム／武士のプライド／片意地であること／国体論／「狂夫」
山県太華との論争……218
山県太華／藩主は天皇の臣下／忠と孝の対立／『神皇正統記』の立場／『保建大記』と『中興鑑言』／正統性論の欠如／太華「講孟劄記評語」／「不敬」による論敵批判／中華と夷狄／狭隘な忠誠観
急旋回　尊王攘夷から刑死へ
通商条約調印……230
通商条約と将軍継嗣問題／自由貿易について／ハリス口上書／橋本左内の意見書／「対策一道」／松陰の「開国通市」／攘夷＝開国論／違勅問題
松下村塾の政治セクト化……241
松下村塾／相反する評判／若い塾生たち／『靖献遺言』／文天祥／品川弥二郎／高杉晋作

「草莽の臣藤原矩方」……250
孝明天皇の苦衷／戊午の密勅／癇癖に苦しむ／伏見獄襲撃策／間部暗殺計画／血盟書／周布政之助の反対／大原下向策／恃むは草莽のみ

再び獄窓から……258
伏見要駕策／孤立／松陰は革命家？／「死んで見せる」／絶食／草莽崛起／「六尺の微軀」のみ／回心

武士道精神……268
サムライ魂／四民の首／三民の長の責任／死の覚悟／『葉隠』／兵学と儒学／「やまとだましひ」

死出の旅……277
江戸に召喚／取り調べ／暗殺計画を告白／楽観／口上書の内容

死して不朽の見込あらばいつでも死ぬべし―エピローグ……285
処刑直前の姿／松陰神社創建

あとがき

略年譜

参考文献

松陰はどのように論じられてきたか——プロローグ

肖像画と木像

吉田《よしだ》松陰《しょういん》の肖像画として一般に流布しているのは門下の松浦松洞《まつうらしょうどう》の手になるもので、野山獄《のやまごく》入獄前から江戸送り直前までのあいだに少なくとも八枚描かれたとされる（山田稔「吉田松陰自賛肖像考」『山口県文書館研究紀要』三七）。渡辺蒿蔵《わたなべこうぞう》（幼名は天野清三郎《あまのせいざぶろう》）はこの肖像画について以下のように語ったという。

> 松浦松洞が画《か》いた先生の像は余りよく似て居ない、品川《しながわ》子爵（弥二郎《やじろう》）も同じ様に云つて居られた、寧《むし》ろ京都尊攘堂《そんじょうどう》の木像の方がよく似通ふて居る、あれは品川子爵の苦心によつたものであろう、松洞の画像に比すれば先生の左肩は少し前に出て今少し上つて居た、眉も少し上につり、尖《さ》きの所が短く切れて居た、鼻と頬との間の溝は今少し深かつた、総体の顔肉はもう少し肥えて居られ眼光鋭く全面気力の溢れた緊張し

図1　吉田松陰肖像（山口県文書館所蔵）

た顔貌であった。（福本義亮『吉田松陰之殉国教育』二七頁）

渡辺蒿蔵（一八四三〜一九三九）は幕末に米英に留学して造船技術を学んだ。松陰門下では珍しい理科系の人で、九六年の長命だったので松陰についていくつかのエピソードを残している。話しぶりから推して、この談話は品川弥二郎（一八四三〜一九〇〇）死後のことだろう。松陰が刑死したとき、ふたりはともに一七歳、談話が仮に一九〇〇年のことだったとしても、四〇年以上が経過している。一七歳の少年だった人が、四〇年以上も前の師の風貌をこんなに細かに覚えているものだろうか。

品川弥二郎は松陰最晩年の松下村塾《しょうかそんじゅく》生で、松陰が門下生たちから孤立した時も師にあくまで忠実だった。もっとも可愛がられた門下生のひとりである。上記の文に出てくる尊攘堂は明治二〇年（一八八七）に品川によって造られ、収蔵品が死後に京都大学に寄贈された。京都大学構内に現存する尊攘堂は、その後に新たに建築されたものである。問題の木像（図2）がいつ造られたのかわからないが、渡辺の談話から品川生存中であるのは確かだろう。

品川は明治一四年（一八八一）に松陰の『幽室文稿《ゆうしつぶんこう》』（全六冊）を、また一六年（一八八三）には、吉田家を相続した吉田庫三《くらぞう》とともに『嘉永癸丑《かえいきちゅう》吉田松陰遊歴日録』を編集出版している。おそらく自費によるのだろう。慶応四年（一八六八）から明治初期にかけて、『武教講録《ぶきょうこうろく》』（全集収録のタイトルは『武教全書講録』）『東北遊日記《とうほくゆうにっき》』『留魂録《りゅうこんろく》』などが松下村塾から出版されているのもかれの尽力だろう。尊攘堂の建設や木像と同様に、師の業績を後世に残すという強い意志が感じられる。それは歴史に自己の姿を刻んでおきた

図2　吉田松陰木像（京都大学附属図書館「京都大学貴重資料デジタルアーカイブ」）

いという松陰の執念の反映でもあると、わたしには思える。

評伝を書くということ

松陰門下生のあいだでは、早くから伝記出版への期待があったらしいが、かれら自身はみずから執筆しようとはしなかった。人の生涯を文章表現することは、その人の生の軌跡を、多かれ少なかれ、一義的に定義することである。親炙《しんしゃ》した人にとって、それは冒険的な荒業になる。表現されたものよりも、実物のほうがつねに幅が広く複雑だからである。松陰の肖像画にたいする渡辺蒿蔵や品川弥二郎の違和感は、かれらの胸中の残像と具象的な表現との落差によるだろう。

伝記や評伝を書くのも同じ断念を前提にしている。それは対象を明確に定義することを意味するので、その人物の生の相貌の細かいきめや凹凸は削り落とされ、内面の矛盾や愛憎は単純化されるしかない。しかし残されたテキストに沈潜し、客観的状況とつき合わせることによって、親炙した人が気づかなかった側面を冷静に評価することもできる。心酔者にはない特権があるのだ。評伝の目的は人物の生涯を忠実に再現することではない。それを歴史のなかに位置づけて評価することである。

膨大な著作

吉田松陰はその短い生涯に比して膨大な量の著作を残した。全集は、戦前に岩波書店から出された一〇巻本（定本全集）と一二巻本（普及版全集）、戦後に大和書房から刊行された全一〇巻別巻一の三種類があり、さらに普及版の復刻が、普及版に収録されていない資料を別巻として加えた形でマツノ書店から刊行されている（本書の叙述は主として大和書房版により、必要に応じて定本全集も利用した）。内容は論策・旅行記・書簡・漢詩・エッセイ・日記などのほか、抜き書き、メモ、反古《ほご》の類まで含まれている。同時代の人びと（たとえば横井小楠《よこいしょうなん》・佐久間象山《さくましょうざん》・橋本左内《はしもとさない》など）に比べて圧倒的な分量である。

一六歳ごろからの兵学関連のメモや雑文が「未焚稿《みふんこう》」「未忍焚稿《みにんふんこう》」として、さらに一七歳からの読書目録や筆記が「旧鈔《きゅうしょう》」として残されていること、また全集二巻分の膨大な量の書簡を考えると、周囲の人が保存しただけではなく、かれ自身がメモや下書きを丹念に残しておいたのだろう。時として常軌を逸した言動に出たが、驚くほど筆まめで、しかもとても几帳面な性格だったにちがいない。

松陰の言動は人々を魅了し、これまで多くの文章が書かれてきた。もしかれが『講孟余話《こうもうよわ》』『武教全書講録』『東北遊日記』『孫子評註《そんしひょうちゅう》』などのまとまった著作のほかは、若干の漢詩と書簡しか残していなかったら、松陰は下田での密航失敗というエピソードで記憶されるだけで終わったかもしれない。晩年の書簡で「死せば則ち書出でて或は五百年を謀るべし」と、かれは書いた（全集五、一六五頁）。若年時から自分の著作が後世に残ることを期していたのではないだろうか。そうだとすれば、かれの畢生《ひっせい》の願いは果たされたといえる。

徳富蘇峰『吉田松陰』

一般に松陰は明治維新の先駆者とされるが、維新後すぐにそうした評価が打ち出されたのではない。まとまった松陰論の嚆矢《こうし》は徳富蘇峰《とくとみそほう》『吉田松陰』（明治二六年〈一八九三〉）で、このとき蘇峰は平民主義にもとづく藩閥打破（第二の維新）という主張からナショナリストへと軸足を移そうとしていた。『吉田松陰』はその転機に書かれた著書にふさわしく、「攘夷」（国家独立）のために「尊王」を口実にして討幕を実現しようとした革命家として描かれている。

しかし蘇峰は一五年後の明治四一年（一九〇八）に改訂版を出し、初版の内容を大幅に書き換えた。初版で使われた「革命」の語はすべて「改革」と書き換え、「革命家としての松陰」などの章は削除されて、「松陰と国体論」「松陰と帝国主義」「松陰と武士道」が書き加えられている。つまり初版ではナショナリストと革命家というふたつの契機が結合していたのに、改訂版では革命家の側面はそぎ落とされ、ナショナリスト＝尊王主義者としての松陰像が描かれている。蘇峰の立場の変化が改訂の原因だが、品川弥二郎と並んで最愛の門下生だった野村靖《のむらやすし》（旧名・和作）の批判も大きく作用したらしい。

蘇峰がふたつの松陰論でいみじくも描いたように、松陰にはふたつの側面がある。一方では主君や天皇へのゆるぎない忠誠を貫き、国家独立を強調したナショナリストであり、他方では現体制に果敢に挑んで挫折した革命家だったと評価される。松陰はいわば右からも左からも愛される人物なのである（なお松陰評価の歴史的変遷については、田中彰『吉田松陰』を参照）。

松陰論の概観

膨大な松陰論の具体相を概観するために、関連する書籍や論文の数をみてみよう。国立国会図書館のデジタル・ライブラリーでキーワード「吉田松陰」と検索すると総数二九五三点がヒットする。項目を「図書」にし、タイトルを「吉田松陰」と限定すると総数六七四点である。それを一〇年ごとの時系列で配列したのが次頁の表とグラフである（二〇二三年六月現在。なお刊行年が複数年にわたるなどの理由で、合計は総数と合致しない）。

一目でわかるように一九三〇年代から四〇年代がひとつのピークである。一九四〇年代の一四二点はすべて戦中期で、戦後の刊行はゼロなので、いかなる理由で松陰が注目されたかはあきらかだろう。

アーレント『全体主義の起原』

アーレントは総力戦が敗北に終わった後、まるで憑《つ》きものが落ちたようにルーティンにもどり、孤独な生活に明け暮れる大衆の姿をつぎのように描いた。

全体主義プロパガンダの本質的な弱点は敗北のときに初めて露呈される。いかなるも

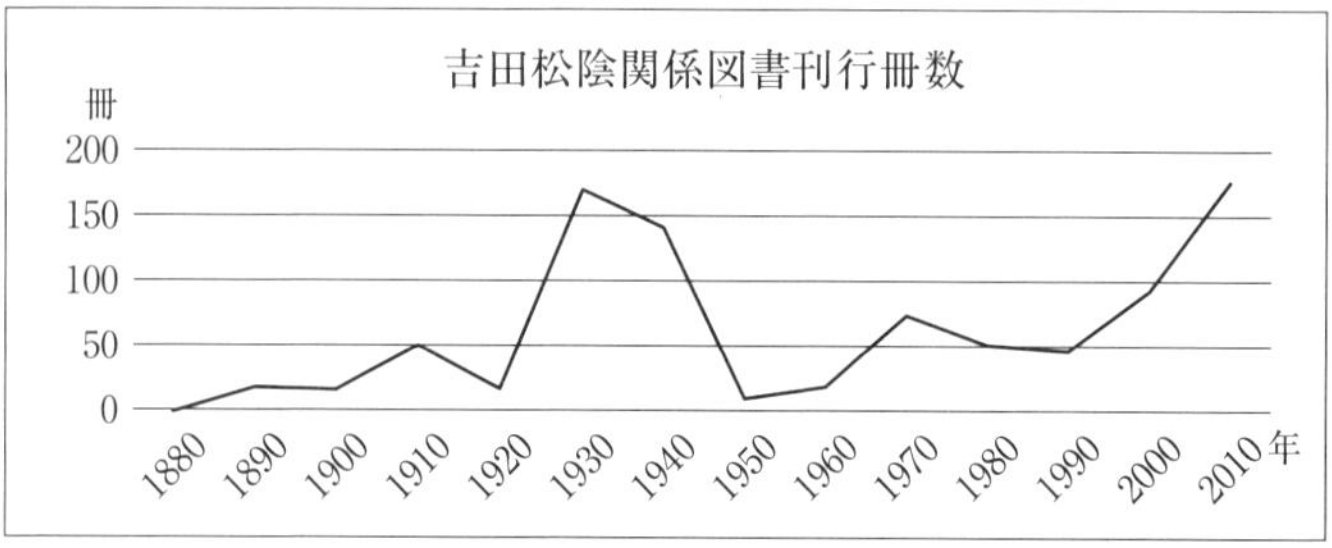

刊行年	冊数
1880年	2
1890年	19
1900年	16
1910年	52
1920年	19
1930年	170
1940年	142
1950年	11
1960年	21
1970年	72
1980年	51
1990年	48
2000年	93
2010年	176

のであれ外的な原因によって運動が崩壊し「組織の暴力」が消失してしまうと、支持者たちは昨日まで生命をも捧げる覚悟でいた筈のドグマと虚構を一夜にして捨ててしまう。（中略）さっきまでは喜び勇んで何やらの千年王国のためにロボットとして死ぬことを覚悟していた彼らは、今や誰一人、宗教的狂信者に倣い殉教しようとする者はない。彼らはまるで馬鹿げたペテンに引っかかったとでも言うように、まことに平静に自分たちの過去を捨て、必要とあれば過去を否認し、そして何か新しい見込みのありそうなフィクションはないかとあたりを見廻すか、あるいは、古いイデオロギーが再び甦って新たな大衆運動を目覚ませる日を

待ち望むかするのである。（ハナ・アーレント『全体主義の起原』第三巻、大久保和郎・大島かおり訳、九八〜九九頁）

これが一九四五年八月の日本の風景だった。総力戦時代にヒーローとしてもてはやされた松陰も、もはや誰も振り向かない時代がやってきた。しかしその沈黙の時間はまもなく破られた。松陰論にかぎっていえば、奈良本辰也『吉田松陰』（岩波書店）がその嚆矢だった。奈良本はいう。

彼には、外国の圧迫によって生れた祖国愛があるのみであった。天皇に対する狂信的な崇拝は、祖国のために生命を投げ出そうとする、その行動のより所であり、生命の代償であった（八六頁）。

この本がサンフランシスコ講和条約を目前にした一九五一年一月に出版されていることでもわかるように、奈良本は「攘夷」を反米ナショナリズムと捉え、「尊王」をその下位に置いて、松陰に国家独立と現状打破への願いを託した。総力戦の時代に「右から」読まれたものを、かれは「左から」読みなおしたのである。

松陰熱の復活

こうしていったん消滅した松陰熱は一九五〇年代に復活の兆しをみせた。もっとも注目すべきは今世紀に入ってそれがうなぎ上りになり、二〇一〇年代には戦前のピークをしのぐ勢いになっていることである。戦前と戦後とでは出版事情が異なるので、安易な比較はできないが、世紀が変わるころから松陰への関心がふたたび高まっていることは否定できない。

むろん最近二〇年ほどの松陰への言及を単純に右と左に分類することはできない。戦中期の熱狂に比べれば、地道な学術的研究が増えたのは確かだ。しかし手堅い実証にもとづく研究の場合でも、幕末という時代を凝縮したような松陰の短い人生に、共感を示す表現が見え隠れすることが珍しくない。たとえばそれは、人を疑うことを知らない一本気な性格、欧米列強の植民地主義への怒りや、既存の権益に居座るエスタブリッシュメントへの憎しみ、苦難を越えて成就した仇討などへの共感、そして被差別部落民や囚人への偏見のない態度、松下村塾での教育への高い評価などとして表出する。当然、それはかれが書き残したテキストの解釈にも影響を与えることになる。そこでは結果を考慮しない心情倫理、社会認識の狭隘《きようあい》さ、主君や天皇への無私でひたむきな忠誠心、武士道精神の鼓吹《こすい》、他者不在の自己中心主義、村塾の政治セクト化、生命を賭した政治的決断などのもつ負の側面は看過される。戦前戦中の評価の要だった国体論やアジアへの勢力拡張論は、かれの心情の純粋さや時勢がもたらしたナショナリズムの過剰として免罪され、門下生の明治維新への功績によって帳消しにされている感がある。

本書の視角

松陰の国体論や尊王主義を近代天皇制に直結させたり、対外勢力拡張論を近代のアジア侵略の先駆と評価するのは、歴史の制約を無視した解釈である。しかしその主張の根底にあった認識や思考の欠陥は問題にしないわけにはいかない。たとえば鎖国という退嬰《たいえい》的な政策を批判して開国論を唱えた松陰は、開明的だったといえるだろうか。

たしかにかれは屈辱的で不平等な開国を批判した。しかし他方で、かれは終生、国際関係を華夷《かい》観念によってしか理解できず、開国の必要は資本主義の世界的拡大によるものだったのに、自ら打って出て勢力拡張することが開国だと考えていた。内にこもって自衛するより外に打って出るほうがいいというのは、たんに兵学《へいがく》的思考にすぎないのではないだろうか。

松陰の激しい言動に表出した情念に共感するのは自由である。しかしそれをテキスト解釈に投影する態度には、わたしは同調できない。テキストはその人物が置かれた状況との格闘の結果である。論理的一貫性やコンテキストとの整合性、すなわち置かれた状況をどのように理解し、状況適合的で論理的に矛盾のない解決策を提示したか否かを判断し、歴史的意味を問うべきである。松陰解釈は、近現代をつうじて（右も左も）、あまりにも松陰という人物への共感にもとづいて書かれてきた。

評伝という表現スタイルでは、対象への共感や同情が生じやすく、その対象に関心をもつ読者もそうした著者の態度を心地よく感じるだろう。しかしわたしは本書でそうした思い入れを排し、松陰の言動をその心理に則して理解し、客観的な歴史過程のなかに定位して、かれの言動がもっていた意味を考えるように心がけた。

なお本書では「幕府」という語を避けて「徳川政府」（あるいはたんに「政府」）と表現した。「幕府」は水戸学の影響で幕末期に流行語となり、明治期に歴史用語として定着した「皇国史観の一象徴」との指摘がある（渡辺浩『東アジアの王権と思想』）。じじつ管見のかぎり、本書が対象とする時期の文献では、頻度順に「幕府」「公儀」「公辺《こうへん》」の三つの語が使用されており、文脈によってニュアンスの違いがあるようにもみえるが、差異を定義するのは容易ではない。そこで特殊な語感を帯びない「徳川政府」を使い、萩の「藩政府」と対応させた（ただし「幕末」「討幕」などの語は慣用に従っている）。

少年時代

短い生涯

萩松本村

まずごく簡単に生涯をたどっておこう。吉田松陰は、天保元年八月四日（一八三〇年九月二〇日）、父・杉百合之助《すぎゆりのすけ》、母・瀧《たき》の次男として、長門国萩松本村《はぎまつもと》（現山口県萩市椿東《ちんとう》）に生まれた。生家は通称「団子岩」と呼ばれた標高五〇メートルほどの小高い丘のうえにあり、現在「吉田松陰先生誕生之地」の石碑が建っている。萩城から「御成道《おなりみち》」と呼ばれる道路を東に行き、松本川（阿武川《あぶがわ》）を渡って東光寺《とうこうじ》の坂を登りきったあたりに位置し、城下から五キロほどの地である。

誕生の年、萩で疱瘡《ほうそう》が大流行した。松陰の顔にあばたがあったのはこの時の疱瘡のせいなのだろう。安政の大獄で処刑される直前の松陰を間近に見たひとは「短小にして背かがみ、容貌醜く色黒く、鼻高にして痘痕あり」と回想している（全集一〇、三一二頁）。別の回想では「丈高からず、痩形であり、顔色は白つぽい。天然痘の痕があつた」とあり、品《しな》川弥二郎《がわやじろう》も「体格の小兵な人」だったと述べている（全集一〇、三五八頁。福本義亮『吉田松陰之殉国教育』）。肖像画から推しても、身長が低く風采があがるほうではなかったことがわかる。

毛利氏

長門国（いわゆる長州）の毛利《もうり》氏は、源《みなもとの》頼朝《よりとも》の側近だった大江広元《おおえのひろもと》を祖とする。大江広元は京都から鎌倉に下向した公家で、守護・地頭など鎌倉幕府草創期の制度設計に大きな役割を果たしたことで知られる。広元の四男・季光《すえみつ》の子孫が承久の乱後に安芸国吉田庄を本拠とするようになり、その子孫が戦国大名の毛利元就《もうりもとなり》である。元就の代に正親町《おおぎまち》天皇（一五一七～一五九三）の即位に必要な献金をしたことから、皇室との特別な関係を認められていたという。尊王主義に傾斜した後年の松陰は、このことを非常な誇りとした。

戦国時代の西国の雄・毛利元就は安芸を拠点に山陽・山陰の広大な領域を支配したが、孫の輝元《てるもと》が関ヶ原の合戦で西軍の中心勢力となったため、安芸・備後・伯耆《ほうき》・出雲・隠岐・石見の六国を削られ、周防・長門を領有するだけとなった。新たに萩に居城を築いた毛利氏は、元就の家系を継ぐ子孫たちが岩国《いわくに》・徳山《とくやま》・長府《ちょうふ》・清末《きよすえ》の支藩をなし、すべてを合わせて公称三六万石余とされた。

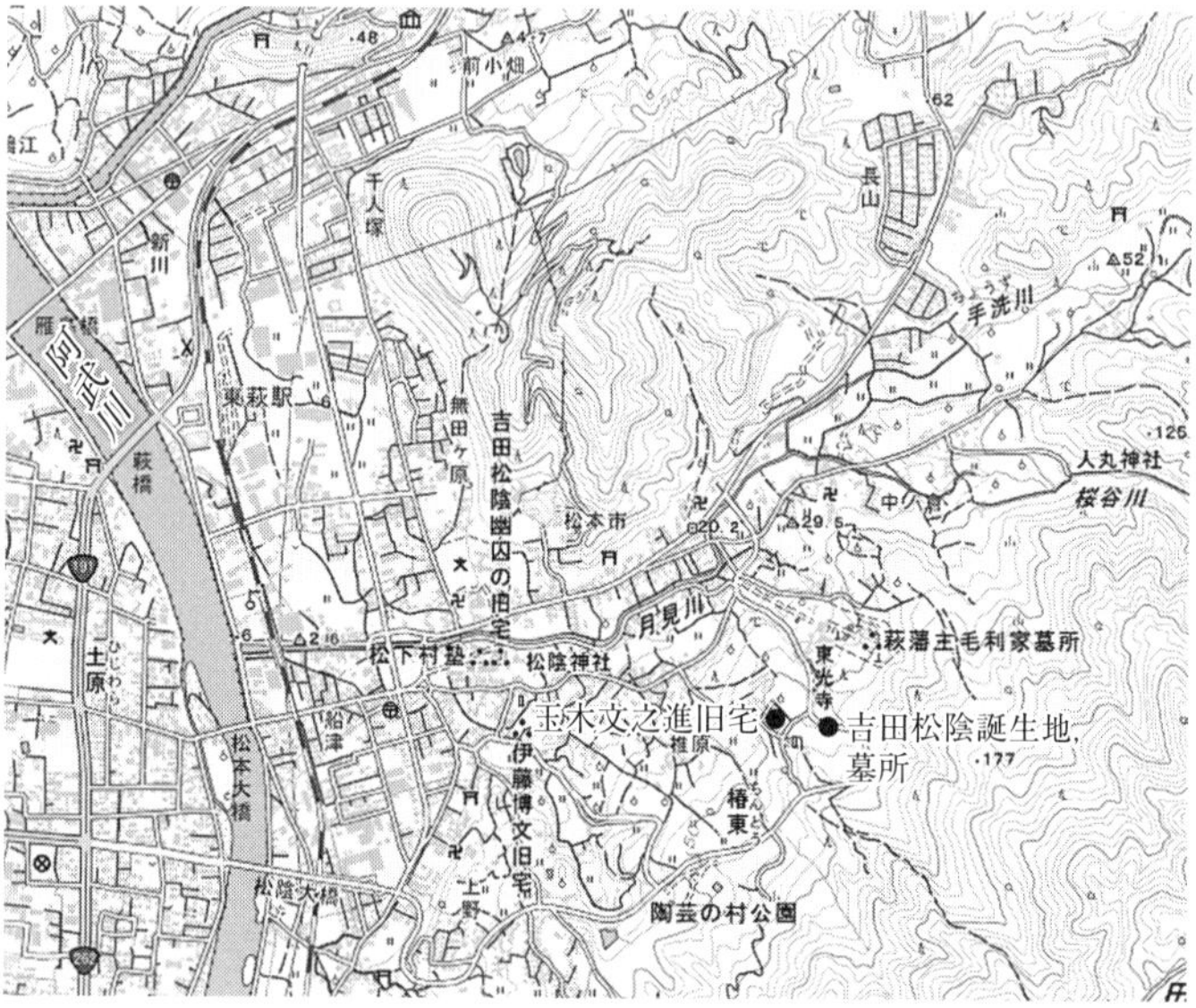

（電子国土 web）」（国土地理院）を元に作成）

家　族

松陰の父・百合之助は萩の本藩の下級武士で、妻となった瀧は毛利志摩《しま》の家臣村田右中《すけなか》の五女だった。生家は豊かだったらしいが陪臣なので、児玉太兵衛の養女となって百合之助に嫁した。瀧の兄は後に鎌倉の名刹・瑞《ずい》泉寺《せんじ》の住職になった竹院で、松陰は何度もここに立ち寄っている。夫婦のあいだには、まず文政一一年（一八二八）に松陰より二歳年長の兄梅《うめ》太郎《たろう》（後、民治《みんじ》。本書では梅太郎で統一する）が生まれ、終生、松陰の理解ある相談相手であり保護者となった。

百合之助・瀧のあいだには、この

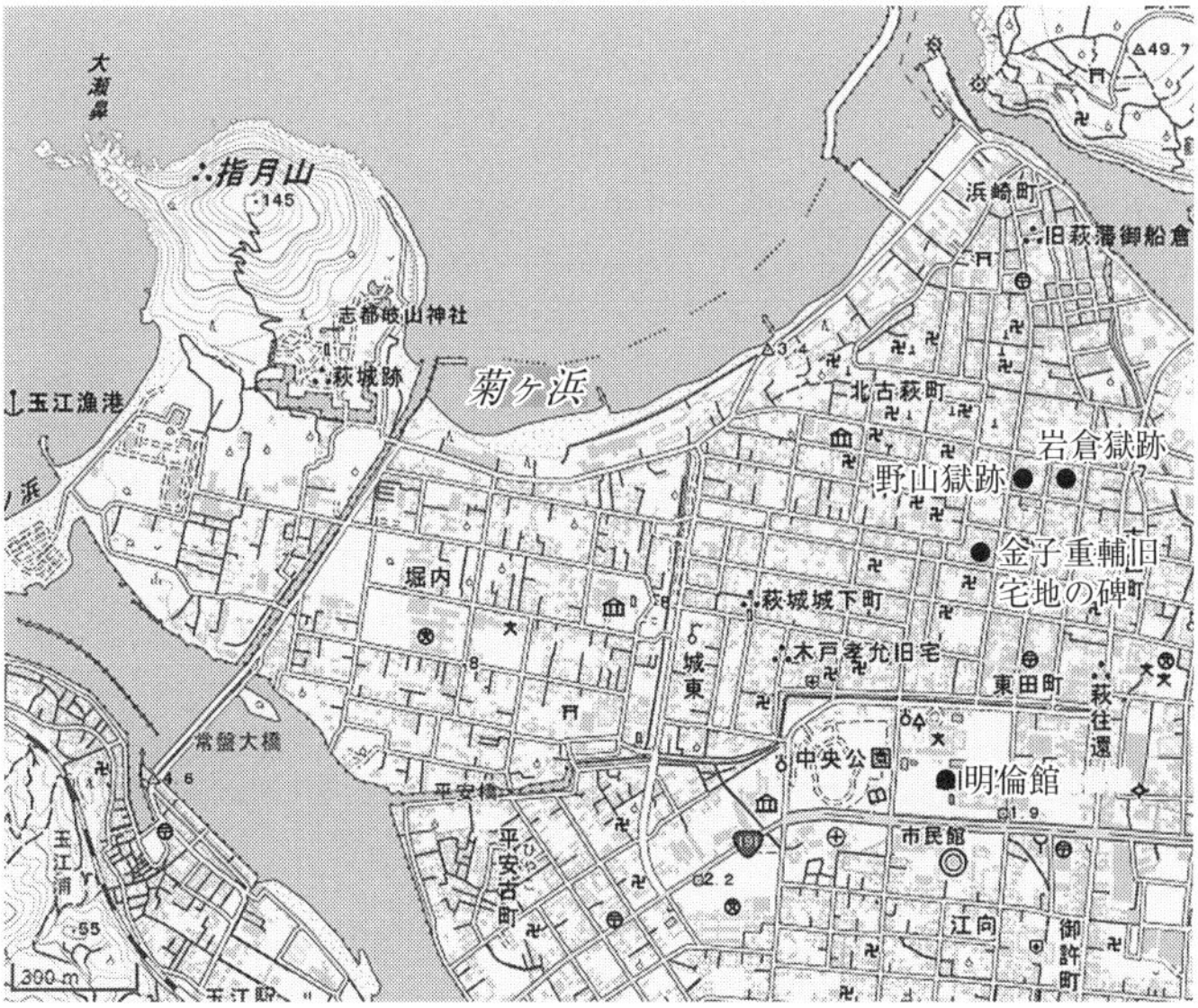

図３　現在の萩市の地図（「地理院地図

ふたりの下に女四人と男一人が生まれ、計七人の兄弟姉妹だった。長女・千代《ちよ》（後、芳子《よしこ》）、二女・寿《ひさ》、三女・艶《つや》、四女・文《ふみ》で、艶は三歳で死去した。千代は母・瀧の名義上の実家である児玉《こだま》家に、寿は松陰門下の小田村伊之助《おだむらいのすけ》（後、楫取素彦《かとりもとひこ》）に、文は久坂玄瑞《くさかげんずい》に嫁したが、明治になって寿が死去すると、寡婦になっていた文が楫取に再嫁している。年齢の近かった長女の千代は獄中の松陰に細かな気遣いをした。松陰から千代宛の書簡もいくつか残っており、「人の家にゆきたれば、ゆきたる家が己が家なり」などと、いかにも松陰らしい訓戒を書き送っている（全集七、二八三頁）。末子の敏三郎《としさぶろう》は聾唖《ろうあ》で、松陰はこの弟をとても愛おしんだ。

松陰の名は矩方《のりかた》、字は松陰、義卿《ぎけい》、子義《しぎ》、二十一回猛士《にじゅういっかいもうし》などを名乗り、通称として虎之助、大次郎、松次郎などが使われたが、後には寅次郎《とらじろう》を用いた。本書では一貫して松陰と呼称する。松陰は生地の松本村にちなんだもので、義卿・子義は義を重んじる意図を込めたものだろう。二十一回猛士は二五歳のときの夢にもとづくもので、生家の姓「杉」の字を十、八、三に分解したり、「吉」と「田」の字を十一と十に分解して、合算して二十一とし、残ったふたつの「口」を「回」と読んだのである。「猛士」であることを誇示したもので、晩年にはもっぱらこの号を用いた。萩にある墓碑には「松陰二十一回猛士墓」と刻まれているが、これは処刑七日前に父・叔父・兄宛に出した遺言にもとづいている。

吉田家の養子となる

天保五年（一八三四）、松陰は吉田家の仮養子となった。かれの名「矩方」の「矩」は吉田家で代々襲名されてきたものである。吉田家初代の重《しげ》矩《のり》（通称・友之允《とものじょう》）の次男が杉家の養子となって杉家第二代となり、松陰の父・百合之助はその杉家の第五代だった。百合之助のすぐ下の弟は大助といい、吉田家の養子となって第七代を襲名し、松陰はこの家を継いで第八代となる。だから松陰は父の弟（つまり叔父）を義父としたのである。また百合之助の二番目の弟の正韞《まさかね》（通称・文之《ぶんの》進《しん》）は、後述のように松陰に深刻な影響をあたえる人物だが、玉木《たまき》姓を名乗ることになる。

図4　吉田家関係略系図（丸数字は代数を示す）

吉田

大助賢良⑦（杉氏より）―寅次郎矩方⑧（杉氏より）―小太郎⑨（杉氏より）

玉木

文之進正韞⑦（杉氏より）―正弘⑧（彦介）―正誼⑨（乃木希典弟）

杉

七兵衛常徳④
- 女
- 女
- 百合之助常道⑤
  - 民治脩道⑥（梅太郎）
    - 豊子
    - 小太郎（吉田へ）
    - 龍子⑦（第七代相次郎妻）
    - 道子
    - 小三郎
    - 清四郎
    - 梅子
    - 静子
  - 寅次郎矩方（吉田へ）
  - 千代（芳子）
  - 壽（楫取素彦妻）
  - 艶（早世）
  - 文（美和子）（久坂玄瑞妻・楫取素彦後妻）
  - 敏三郎
- 大助賢良（吉田へ）
- 文之進正韞（玉木へ）
- 女

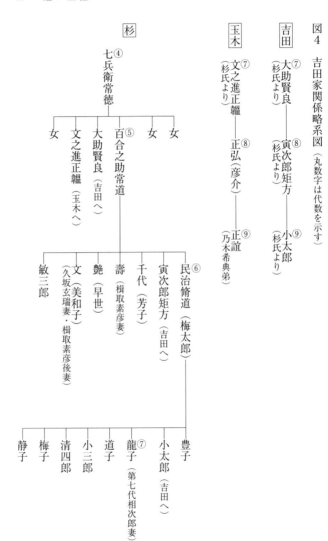

玉木家の第三代の妻は長谷川《はせがわ》姓で、吉田氏初代の三男・孝方がその長谷川姓を継ぐ。つまり吉田・杉・玉木の三家は、長年の姻戚関係でつながっていた。

松陰が養子となった吉田家は代々山鹿《やまが》流兵学師範を家業とした。禄高は五七石六斗で、生家の吉田家は二六石だったから、恵まれた縁組だった。天保六年（一八三五）、義父の大助が二九歳で死去したので、松陰は六歳で家督を継いだが、父・兄・叔父の文之進とともに杉家に同居した。家業である兵学教授は代理者がおこなったが、天保九年（一八三八）に九歳で家学教授見習となり、さらに弘化三年（一八四六）には山鹿流とならんで有力だった長沼《ながぬま》流兵学をも修得した。そして弘化五年（一八四八）正月、一九歳で兵学師範として独立するのである。

遊学

松陰は長じて全国各地を遊歴することになるが、その最初は嘉永三年（一八五〇）秋の平戸への私費遊学だった。平戸松浦《まつら》藩家老で陽明学者だった葉山佐内《はやまさない》と山鹿素行《やまがそこう》直系の子孫で平戸藩に仕えていた山鹿萬助《まんすけ》（萬介）に従学したものである。しかし当初一〇ヵ月の予定だった遊学は、旅程を含めて四ヵ月ほどで切りあげられ、松陰は年末に萩に戻っている。そして平戸滞在時に内示があったのか、翌嘉永四年（一八五一）三月に藩主の参勤交代に従って江戸に向かった。遊学期間は当初三年だったらしいが、その年の一二月には友人とともに東北旅行に出発する。過書（藩が発行する通行許可書）をもたないで出奔したもので、翌年四月に江戸に戻った松陰は帰国謹慎を命じられ、萩に戻った後、一二月九日付で「御家人召放たれ候事」との処分がなされた（全集一〇、四六頁）。家禄と士籍を剥奪されたわけだが、父百合之助の願いによってその育《はぐくみ》となり、かろうじて長州《ちょうしゅう》藩士としての士籍を残した。松陰の行動は軽率で理解しがたいところがあるが、その点については後に検討しよう。

ペリー来航

こうして萩で謹慎するはずの松陰だが、上記の処分がなされたのと同じ日、父の百合之助から一〇年間の「他国修行」の願書が藩政府に提出されている。藩主・毛利《もうり》敬親《たかちか》が松陰の才能を惜しんで、挽回の機会を与えたのだろう（なお敬親は元治元年まで慶親《よしちか》と称したが、本書では一貫して敬親とする）。自費遊学の機を得た松陰は、翌嘉永六年（一八五三）一月さっそく萩を出発し、奈良・伊勢などを漫遊して五月二四日に江戸に着いた。ペリーの艦隊が浦賀に現われたのはその一〇日後で、この事件によって松陰の運命は急展開することになる。まもなくペリーは翌年の再来を予告して退去したが、再来の際は戦争必至と考えた松陰は一命を賭して闘うつもりだった。しかし恩師の佐久間《さくま》象山《しょうざん》から漂流民を擬して密航し、西欧の事情を探索するように示唆され、直後に長崎に渡来したロシアのプチャーチンの船に乗ろうとして、急ぎ長崎に移動したが、プチャーチンはすでに上海に去った後だった。

意気消沈した松陰が江戸に舞い戻ってまもない翌嘉永七年（一八五四）正月早々、ペリーが再渡航して来た。松陰は、日米和親条約の締結を受けて下田に滞在していた米艦に乗り込もうとするが、ペリーに拒否されて失敗し奉行所に自首した。追捕の後に逮捕されることを恥と考えたからである。行動を共にした金子重之助《かねこしげのすけ》（重輔）とともに松陰は萩に護送され、獄に繋がれることになる。しかし行動を厳しく制限されたわけではなく、獄外との文通や密かな会見も許されており、安政二年（一八五五）末には杉家に戻った。そして松陰のもとに門弟が徐々に集うようになり、もともと叔父が教えていた松下村塾を引き継ぐ形で門弟を教えた。

松陰が教えた松下村塾はたんなる教学の場ではない。安政五年（一八五八）に調印した日米修好通商条約をめぐる違勅問題によって尊王攘夷運動が激成してくると、塾の雰囲気は松陰の強烈な個性に染まり、同志的な結合体になっていった。そして松陰が急進的な尊王攘夷論につき進んだために徳川政府の嫌疑を受け、安政六年（一八五九）に安政の大獄で刑死すると、門弟の久坂玄瑞や高杉晋作《たかすぎしんさく》らがその遺志を継ぎ、長州藩の藩論を公武合体から討幕に転換させて、明治維新への口火を切ることになった。

父・杉百合之助

政治家や思想家の生涯を知ろうとする際、一般に少年時代は履歴を紹介する程度でごく簡単に終えても、その人の言動の理解に大きな影響をあたえることはない。しかし松陰の場合は、そういうわけにはいかない。かれがとても早熟だったこと、幼くして家学の山鹿流兵学師範という責任を負わされたこと、幼少期の教育と思想形成で父や叔父の玉木文之進が大きな役割を果たしたことなどが、かれの生涯に決定的な影響を残したためである。まず父から始めよう。

父の日常

松陰の父・杉百合之助（一八〇四～一八六五）は文化元年（一八〇四）生まれで、文政七年（一八二四）に父の死で家督を相続した。もとは萩城下に住んでいたが、家が火災にあったために東郊の護国山南団子岩に住居を構え、松陰はここで生まれた。知行はもと二六石だったが、借金返済のため二三石に減らされていた。これがそのまま家計に入ったとしても、現代風に換算して一日当たり約一一・四リットルだが、上納分も含まれているので、実際はもっと少なかったらしい。夫婦と子ども七人の生活にはとても足りない。天保一三年（一八四二）の日記が残っているので、その生活ぶりがわかる。冒頭部分を引用してみよう（全集別巻、一一頁、［　］内は説明）。

朔日　晴天○肥固屋《こえごや》内ヶ輪《うちがわ》壁塗皆済○麦荒附○苗代荒起シ○厩揚［うまやの清掃］、はかかへ［墓清掃？］○麦畑草取○夜中糠取行
二日　晴天○麦精ケ［精白］○牛蒡《ごぼう》畠三番打返シ○麦草取○厩揚ケ○小水かへ［小便所の汲み取り］○風呂焚○夜中
三日　晴天○厩揚ケ、風呂水かへ○麦津尾寄［土寄せ］○麦草取
四日　晴天○麦畠ウネ揚ケ、寄津尾○草取○牛蒡畠たゝき馬ふん蒔○馬洗○□［不明］面トコ馬ふん蒔
五日　晴天○大畠猿豆《えんどう》草取麦草取津尾寄

これが三月から一二月までの九ヵ月間、一日も欠かさず書かれた日記の三月初めの五日間の記録である。百合之助の日常はまったく農作業に終始している。田畑の耕作、馬の世話、家の修理、藁細工、山での薪拾い等々、一年中働きづめで、文字どおり休む暇もない。

これが武士の日常だろうか。しかし日記にはわずかに二回だが、武士としての任務の記述が出てくる。「三日　晴天○御帰城為御迎《おむかえのため》出ル○麦精ケ○大畠護摩草取皆済」、「九日　晴天○登城先祖御祭礼」。初めは六月三日で、藩主が江戸から萩に戻ったときに出迎えたもの、次は九月九日の重陽節で、毛利家の先祖の祭礼が行われ、登城したのである。

　この日記の翌一四年（一八四三）、百合之助は百人中間頭兼盗賊改方になって家族をおいて城下に赴任した。生活はかなり楽になったのではないだろうか。嘉永元年には城下に近い清水口に、さらに嘉永六年三月に、現在、松陰の旧宅として観光スポットになっている地に転居している。

父の教育

　梅太郎が書き残した「杉百合之助逸話」（執筆年不明）から想像すると、百合之助はとても生真面目で学問好きだったらしい。「専ら躬耕《きゅうこう》を以て業とし、其の内にて終身読書を勤め、舂《つ》くには台柄へ見台を拵《こしら》へ書を見、子供梅太郎・大次郎の素読は大概畠にて教へ、自身も耕耘《こううん》の際常に勤王に係る詩文等を吟唱し（後略）」と回想されている（全集一〇、三七六頁）。日記にもその実直さが表れているが、米麦の精白具に見台を取りつけ、精白しながら本を読み、畑仕事をしながら息子たちに素読を教え、しばしば詩文を吟唱したという。安政の大獄で江戸送りになったとき、松陰は父に留別の詩を残した（全集九、五六五頁）。

平素趨庭《すうてい》、訓戒に違ふ、／斯《こ》の行独り識る厳君を慰むるを。
耳に存す文政十年の詔、／口に熟す秋洲一首の文。
小少より尊攘の志早く決す、／蒼皇《そうこう》たる輿馬《よば》、情安《いず》くんぞ粉せんや。
温凊《おんせい》剰し得て兄弟に留む、／直ちに東天に向つて怪雲を掃《はら》はん。

詩の意味は以下のとおりである。「平素父の教えに従わなかったが、今回の江戸行で父を慰めることができる。耳底には文政十年の詔が残っており、口には秋津洲《あきつしま》の文を唱える。年少から尊攘の意志を固めており、慌しい護送だが、心が乱れることはない。十分になしえなかった孝行は兄弟に頼み、東の空にある怪雲を払いのけよう」。

梅太郎の先の文章によれば、「秋洲一首」は玉田永教《たまだながのり》という吉田流神道の布教師が書いた「神国令」という短い文章をさす。全集で一ページ余で、冒頭の「恭《うやうやしく》以《おもんみれ》は大日本は神の国なり」から、梅太郎は誤って「神国由来」と記憶していたらしい。この文書の探索結果を記した広瀬豊『吉田松陰の研究』によれば、著者の玉田も「神国令」もほとんど無名といってよい。また文政一〇年（一八二七）の詔は一一代将軍徳川家斉《とくがわいえなり》が太政大臣に任ぜられたときに仁孝《にんこう》天皇が与えた詔書で、家斉が詔書受領で上京しなかった不敬を憤って、「松陰の父は、その無道を歎き、絶えずこの詔を読み聞かせて大義を教えた」と、全集編者は解説している（全集九、五六五頁）。

しかしこの説明は、松陰を尊王討幕論者ととらえ、それを父にまで演繹した解釈である。後述するように、松陰は尊王論に傾斜した後も「幕府への御忠節は即ち天朝への御忠節」と述べた（全集七、三六五頁）。かれにとって討幕は徳川政府が天皇と決定的に対立したときの最後の手段であり、むしろ想定されていたのは天皇を中心にした公武合体だった。

父は勤王家だった？

父が常日ごろ「勤王に係る詩文」を吟唱していたのが松陰の尊王精神を育てたと、梅太郎はいう。しかしこれは松陰が尊攘志士の先駆として刑死した後の述懐であり、無意識にせよ脚色が施されている。「神国令」は神道思想のごく通俗的な概説にすぎない。この種の文章を日ごろ暗誦していたからといって、百合之助を「敬神家」と考えるのは短絡だろう。百合之助の日記からは、藩主や自らの先祖への祭礼を怠らなかった姿が読みとれるだけで、神道や国学にとくに関心をもっていたようには見えない。松陰自身も、後年水戸藩を訪ねるまで、日本歴史や国学にまったく関心がなかった。

徳川家斉は天保八年（一八三七）まで在職した将軍で、将軍在職五〇年（一七八七～一八三七）、例外的に太政大臣を兼ね、天保一二年（一八四一）まで生きていた。頼山陽《らいさんよう》『日本《にほん》外史《がいし》』は「武門の天下を平治すること、ここに至つてその盛を極むと云ふ」と礼賛している。水戸出身の歴史家・内藤耻叟《ないとうちそう》は『徳川十五代史』（一八九三年）で、家斉の時代を

「文恬武嬉、太平ノ観ヲ極ムト雖、其実ハ衰頽《すいたい》危乱ノ胚胎スル所、皆此公五十余年ノ間ニ在リ」と述べて、徳川政府の治世が全盛と見えたこの時期に、倒壊の予兆がすでに現われていたと評価した（『徳川十五代史』第一一巻）。これらが幕末から明治初年の家斉評価だった。

仁孝天皇のとくに有名ではない詔書を特別視し、家斉が上京しなかったことを批判するのは後代の解釈だろう。そもそも将軍が詔書を受けとるために上京するほうが異例だったはずだ。百合之助の吟唱の意図は徳川の治世を礼賛し、自藩の藩主が仕える主君の栄華を寿ぐという趣旨だったと考えるのが自然だと思える。

神国思想や祖先の祭礼は、たとえば山鹿素行の日記や著作をみればわかるように、武士として特異なことではなかった。断片的なエピソードを、後知恵で松陰の勤王精神に結びつけるべきではない。松陰の詩は、訣別に際して父の詩吟を思い出し、それを根拠に年少から「尊攘の志」があったと、親の恩を誇張したにすぎまい。

杉家と仏教

なお百合之助が仏教を嫌っていたと書く論者もあるが、晩年の松陰がすごした杉家の囚室には先祖の位牌があり、聾唖の弟が朝夕やって来て香を焚いて祈ったと、松陰は書いている。松陰が江戸送りになる前夜、「先生（松陰のこと）のお母さんが仏壇に燈明をあげながら、無事に帰つてくれと云つたのを聞いた」という逸話も残っている（全集一〇、三六二頁）。家にちゃんと仏壇があり、ごく普通に信心していたとわかる。また幼少の松陰に絶大な影響を与えた叔父の文之進は、松陰宛書簡で自家の仏壇について「年来気ニ懸り申候」と書いて、仕様を事細かに指示している（定本全集五、六頁）。かれらが仏教をとくに排斥していたのではないことがわかる。松陰自身についても、水戸で会った会沢正志斎《あいざわせいしさい》がしきりに日蓮宗の害を力説したが、そのときは気づかなかったと書き、他方で江戸伝馬町の獄で同室だった日蓮宗の僧侶を「英邁雄抜頗《すこぶ》る人に過ぎ候男子」だったと評価している（全集七、二九七頁）。

儒学が一般常識だった当時の知識人たちは一般に仏教に批判的だったが、杉家の人びとがとくに廃仏論者だったとはいえない。安政元年の妹千代宛書簡では、杉家の「家法」として「神明を崇め」「仏法に惑ひ給はず」を挙げ、仏は信仰するには及ばぬが、むやみに「仏をそしる」ことも「入らぬ事」と述べた（全集七、二八四頁以下）。松陰の伯父（実母の兄）は鎌倉瑞泉寺の高名な住職で、松陰は機会あるごとにかれを訪問しているし、松陰自身も月性《げっしょう》や黙霖《もくりん》などの僧侶と親しく交流している。

叔父・玉木文之進

玉木文之進（一八一〇〜一八七六）は杉家の三男で文化七年（一八一〇）生まれ、百合之助より六歳年少である。文政三年（一八二〇）、一一歳のときに玉木家の養子となったが、兄夫婦やその子どもたちと杉家に同居した。天保八年（一八三七）に結婚して、翌年杉家の宅地内に別家を構えた。二八歳のときである。松陰が吉田家を相続したのは天保六年で、翌七年から松陰の後見役として明倫館《めいりんかん》に出勤し、同一三年から自宅で近所の子どもたちを教えた。これが松下村塾の始まりとされる。

スパルタ教育

幼少年時の梅太郎・松陰兄弟を教えたのはこの叔父だった。梅太郎は文之進の性格を「人と為り峻厳、聊《たやす》く人を許さず」と表現している（全集一〇、三八四頁）。また松陰たちの母・瀧にかんする逸話によれば、玉木があまりに厳しいので見るに堪えず、「早く座を立ち退かば、かかる憂目に遭はざるものを、何故寅次郎は躊躇するにやと、はがゆく思ひし」という（全集一〇、三二〇頁）。

じじつ文之進は剛直な人物で、自ら謹厳だっただけでなく他者にたいしても峻厳だったようだ。松陰刑死後の万延元年（一八六〇）、郡用方辞退の際に藩の重臣に提出した意見書では、自分は松陰の「父師」を兼ねた存在だったと自負し、松陰の行動を「皇国の汚辱天下の大事に関係仕り候事には死を致し候者も之れなくては日本の気魄撲滅に至る」と考えて、やむを得ず実行したものであると堂々と正当化した（全集一〇、四〇五頁）。また慶応元年（一八六五）に増禄の通知があったとき、これを辞退して「他日尊攘の御誠意益々御貫徹、御国内平定安堵の上」なら頂戴すると述べている（全集一〇、三九四頁）。

洋学嫌い

文之進が固陋《ころう》と評するしかないほど洋学嫌いだったことも注目すべき事実である。前述の万延元年の意見書では、洋式軍制の採用を批判し「夷狄《いてき》の炮術・陣法等一切拒絶」するべきだと論じている（全集一〇、四〇六頁）。嘉永四年（一八五一）に松陰が江戸に遊学していたとき、佐久間象山に蘭学《らんがく》を学んでいるとの噂を聞きつけた文之進は、九月に松陰につぎのように書き送った。蘭学については、「有益無益」の議論がさまざまあるが、どう思っているのか、「実之損益」を聞かせてほしい。これに対して、松陰は「蟹行《かいこう》の事は戯《ぎ》謔《ぎゃく》迄に御座候。（中略）何人よりか謬伝《びゅうでん》仕り候と存じ奉り候」と返事をしている（全集七、一〇二頁）。

しかし実際は、七月二〇日に束脩《そくしゅう》を収めて象山に正式に入門していたから、「謬伝」というのは苦しい言い訳である。もっとも同じ書簡で、松陰は象山を「頗る豪傑卓異の人」と評して敬意を表明し、さらに経学と西洋学を兼ねていて、自分も原書の講釈に「一遍やら」出席したと伝えている（全集七、一〇三頁）。

吉田小太郎

退職後（おそらく維新以後）に、文之進は松下村塾を再開した。生徒のなかには梅太郎の長男・吉田小太郎《こたろう》（一八五八〜一八七六）も含まれていた。

杉家は次女の瀧子が婿として迎えた相次郎が継ぎ、松陰の事件で断絶していた吉田家を文久三年（一八六三）に再興したのが小太郎だった。全集別巻には小太郎の日記（明治三年と六年の一部）が採録されており、毎日のように文之進のところに通って儒学の古典などを学んでいたことがわかる。明治六年（一八七三）四月の記述によれば、山口にいた実父の梅太郎がかれに岩国遊学の話をもちかけたらしい。それを伝え聞いた文之進は、「廃塾するからもう来るな」と不満をぶちまけた。「恐テ」帰宅した小太郎が翌日再び塾に行くと、「先生不平解ケ亦塾ヲ興ス」ということになり、翌々日、かれは父宛に遊学断念の手紙を書いた（全集別巻、二九六頁）。このとき小太郎は一六歳で、自分のことは自分で決められる年齢だが、何という従順さだろう。

梅太郎が書き残した「吉田小太郎略伝」によれば、この遊学の話の前年の明治五年（一八七二）、上京する機会があった梅太郎が、わざわざ小太郎を帯同して東京を「一覧」させた。それ以前から小太郎を東京で学ばせるよう親戚知人からの勧めがあったが、東京では旧藩主の毛利《もうり》元徳《もとのり》からも直々に東京に留学するように勧められた。しかし萩出発の際に、必ず連れ帰ると文之進に約束したので、泣く泣く帰萩した。「寅次郎モ我引立ニテコソ如《かくの》此《ごとく》出来タリ」というのが文之進の言い分だった（全集別巻、二九九頁）。松陰の捨て身の行動は、自分が教えたからこそできたことだとわが事のように誇らしく思い、自分の教育に満腔の自信をもっていたことがわかる。

明治七〜八年ころには、小太郎自身も東京に遊学して洋学を学びたいとの志望をもち、再三にわたって梅太郎に訴えたが、文之進の気持ちをはばかって実現させることができなかった。梅太郎の筆致には、あのときに遊学させておけば……という強い後悔の念がにじみ出ている。結局、小太郎は明治九年（一八七六）一〇月末に挙兵した前原一誠《まえばらいっせい》の萩の乱で、反乱側に参加して戦死した。一九歳だった。梅太郎は小太郎の挙動を知って須佐まで人を送って止めようとしたが、すでに船に乗ろうとしたところで、後には引けない状態だったという。

前原一誠の旧名は佐世八十郎《させやそろう》で松陰の直弟子である。維新後、政府の高官となったが、政府の政策に不満で明治三年（一八七〇）九月に辞職し、まもなく萩に帰郷した。おそらく最初から期するところがあったので、神風連《じんぷうれん》の乱や秋月の乱を契機に、満を持して挙兵したが、敗れて斬刑に処された。文之進が先祖の墓前で自刃したのは、前原が捕縛された翌日の一一月六日のことだった。松陰の甥にあたる吉田庫三が書いた文之進の略伝（明治四一年執筆）では、「是れ平素の教育其の宜しきを得ざるの致す所なり」と概嘆したと説明されている（全集一〇、三九四〜三九五頁）。自分の教育がよくなかったので、塾生が軽はずみの行動をしてしまったという趣旨だろう。しかしこれは時勢を慮っての説明である。

梅太郎の「吉田小太郎略伝」によれば、小太郎は挙兵に参加する際に、父（梅太郎）への伝言を何度も文之進に頼んでいたという。挙兵には、文之進の養子・正誼《まさよし》（乃木希典《のぎまれすけ》の弟）も参加し、中心的な役割を果たして戦死した。文之進は個人的にも前原ときわめて近い関係にあり、もっと若ければ自身も挙兵に参加していただろう。自刃していなければ連累を免れなかったのではないだろうか。

萩の乱と文之進

自刃は文之進の信念の敗北だった。明治初期の開化の風潮にあこがれて洋学を志した少年の意志を頑固に挫いて、あくまで守旧的な教育と倫理に縛りつけたとき、その決めぜりふは「寅次郎義父を見習え」というものだったのだろう。少年時代の松陰は、恐るべく謹厳実直で保守的な信念の人から薫陶《くんとう》を受けたのである。

兵学修行

山鹿素行とその兵学

吉田家を継いだ松陰は、山鹿流兵学を学び教授することを家職とすることになる。その内容を理解するために、まず山鹿素行（一六二二〜一六八五、素行は号、名は義以・高興・高祐、通称は甚五左衛門）とその兵学の成立について概観する。素行は元和八年（一六二二）、会津若松に生まれた。父は浪人で、後に江戸に移住した。素行はそこで小幡景憲《おばたかげのり》と北条氏長《ほうじょううじなが》から甲州《こうしゅう》流兵学を学んだ。甲州流とは戦国時代の武田《たけだ》信玄《しんげん》に由来するとされた兵法で、小幡景憲（素行は尾畑と表記）はその最初の大成者である。北条氏長は小幡の門下で学んだ後、独立して北条流を名のった（石岡久夫『日本兵法史』（上）参照）。素行は兵学を学ぶ前に林《はやし》羅山《らざん》に入門しており、さらに兵学修行と並行して国学・神道・老荘を学ぶなど、多彩な才能の持ち主だったようだ。

明暦二年（一六五六）、山鹿流兵学にかんする主要著作『武《ぶ》教《きょう》小学《しょうがく》』『武教本論』『武教全書』などが一気に執筆されている。兵学はたんに「武」＝戦法だけにかかわるものではなく、儒学的な教学と結合しなければならないと、素行は考えた。「武教」はそうした考えかたを表現した言葉で、『武教小学』では武士たるものの日常の生活規範について説明している。また『武教本論』は、武と教の兼備を前提に、儒学の理気論や陰陽五行について論じた「大原」、人間社会のあり方について説いた「主要」、兵法について論じた「戦略」からなる。

図５　山鹿素行（赤穂市歴史博物館所蔵）

図6　山鹿素行謫居地跡（兵庫県赤穂市，赤穂城址）

『武教全書』は素行が後まで家学の講義に使ったとされる要項で、いわゆる山鹿流兵学の全体像を推測できるが、これによって講義内容の詳細を知ることはできない。たんなる講義要項にすぎないからである。松陰が「熟読玩味《がんみ》するも猶ほ茫乎《ぼうこ》として其の畔岸《はんがん》を知ることなし」（「武教全書を読む」全集一、二五八頁）と評しているのももっともである。

寛文五年（一六六五）、素行は朱子《しゅし》学《がく》批判を内容とする『聖教要録《せいきょうようろく》』を執筆し、これが筆禍となって翌年に赤穂藩に蟄居させられた。罪が許されたのは延宝《えんぽう》三年（一六七五）で、赤穂在住は九年におよんだ。この間、素行は

『中朝事実《ちゅうちょうじじつ》』『武家事紀《ぶけじき》』など、日本こそ「中国」であるとする日本中心主義の著作や『配所残筆《はいしょざんぴつ》』と題された自伝を執筆した。素行の儒者としての仕事は同時代にほとんど顧みられなかったが、兵学では赤穂・津軽・平戸などの藩主をはじめ、多くの上層武士を門下にかかえ、貞享二年（一六八五）の死後も隆盛をきわめた。娘婿が津軽藩で、また次男（長子は早世）の子孫と素行の弟が平戸藩で、それぞれ山鹿流兵学の学統を継承した。

山鹿流・吉田家

天保六年（一八三五）、六歳で吉田家当主となった松陰の任務は、山鹿流兵学を藩校で教えることだった。むろん幼少でその任に堪えないので、玉木文之進や林真人らが代理し、天保一〇年（一八三九）に一〇歳で玉木などの後見人の補佐のもとで明倫館での家学教授を始め、翌年には藩主の前で、素行の『武教全書』戦法篇三戦について講義をしている。素行の兵学はこの『武教全書』に網羅されているといってよいが、前述のようにこ

図７　山鹿素行銅像（兵庫県赤穂市，赤穂城址）

の本は講義の要項にすぎないので、部外者には具体的内容を理解することができない。
多くの講義筆記が現存しており、なかでも津軽耕道『武教全書諸説《しょせつ》詳論《しょうろん》家伝《かでん》秘鈔《ひしょう》』が有名だが、広瀬豊「解説」（『山鹿素行兵学全集』第四巻）によれば、「直系の嫡孫」でなければ披見できなかったという。秘伝だったのである。

『萩市史』（第三巻）によれば、萩毛利藩では、享保四年（一七一九）の明倫館創設とともに北条流の多田家と山鹿流の吉田家が兵学教授をしていた。山鹿流の初代は吉田重矩、すなわち松陰が養子になった吉田家の初代である。重矩は山鹿素行の長男の高基《たかもと》（藤介・萬助ともいう）の三人の高弟の一人だった。石岡久夫『山鹿素行兵法学の史的研究』によると、重矩から矩行（吉田家第二代）に伝えられた後、楢崎貞右衛門（重矩の第四子）、楢崎小源太（貞右衛門養子）、吉田矩定（吉田家第五代）を経て、石津新右衛門（楢崎新右衛門長子）に伝えられ、石津から玉木文之進と林真人へと伝えられた。

その後を継いだのが松陰である。松陰が記述した「吉田氏略序」によれば、養父の大助は朱子学に精進したらしいが、山鹿流の免許を授与されていないことから推して、兵学者としては大成できなかったらしい（全集四、七二頁）。しかし林真人や玉木文之進が山鹿流を伝えていたので、おそらく門外不出（！）の代々の講義ノートが松陰に伝授されていただろう。松陰はこうしたノートをもとに林や文之進から講義を受け、また自学したと想像される。

兵学師範となる

弘化四年（一八四七）、林真人から山鹿流兵学の奥義のひとつである「大星伝《おおぼしでん》」が、さらに嘉永四年に同じく林から「三重伝《さんじゅうでん》」を授けられている。六歳から学び始めた松陰が、ふたつの奥義を授けられたのは一八歳と二二歳になってからである。一人前になるのにずいぶん時間がかかっている。兵学の奥義はごく少数の優秀な人にのみ授けられたらしい。奥義の免許はずいぶん格式ばった秘法だったらしく、松陰から山鹿萬助あてに提出された起請文には、「相伝の儀」は相弟子にも伝授しないとし、違約の場合は「日本国中大小神祇・摩利支尊天・八幡宮並びに自分崇敬の神罰罷り蒙るべきものなり」と誓っている（全集一〇、一五二頁、なお名宛人の萬助は平戸山鹿家の第九代当主の高紹で、後述のように松陰は嘉永三年に平戸に遊学する）。

山田宇右衛門と山田亦介

松陰が修得したのは山鹿流だけではなく、弘化三年、一七歳で長沼流と荻野《おぎの》流の砲術の伝授を受けている。石岡久夫『日本兵法史』（下）にしたがうと、長沼流は山鹿素行と並んで「四大家」のひとりとされる長沼澹斎《たんさい》を祖とする兵学である。荻野流のほうは守永弥右衛門という人物から伝授されたこと以外、仔細はわからない。長沼流兵学を伝授したのは山田亦介《やまだまたすけ》で、松陰の後見人で代理教授を担当した山田宇右衛門《うえもん》の助言で、山鹿流とともに兼修した。

山田宇右衛門は松陰の義父・大助の高弟だった関係で後見人になったのだろう。後に東北遊歴のために松陰が脱藩の挙に出たとき厳しく叱責することになる（後述）。山田は文久二年（一八六二）に藩の参政に就任し、元治元年（一八六四）の四国艦隊による下関砲撃事件の際には、その講和に従事したことがアーネスト・サトウ『一外交官の明治維新』（上）に記されている。

長沼流兵学の師・山田亦介は洋式兵学にも関心があって、嘉永五年（一八五二）に古賀《こが》侗庵《とうあん》の『海防臆測《かいぼうおくそく》』を印刷して知人に配布して藩当局に罰せられた。その後、安政五年に復帰した山田は藩の兵制改革で西洋式の導入に従事したが、このときたまたま山田に出合った玉木文之進が、西洋兵制を批判して山田を面詰したという（「玉木正韞先生」、全集一〇、三九二頁）。松陰のほうは山田の復帰を賀して「含章斎山田先生に与ふる書」を呈しているが、文之進は逆の立場にあったのである。

「畳の上の水練」

松陰が授けられた山鹿流の奥義「大星伝」「三重伝」についていうと、前者は甲州流兵法の系譜を引く山鹿素行が北条氏長から承継したもので、陰陽五行思想や修験道が習合して成立したものとされる（前掲『山鹿素行兵法学の史的研究』参照）。また「三重伝」の「三重」は「天理」「地形」「人用」のことで、「理」は天に、「形」は地に、「用」は人に、それぞれもとづくので、「理発して形之れに次ぎ、形成りて用之れに次ぐ」とされる（全集一〇、一五三頁）。「天」の理が具象的に現れたのが「地」であり、「地」のうえに人間のさまざまな営みがおこなわれるという程度の意味だろう。一見して、儒学的な概念に仏教・神道などの通俗化した思想を接合したものと想像できる。

以上、山鹿流兵学について、やや詳しい紹介を試みた。かれがいかに無味乾燥なことを家学としていたかを示すためである。兵学は戦国時代の武士の戦闘の経験と知識を、およそ大規模な戦闘など起こりそうにない平和な時代に体系化したものだった。そのために「学」として樹立するための道具として、実践とは別次元の一種の形而上学を必要とした。堀勇雄『山鹿素行』は「実践から遊離した煩瑣な陰陽学的観念論が、秘伝・奥義として無批判的に墨守伝承」されたとし、「畳の上の水練」に等しいと述べている。それはギルドのような制度のなかで温存され、藩校で武士の教養として教えられ、「奥秘」として門生たちに授けられた。だから後述のように、松陰の兵学の知識はペリー来航後の対外的危機でほとんど何の役にも立たなかった。

そのときかれが心酔することになる佐久間象山は、すでに弘化二年（一八四五）に「兵学と称し候ものは皆大平に及び候後に多分は素人考にて組立候もの」と述べて、前年からオランダ語原書の繙読《はんどく》に懸命になっていた（弘化二年六月二七日付の八田嘉右衛門宛書簡、

『象山全集』巻三）。秘伝として伝えられるような知識とは無縁の国際化した時代に突入していたのである。

山鹿流兵学者・松陰

松陰の兵学講義

「年譜」によれば、松陰は天保一一年（一八四〇）、天保一三年、弘化元年（一八四四）、嘉永二年（一八四九）、嘉永三年の五回、藩主・毛利敬親の前で『武教全書』の一部を講義した。このうち、天保一一年は「戦法篇三戦」、嘉永二年は「用士篇」、嘉永三年は「守城篇」の「籠城の大将の心定の事」の部分だった。講義録としては、この三編のほかに、「衆戦」「伏戦」「用間」の三編の草稿が「武教全書講章《こうしょう》」として全集に収録されている。しかし後の三編は逐語的解説に過ぎないので、前の三編だけをごく簡単に紹介し、山鹿流兵学の一端を窺ってみよう。

「戦法篇三戦」は、戦闘のさまざまなケースの説明の後に置かれた「戦法」の項で、「先をとる事」「後の勝の事」「横を用ゆる事」の三つについて述べたものである。「先をとる」とは負けることがないような戦闘準備をすること。「後の勝」とは、相手が準備十分で強いときに持久戦に持ちこみ、不意打ちなどの手段を使うこと。「横を用ゆる」とは敵を欺き油断させる手段に訴えることをさす。適宜、『孫子』から援用されているが、すべて原文で言及されているもので、この講義は逐語的な解説を出ていないと思えるが、敬親はその講義の巧みさを称賛したという。まだ一一歳だった。その四年後の弘化元年にも、どの篇か不明だが『武教全書』を講義し、さらに命によって『孫子』虚実篇を講じて『七書直解』(孫子など中国の七つの兵学書の解説書)を賜与されている。

嘉永二年に講じた「用士篇」は、人物の賢愚、適否、才能の有無などを判定する方法について論じている。素行はこの編で六つの項目を挙げているが、松陰が嘉永二年に講義したのは、同じことを何度も尋ねて答弁で賢愚を知ること、聞くだけでなく観察することで人物の本質を知ることの二項目だけである。松陰の解説はさまざまな実例を挙げて具体的だが、二〇歳の白面の書生から人物の見分け方を縷々説かれて、一〇歳以上年長の藩主敬親はさぞ面はゆい思いをしたことだろう。ともあれ、こうした機会をつうじて敬親が松陰の才能に高い評価を与えたのは確かである。

嘉永三年の講義「守城篇」にはいくつかの項があるが、その冒頭に置かれたのが「大将心定の事」、すなわち軍の指揮官の心得を説いたもので、以下の六項目が箇条書になっている。一、籠城するなら降伏は考慮外で負けたら切腹と考えよ。二、国境で必死に防戦し、やむを得ざる場合は城を枕にすること。三、籠城兵の人質をとっておくこと。四、「兵を死地に置く」すなわち必死の境地に追いこむ。五、城の規模を考慮して籠城兵を厳選する。六、壮年の男女をいっしょに置かず、人質を厳重に監視する。

いかにも細かい技術論で、念頭におかれているのは戦国時代の戦闘である。しかし『武教全書』とは異なり、松陰の講義は元に滅ぼされた南宋やアヘン戦争で敗れた清国を例に挙げる。『武教全書』とはまったく次元を異にしたところで議論を展開しているのである。松陰は「和漢共に世を継ぎて天下国家をしろしめす人は、天下国家己が有に非ず。乃ち祖宗聖明、天命を受け人心に順《したが》ひ、千辛万苦して創業する所なり」と書き、「国体」を失わないことが第一だと述べる（全集一、二一八頁）。この講義がなされたのは嘉永三年八月で、平戸遊学に出発する直前だった。松陰の兵学学習は、これまでの義務としての家学から、対外的危機への関心に強く惹かれていることがわかる。

松陰と西洋兵学

ことのついでに、松陰の西洋兵学に対する知識と関心についてもここで述べておこう。江戸での佐久間象山への従学が中途半端に終わったことは後述するので、その後のことを紹介する。

松陰の読書歴をみると、「辛亥筆記」（辛亥は嘉永四年）の「存疑録《そんぎろく》」の項に「兵学小識《しょうしき》一巻之廿四隊形の名」とあり、また嘉永五年九月一三日以後に「抄出」した書物として「兵学小識六編」を挙げている（定本全集九、二五八頁以下）。嘉永四年の八ヵ月の江戸滞在と嘉永五年の帰萩中の八ヵ月のあいだに『兵学小識』を読んだことは確からしい。

佐藤昌介『洋学史の研究』によれば、『兵学小識』は鈴木《すずき》春山《しゅんさん》の訳で、原著は不明だが全四四巻（あるいは四五巻）で、もっとも早い「近代西洋兵学の紹介書」とされている。後述の安政二年（一八五五）に読んだ「和蘭兵書一冊」もこの『兵学小識』の一部分だったのかもしれない。佐藤昌介によれば『兵学小識』には高野《たかの》長英《ちょうえい》も協力した。高野は後に歩兵・騎兵・砲兵の三つの用兵術を説明した『三兵答古知幾《さんぺいたくちき》』を完成させる。この本はドイツ人ブラント原著、オランダ人ミュルケンの蘭語訳を重訳したもので、大久保健晴「蘭学と西洋兵学」は「十九世紀ヨーロッパにおける最先端の軍事技術」を苦心して翻訳した労作だったと述べている（前田勉・苅部直編『日本思想史の現在と未来』所収）。刊行は安政四年（一八五七）だが、訳稿は弘化四年に完成しており、写本としてかなり流布したらしい。

松陰と親しかった鳥山新三郎《とりやましんざぶろう》や土屋《つちや》蕭海《しょうかい》が、松陰宛の書簡で『三兵答古知幾』に言及しているし、松陰自身も兄宛の書簡（嘉永六年八月一五日付）で、西洋流兵学を批判するなら、せめて「三兵タクチキか兵学小識」を研究してからだと書いている。かれ自身が

『三兵答古知幾』読んだかどうかは不明だが、内容にはそれなりに通じていたのだろう。しかし同じ書簡で、大砲小銃とも「西洋の節制器械」の採用が「通論」と説きながら、他方では「本邦の刀槍の利」が「万国卓越」であることも「通論」だと主張している。そして同月末の兄宛書簡では「甚だ評判よし」と藤森弘庵《ふじもりこうあん》『海防備論《かいぼうびろん》』を高く評価している。藤森は攘夷論者として後に安政の大獄で江戸追放になる人物で、この本では蘭学者が「人心を偉乱」していると非難し、西洋の兵制やオランダ語の学習は「沙汰の限」と罵倒している。

松陰の西洋兵学に対する知識と態度は、汽走軍艦と西洋流の大砲小銃が必要という程度にとどまり、それ以上の専門的な知識はなかったし、学ぼうともしなかった。西洋兵学の必要性を知りながら、他方では刀槍の有効性をあくまで信じたのも、その中途半端さを象徴している。

西洋歩兵論

『孫子評註』を脱稿した直後の安政四年九月二四日、松陰は「西洋歩兵論」という小論を執筆している。『孫子』兵勢編を下敷きにして西洋式の歩兵制度の採用を説いたものである。『孫子』はまず冒頭で「凡そ衆を治むること寡を治むるが如くなるは、分数是れなり」として、軍編成の組織性（「分数」）の重要性を指摘する。そして「凡そ戦いは、正を以て合い、奇を以て勝つ」と述べて、正攻法で会戦して敵と拮抗するとともに、状況に応じた奇襲戦によって勝利するという。松陰はこれにもとづいて「正は西洋歩兵の節制をとるに如かず、奇は本邦固有の短兵接戦を用ふるに如かず」と主張する（全集五、二九頁）。西洋歩兵の組織性（「節制」）をまねるとともに、刀や槍などの伝統的武器による奇襲の接近戦で敵を圧倒するという構想である。

この小論は長州藩の歩兵制度改革について述べたものだが、「西洋歩兵論」というタイトルにもかかわらず、発想の基礎は『孫子』であり、西洋兵学へのかれの知識の浅いことを露呈している。西洋歩兵の「節制」に言及しているが、その中身については何も語っていない。「野山獄《のやまごく》読書記」というメモには、安政二年二月の項に「和蘭兵書一冊　十日了」とあるが、この時期にはこれ以外に西洋兵学に関連する書籍は見当たらない。タイトルが書かれていないので、この「和蘭兵書」がどんなものだったのかわからないが、おそらく写本なので「一冊」は大した分量ではなかっただろう。

来原良蔵が海軍伝習所へ

さらに付言すれば、「西洋歩兵論」執筆の翌安政五年一〇月には、親友の来原良蔵《くりはらりょうぞう》が藩の西洋式軍制への改革のために長崎の海軍伝習所に送られていた。来原は長州藩伝習生たちの監督が任務だったが、伝習所に集ったさまざまな人々と交際して、「良蔵兄は大御勉強」と評されるほど西洋兵学に熱意をもって取り組んだ（『来原良蔵伝』下巻）。帰萩に際して、洋学研究のための書籍や器械を購入して戻っている。萩の西洋兵学の研究教育機関だった西洋学所（後に博習所と改称）にはかなりの西洋兵学翻訳書が所蔵されていた（小川亜弥子『幕末期長州藩洋学史の研究』参照）。

身近にこうした環境があり、門下生に対しても「書生兵家・和兵家」を否定し「洋学専要」（全集七、四一一頁）を説いていたのに、松陰はこの時期にはもはや西洋兵学には関心がなかった。長崎でカッテンディーケを始めとするオランダ人教師から教育を受ける機会があった来原には、松陰の主張はあまりにも現実と交差することのない空言と感じられただろう。間部《まなべ》詮勝《あきかつ》暗殺計画（後述）以後、かれが松陰から離れていく一因はこのあたりにあったのではないだろうか。

門下生たちと西洋兵学

同じ安政五年、洋書の学習を命じられた久坂玄瑞に対して、命令ならやむを得ないが、国事に奔走することが大事で、「原書を読みても訳書を読みても、いづれ暫時の事なり」と書き、長崎の伝習所行きを命じられた佐世八十郎（前原一誠）には、「亡命して草莽崛起《そうもうくつき》」せよと勧めた（全集八、九七～九八頁および二二一頁）。同じ時期、最晩年の松陰の肖像を描いたことで知られる門下生の松浦松洞《まつうらしょうどう》は、通商条約の批准書交換の渡米使節に参加したがっていたが、松陰は否定的だった。かれの関心を占領していたのは国事に奔走することだけで、腰を据えて西洋兵学を研究するなど論外というのである。これが最晩年の松陰の心境で、後述するように、かれはもはや尊王攘夷の政治工作以外には目もくれなかった。

兵学者・松陰が仮想敵としたのは一貫して「墨夷《ぼくい》」をはじめとする「夷狄《いてき》」だったが、戦闘にかんするかぎり、かれの兵学の知識はほとんど役にたたなかった。松陰が家学とした山鹿流兵学には、『孫子』にみられる戦争論とでもいうべき戦争そのものの哲学的考察は欠けているが、戦闘の技術論だけではなく、武士たるものの心構えや日常道徳が重視されていた。近代になって「武士道」が喧伝されるようになると、山鹿素行がその祖と目されることになる。かれが説いた武士の道徳論が、一躍注目を浴びるのである。

素行『配所残筆』

山鹿流兵学師範の松陰は、じつは兵学そのものよりも、その士道論に傾倒していた。前述のように、素行は寛文六年（一六六六）に赤穂に配流され、それから一〇年目の永宝三年（一六七五）正月、生涯を赤穂で終えることを覚悟して、津軽と平戸の山鹿流学統の後継者に『配所残筆』を書き残した。そのハイライトは北条氏長（大目付）に呼び出されて赤穂配流を申し渡される場面である。松陰はそれを「武士道の亀鑑」と評し、「口舌の焦爛《しょうらん》する」ほど繰り返し語ったと述べている（『武教全書講録』全集四、一二頁および二八頁）。よほど感激したのだろう。

素行は死罪を覚悟して身を清め、立ったまま遺書を書きとめて北条邸に向かう。門前に多数の人馬がいたので、逃亡を警戒しているのだと察し、「如何様の事御座候哉」と「笑ひ乍ら」屋敷に入った。すぐに赤穂配流を宣告され、家族に伝言することがあれば伝えるといわれたので、つねづね家を出るときは「心残り」がないように覚悟していると答えた。配流は不幸なことだったが、「心底」はいささかも動揺することがなかったのは、日ごろから「学問工夫」に努めた結果だと語る（『山鹿素行全集』一二、所収）。

ここに示された心の余裕と覚悟が、事実そのとおりであったか否かは問題ではない。要点は、素行が兵学者として、そして「凡下」の武士として、あるべき態度を書き残そうと意図したことである。素行はそれを「士道」と呼び、弟子たちによってまとめられた「山鹿語類」に「士道」「士談」として書き残された。「士道」は「本を立てる」「心術を明らかにする」「威儀を詳らかにする」「日用を慎む」の四つの題目のもとに、全三一項目にまとめられ、さらに「士談」で中国や日本の歴史を引証してその内容を具体的に説明している。

士道論

素行がその士道論でまず強調したのは、「弓馬の家」に生まれたものとしての自覚と、その職分をはたすことの重要性だった。個々の職業をもつ農工商の三民とちがって、武士の職分は「主人を得て奉公の忠を尽し、朋輩に交はりて信を厚くし、身の独りを慎んで義を専らにする」ことだという（『山鹿素行全集』七、一〇～一一頁）。多忙な生活に追われる農工商とは異なり、武士は「道」への志をもち実行しなければならない。『論語』（泰伯篇）の「士は以て弘毅ならざるべからず、任重くして道遠し」の「士」を武士と読みかえて、三民とは異なる「大丈夫」としての義務を果たせというのである。さらに身だしなみや言葉遣いなど細かい点にも言及される。素行はそれを「日用を慎む」という語で表現し、日常の些細な挙措を正して、君臣父子をはじめとする儒教道徳に合致した生活をしなければならないと説いている。

松陰の武士道論については最後の章で述べるので、ここでは言及を避けるが、かれにとって山鹿流兵学は家業のための知識にすぎなかった。幼少期以後の松陰がつねに肝に銘じていたのは、おそらく『配所残筆』に書かれたような武士としての覚悟だったのである。

遊学

新米の兵学師範として

徳川政治体制の危機

天保元年（一八三〇）生まれの松陰が、一人前の兵学師範として活動し始めるのは弘化五年（一八四八）になってからである。かれが兵学修行の研鑽を重ねていた天保から弘化年間は、徳川体制の矛盾がはっきり顕在化してきた時期だった。飢饉などで全国各地に百姓一揆や打ちこわしが頻発し、天保八年（一八三七）には有名な大塩平八郎《おおしおへいはちろう》の乱が起こった。長州でも天保二年（一八三一）に大規模な一揆事件が起こり、さらに七年には萩地方が大規模な洪水に見舞われている。

老中水野忠邦《みずのただくに》が徳川政府改革に着手したのは天保一二年（一八四一）だが、同じ時期、負債が銀八万貫（約三〇万キログラム）余になっていた長州藩でも、村田清風《むらたせいふう》を中心に強力な財政改革がおこなわれた（『萩市史』第一巻）。この時期に松陰の父・百合之助が百人中間頭兼盗賊改方に任用されているのは、こうした改革の一環だったのかもしれない。

軍制改革の模索

外国船の渡来も頻発し、とくに天保八年に米国モリソン号が漂流民返還を口実に通商を求めて浦賀《うらが》に渡来した事件は徳川政府に衝撃を与え、蘭学者を弾圧するとともに（蛮社の獄）、他方でアヘン戦争の衝撃を受けて、天保一二年に高島秋帆《たかしましゅうはん》に命じて徳丸原《とくまるがはら》で西洋砲術の演習を実施した。これに刺激を受けた長州藩でも、天保一四年（一八四三）に萩郊外の羽賀台で三万五〇〇〇人の藩兵を動員した大規模な洋式演習がおこなわれた。松陰自身も、その五年後の嘉永二年（一八四九）一〇月に同じ場所で演習をおこなっている。演習の概要は「操練当日の次第」という文書で知ることができる。山鹿流にもとづくもので、陸戦しか想定しておらず、外国船の襲来を考慮したものとはいえない。

危機感がなかったわけではなく、西洋砲術にも関心をもっていたのだが、「西夷の説」は「人情・兵機・器械・制度」が異なるわが国で真似できないと、松陰は頭から考えていたようだ。「我が国には則ち吾が祖宗の制度あり、潤色沿革、以て事情を合せしめて実地に施すべきのみ」という（「操練総論」全集一、二四三〜二四四頁）。

敵の真似事でその敵を制することはできないと、松陰はいう。軍事力の差を精神力で補うというのは兵学的思考とはいいがたいが、かれの兵学は最後までその傾向を脱却できなかった。アヘン戦争に関連して書かれた文章「粤東義勇檄文の後に書す」《えつとう》では「夫れ西洋夷の、智力を竭《つく》して汲々孜々《しし》たるは利のみ。唯だ其の利を之れ争ふ。故に義もなく勇もなし」と述べる（全集一、二三二頁）。夷狄には義理の弁がなく利の追求のみとは、儒者の常套句であるが、松陰はこれに続けていう。かれらは堅艦と大砲を頼みにしているが命を惜しむので、死を恐れない義勇の精神で対抗すれば「勝たざるなし」（全集一、二三二頁）。負け惜しみでいっているのではなく、本気でかれはこのように考えていた。

「対策壹通」

嘉永二年に明倫館御用所から出された質問に松陰が答えた「対策壹通《たいさくいっつう》」という文章がある。太平久しく「偸安《とうあん》の習」が支配的な現今、もし徳川政府から文政期のような異国船打払の命令が出されたらどうしたらよいか？　これが論題だが、松陰の答は以下のようなものだった。「内、其の心を竭し、外、其の力を尽し、以て之れに臨むに至りては、何を欲して得ざらん」（全集一、二五五頁）。全力をつくせばできないことはないというのだ。かれが例に挙げているのは呉王夫差《ふさ》の臥薪や越王勾践《こうせん》の嘗胆、果ては籠城で食が尽き愛妾を殺して兵士に供した唐《とう》の軍人・張巡《ちょうじゅん》の例である。いうまでもなく「臥薪嘗胆」は『史記《しき》』にもとづく有名な成語だが、張巡のエピソードは浅見絅斎《あさみけいさい》が中国古典のエピソードを抜粋して忠臣について論じた『靖献遺言《せいけんいげん》』によるらしい。このときかれは二〇歳だが、献身的な忠誠の感情は松陰の生涯をつらぬくもので、幼少年期の教育ですでに身についていたのである。

「対策壹通」の前年の友人宛の書簡でも自分のことを以下のように評している。「矩方性狂愚にして、少《わか》くして慷慨《こうがい》の気あり。白面の書生たるを屑《いさぎよ》しとせずして、馬革《ばかく》尸《しかばね》を裹《つつ》むの気象を愛す」（全集一、二二五頁）。松陰の風貌はどう見ても「白面の書生」で、じじつ「幼より徒《た》だ読書を以て自ら責め、馬を馳せ剣を試むるの事に至りては、これを度外に措いて省みず」と告白しており、武芸に熱心にとり組んだ形跡はない（全集一、三〇二頁）。しかしそれでも主観的には、戦場での英雄的な死を理想としたのだ。孔子《こうし》の対照的な弟子である顔回《がんかい》と子路《しろ》を比較して、道徳の人・顔回より武弁の人・子路に親近感を寄せるような心情のもち主だった。

嘉永四年（一八五二）には「文武稽古万世不朽の御仕法立気附書」という文書を藩に提出している。明倫館の教育方針について論じたもので、強調されているのは文武を一貫すべき武士道の精神である。そこで理想とされているのは「勝を好み誉を求むるの私を去り、死を常に心に存し、敬を主とし時を知るの工夫仕り、義不義忠不忠の論を精しく致し候人柄」である（全集一、一六六頁）。実践的な兵学技術よりも精神面に目が向きすぎていると感じないわけにはいかない。

では外敵の来襲について、松陰はどのような考えをもっていたのだろう。もっとも早い時期のものとしては弘化三年（一八四六）の「異賊防御の策」という文章がある。また一七歳で一人前の兵学師範になる前に書かれた。冒頭で『孫子』の文章「兵を用ふるの法は、其の来らざるを恃むことなく、吾が以て待つあるを恃《たの》む」を引用し、敵が来ないことを望むのではなく、万全の備えをしておくべきだと主張して、人材・器械の利・操練・戦法についいて説明している。リズムのある力強い文体には感心させられるが、それだけ内容の空虚さが印象に残る文章である。若気の至りとして大目に見るべきだろうか。

「戦法論疑」と「水陸戦略」

この時期に松陰が外敵との戦闘の戦略を論じたものとして「戦法論疑」（嘉永元年）と「水陸戦略」（嘉永二年）がある。前者は敵を陸地に誘って陸戦すべしとする議論を批判したもので、海岸に砲を備えるだけでなく、ゲリラ的に小艇で敵艦に近づいて「四面より蚊集」して攻撃し、敵艦が向かってきたら「蜂散」して逃げ海岸に誘う。西洋の艦艇は堅牢だが、大きいので標的にしやすく、操縦に難がある。小艇は敏捷で弾に当たりにくいという長所があるので、このような戦法が有効だという。

「水陸戦略」のほうは藩の諮問に答えたものだが、陸戦を正攻法、海戦をゲリラ戦法と位置づけているのは同じで、内容も同工異曲である。一艘につき四〜五人が乗り組んだ漁船で敵艦に近づき、まず銃窓を狙い撃ちした後、梯子などを使って艦上によじ登り、「短兵を以て船中を切り」乱すか、あるいは夜中に敵艦に近づいて「船腹を打貫」くという。小舟で「集散分合」するのは「吾が国の長技」だと松陰は強調する（全集一、一五五～一五六頁）。「彼れを知る」（『孫子』）ことが兵法の第一歩のはずだが、松陰が西洋の実情を知ることに情熱を傾けたとはいえない。

嘉永二年七月に二〇日ほどかけて萩から下関までを船で往復し、台場《だいば》・狼煙場《のろしば》などを視察して回っているので、和船の能力は体験ずみだった。この時期の松陰はまだ敵の姿を見たことがないので仕方がないと大目に見ることもできよう。しかし嘉永三年（一八五〇）に平戸に遊学したとき、途中の長崎で停泊中のオランダ軍艦に乗船する機会があったが、記述によるかぎり、特別な感慨はなかったらしい。小舟で夜襲をかけるという発想は「賊船に攀《よ》ずるの説」（弘化四年〈一八四七〉から一貫したもので、後述のペリー来航後も、外国軍艦を実見する以前の戦術と基本的に変わらないのである。

平戸に遊学

松陰が「軍学稽古」のため、私費による平戸遊学願を藩政府に提出したのは嘉永二年（一八四九）九月のことで、「軍学修練」のため平戸藩の葉山佐内のもとで学びたいと述べている。平戸には山鹿流宗家の山鹿萬助がいたが、あえて葉山の名をあげたのは兵学の師・林真人が勧めたもので、林のほうは下関の本陣を営む伊藤木工助という人物から葉山の人となりを聞いたという。平戸では萬助のもとで学んでいるので、それを当然のこととして、藩の重役で山鹿流を学んだ経歴があり、蔵書家だったらしい葉山とコネを作っておきたかったのかもしれない。

平戸で

遊学は当初「来る春夏」の一〇ヵ月を予定していた。しかし翌三年六月になっても出発の許可が出ず、督促の結果、八月二五日にやっと出立となった。長崎着は九月八日で一週間ほど滞在し、その間にオランダ軍艦に搭乗し見分する機会があった。平戸に着いたのは一四日で、さっそく葉山佐内に面会している。葉山は江戸で佐藤一斎《さとういっさい》に就いており陽明学《ようめいがく》に傾倒していた。そのせいか松陰は遊学中に王陽明《おうようめい》『伝習録』や大塩平八郎『洗心洞箚記《せんしんどうさつき》』などを熱心に読んでいる。実際に松陰が従学したのは山鹿萬助で、素行から数えて一〇代目の平戸山鹿家の当主だった。平戸在住中、松陰は萬助の講義にまじめに出席し、かれ自身も講義をする機会があった。兄への書簡で「平戸人の武教全書を読むは扨《さて》も精密なるものに御座候」と感心している（全集七、三一頁）。

遊学期間は既述のように往復の旅程も含めて一〇ヵ月の予定だった。しかし平戸到着一

図８　「松陰宿泊紙屋跡」碑（長崎県平戸市浦の町本通り）

ヵ月後の一〇月中旬の兄宛書簡で、一一月上旬に長崎に出て、同藩の知人とともに熊本経由で帰藩すると伝えており、じじつ一一月六日に平戸を出発して長崎に一ヵ月近く滞在した後、一二月二九日に萩に戻っている。帰藩後に提出された届書によれば、「気分相勝れず」と理由が書かれているが、翌嘉永四年正月二八日付で江戸遊学の命が出ている（全集一〇、三五頁）。江戸行きが内定したために遊学を中止したのだろう。平戸滞在は二ヵ月弱、長崎滞在が合計一ヵ月、往復の旅程が約五〇日だった。事情はともあれ、松陰は腰を据えて考察するより激変する事象を自分の目で確かめたいという気持が強かったようだ。かれの生涯をとおして考えると、自分の勇み立つ気持を抑制できない若者の姿が浮かんでくる。それは幕末という時代が作りだした精神のありかたといえるだろう。

「近時海国必読書」

平戸滞在の成果は多数の本を読破したことで、多くは葉山から借覧した。遊学願いで葉山の名を挙げたのは、その蔵書が目的だったのかもしれない。乱読ともいうべき読書ぶりはこの後の松陰の特徴であり、かれの言動の重要なテコになっていく。滞在旅行記である「西遊日記《さいゆうにっき》」には多くの抜き書きがあるが、とくに興味深いのは、これまでほとんど触れたことがなかった蘭学関係の書物を多数借覧したことである。その第一は「近時海国必読書」というシリーズで、豊島権平《とよしまごんぺい》という平戸藩の砲術師範から借りた。松陰によると、このシリーズは全一七巻だったらしいが、前半の一〇巻は『日本海防史料叢書』第二巻に再録されていて、簡単にみることができる。

巻一のケンペル「日本紀事」は、「鎖国」という語の起源となったことで知られる書物である。巻二の「和蘭紀略」は一六世紀から一九世紀初頭までのオランダ概史で、松陰はその一部を抄録し、「余撲那把児《ボナパルト》的の暴を悪《にく》む」と感想を記している（全集九、五〇頁）。巻三は「北陲杞憂《ほくすいきゆう》」「西侮紀事」で、前者は寛政四年（一七九二）のラクスマン、文化元年（一八〇四）のレザノフの日本渡来について、後者は文化五年（一八〇八）の英国軍艦の長崎港侵入について述べたものである。

巻四は「諳厄利亜《カンゲリア》人性情志」で、英国の国情についての説明、巻五の「丙戌異聞《へいじゅつ》」「付録」「別埒阿利安設戦記《ベレアリアンセせんき》」はナポレオン小伝などである。「丙戌異聞」とその「付録」は高《たか》橋景保《はしかげやす》（一七八五〜一八二九）の著述で、高橋は天文方として伊能忠敬の地図完成に尽力したことで知られる。文政一一年（一八二八）にシーボルトの日本地図国外持ち出しに干与したことが発覚し、伝馬町牢に収監され獄死した悲劇の人である。「丙戌異聞」の「付録」はオランダ人カピタンから聞き取った海外事情を説明したもので、ロシアの脅威を強調している。巻六は古賀侗庵《こがとうあん》「泰西録話」と某「西洋諸夷略表」が収録されており、前者はアヘン戦争などの例を挙げて西欧の脅威を強調したもの、後者は一五世紀末のポルトガルのインド侵略から弘化年間までの西欧諸国のアジアでの動きを記した年表である。

「慎機論」と「戊戌夢物語」

巻七は渡辺崋山《わたなべかざん》「慎機論《しんきろん》」と古賀精理《こがせいり》「極論時事封事《きょくろんじじふうじ》」を収録している。よく知られているように「慎機論」は、モリソン号事件について徳川政府の処置の不当を論じて蛮社の獄の犠牲となった崋山の著作で、かれはここでアジア諸国のうち独立を維持しているのは中国・ペルシャ・日本だけで、三国のうち西欧と通信していないのは日本だけだと指摘する。そして英国は「智謀アリテ海戦ニ長シ」、ロシアは「仁政ニシテ陸戦に長シ」ているとして強い危機感を表明している。

モリソン号事件について、「慎機論」とセットをなす高野長英《たかのちょうえい》「戊戌夢物語《ぼじゅつゆめものがたり》」も、松陰は別の日に読んでいる。長英はこの書で、漂流民を送って来てくれた船を打払うような「非法」の行為を今後も続ければ、大きな「患害」が起こると徳川政府を批判した。周知のように、長英は蛮社の獄で永牢に処され、脱獄して六年余り逃亡していたが、嘉永三年（一八五〇）一〇月末に捕吏に囲まれて自殺した。松陰がこの本を読んだのは、それから間もない一一月二〇日のことだった。

「近時海国必読書」の続きにもどると、巻八は「蒸気船略記」、「鴉片始末《あへんしまつ》」、「防海策《ぼうかいさく》」で、「蒸気船略記」は蒸気船の構造について説明したもの、「鴉片始末」はアヘン戦争の経緯と清国の敗北を論じたものである。さらに「防海策」は貿易をしなければ国力も兵力も衰弱すると論じ、ロシアの脅威に対してカムサスカとナホトカを略取すべきだとし、南方についても無人島の開発を説いている。貿易問題は、後年、通商条約をめぐって一大争点になるが、松陰はまだ問題意識をもっていなかっただろう。巻九は「上書《じょうしょ》」、「愚意《ぐい》上書」、「海防五策」が収録されており、前二者は打払令に反対したもの、「海防五策」は日本の仮想敵国として第一はロシア、第二は英国だと指摘している。巻一〇はレザノフ来航時のロシア側の国書とそれに対する日本側の応接書を収録している。

以上の一覧でもっとも目立つのはロシア関係である。この時期まで、日本ともっとも頻繁な交渉があったのはロシアだったので、ロシアに関心が向かったのは自然だった。ロシアから帰国した日本人に関する「漂流民申口」を読んだり、レザノフが乗った艦隊の記録『奉使日本紀行《ほうしにほんきこう》』、文化八年（一八一一）に国後《くなしり》で捕虜になったゴロヴニンの『遭厄日本紀事《そうやくにほんきじ》』などにも言及している（読んだかどうかは確認できない）。おそらく松陰の胸に蝦夷地への関心が萌したのはこの時期に遡るのだろう。

「百幾撒私」　平戸出発直前には「百幾撒私《ペキサンス》」を熱心に読んでいる。フランスの軍人アンリ＝ジョゼフ・ペクサン（Henri-Joseph Paixhans）が書いた砲術書のオランダ語訳からの重訳で、従来海戦では使われなかった炸裂弾を軍艦に装備した効果について論じた書物である。抜き書きをしながら松陰が学んだ結論は以下のようなものだった。

多数の小舟にこの大砲を装備して大船に挑めばかならず大勝する。だから海軍の船は大きくないものにすべきだ。小舟なら失っても惜しくないし、大船より勇敢で敏捷に行動できる。また炸裂弾を防ぐために軍艦は鋼鉄で覆う必要があるので、結果として海戦では「剣を執りて決戦するに至るべし」（全集九、七二頁）。

これほど熱意をこめて集中的に翻訳書を読んだのは初めてで、しかもこれが最後だった。江戸ではもっと簡単に翻訳書に触れることができたはずだが、松陰はついに西洋の社会事情や兵学にまともにとり組むことがなかった。「百幾撒私」を読んだときの感想でもわかるように、かれはかなり後まで小舟と剣槍による白兵戦の有利を疑わなかった。

江戸に遊学

嘉永四年（一八五一）三月五日、松陰は藩主の参勤交代に供奉して江戸に向かった。有望な若者十数名を選抜して江戸に遊学させるという藩の方針によるもので、松陰は「軍学稽古」を命じられた。今回は自費ではなく、生活費や「稽古料」も支給されているが、形のうえでは藩士・中谷忠兵衛《なかたにちゅうべえ》の「食客」という資格だった。兄の梅太郎は「実に本藩古より未だかつて聞かざるの盛事」と述べ、「親戚朋友をして失望すること無からしめよ」と激励した（定本全集五、四六頁）。

江戸の学者たち

江戸に着いたのは四月九日で、二五日にまず安積艮斎《あさかごんさい》（一七九一～一八六一）に入門した。安積はこの前年に昌平黌《しょうへいこう》教授に就任したばかりだった。専門の兵学よりもまず儒学を優先したのは、従来の自分の学習の欠落を感じていたのかもしれない。松陰の江戸での「費用録」によれば、安積以外でかれが束脩《そくしゆう》を収めているのは、古賀茶渓《こがさけい》（五月一四日）、山鹿素水《やまがそすい》（五月二四日）、佐久間象山《さくましようざん》（七月二〇日）である。

古賀茶渓（謹一郎、一八一六〜一八八四）は安積の昌平黌での同僚で、洋学の知識があった。講義を受けるのではなく、たんに質問のために入門したらしい。山鹿素水は津軽の山鹿家出身の六代目で、『練兵実備《れんぺいじつび》』（嘉永三年刊）、『練兵説略』（嘉永四年刊）など少なからぬ著書もあった。松陰は素水について「文筆の拙は此の上なく候処、一種の才物にて時名を得」ているると評している（全集七、五二頁）。高い評価とは言いがたいが、松陰は『練兵説略』のための序文を執筆した。

江戸の文学・兵学は三つに分類できると、松陰は述べる。一は林家《りんけ》・佐藤一斎などで、兵学や西洋学を毛嫌いしている。二は安積艮斎・山鹿素水などで洋学を重視するわけではないが、「防御の論」は必要だと考える。第三は古賀茶渓・佐久間象山で洋学摂取に熱意をもつ人々である。このように要約したうえで、松陰は二と三を総合して学びたいという。三に限定しないところに松陰の特徴が出ているが、少なくとも当初は蘭学の習得に情熱をもっていた。象山に正式に入門したのは七月二〇日だが、五月二四日に扇子をもって挨拶に行っており、二七日には「蛮語箋《ばんごせん》」という辞典を購入して、翌日から「今日より少しく蛮語を学ぶ」と日記に書いている（全集九、一五三頁）。

佐久間象山

松陰が生涯をつうじて最大の敬意を表した佐久間象山（一八一一〜一八六四）は信濃松代《まつしろ》藩士で、後述の横井小楠《よこいしょうなん》と併称される幕末期の開明派である。天保四年（一八三三）に江戸に遊学して昌平坂学問所《しょうへいざかがくもんしょ》学頭の佐藤一斎に学び、後に私塾を営みながら江川太郎左衛門《えがわたろうざえもん》に入門して砲術を学んだ。しかし江川の砲術には満足できず、弘化元年（一八四四）から蘭学を学び始めて、蘭語辞書を版行しようとしたり、大砲を製造するなど、朱子学をベースに蘭学の多方面に関心をもち、藩から江戸在住を認められていた。

図9　佐久間象山

象山の塾は多数の学生を抱えて名声も高かったので、兵学者で蘭学に関心をもつ松陰が象山に入門したのは当然だった。後述のように、松陰は象山から海外事情探索のための密航を示唆されて失敗する。象山も事件に連座して伝馬町牢に入獄、その後は松代で文久二年（一八六二）まで蟄居を余儀なくされた。このとき執筆されたのが有名な「省僁録《せいけんろく》」（『象山全集』巻二）である。

松陰は象山の学識に敬服していたが、その塾にまじめに通ったとは思えない。日記で佐久間塾に行ったと明記しているのは九月三日と四日だけで、「九月中旬より佐久間へ勤怠」とある（全集九、一五七頁）。結局、オランダ語はまったく身につかず、西欧事情を知る通路は翻訳書にかぎられたが、その翻訳書さえ熱心にとり組んだとはいえない。

関心の広がり

兄への書簡で松陰は「素水会日一三六八なり。嗟《ああ》、多いかな」と悲鳴をあげている（全集七、五四頁）。しかしこれはかれの勉学のごく一部にすぎない。安積艮斎の塾では一の日「書経《しょきょう》」、五の日「易経《えききょう》」、八の日「論語《ろんご》」の講義があり、さらに友人と「大学《だいがく》」「中庸《ちゅうよう》」のほか、魏源《ぎげん》『聖武記《せいぶき》』や会沢正志斎《あいざわせいしさい》『新論《しんろん》』などの読書会をした。また藩主への「孫子」進講があり、中国の歴史書『資治通鑑《しじつがん》』（後には『史記』）を日課のように読み継いでいる。これではいくら何でも手を広げすぎだろう。意気込みは理解できるとしても「何分会を減し候はではさばけ申さず候」というのが実情だった（全集七、四九頁）。

なお、『聖武記』（全一四巻）は清朝草創期からアヘン戦争までの国内外の平定を叙述したもので、その附録とともに葉山佐内宅で読んでいるが、膨大なものなので全巻を繙読《はんどく》したのではないかもしれない。『新論』も「葉山に至り新論を見る」とあり、篇名を書き写している（全集九、五五頁）。このときは中身を読むまでには至らなかったと推測される。

中谷忠兵衛から帰藩の心づもりを尋ねられて、一年では何もできないので「両三年」は留まりたいと答えたと、五月五日付の書簡で兄に報告している。江戸に着いてまだ一ヵ月に満たない段階での遊学期間延長の申し出だが、兄は快くかれの願いを認めた。八月一七日付の兄宛書簡には、勉強不足を痛感し、このままでは「武士の一身」が成り立たないと焦燥の思いが吐露され、三年後の安政元年の藩主の帰国まで遊学を延長したいと述べている（全集七、七八〜八〇頁）。かれはもっともっと勉強したいという内面の衝迫を抑えられない。しかし他方で、この時すでに一〇ヵ月の東北遊歴を計画していた。

宮部鼎蔵

東北地方遊歴は松陰の人生の大きな転換点になるが、その契機を作ったのは宮部鼎蔵《みやべていぞう》（一八二〇〜一八六四）である。まず宮部の経歴を簡単にたどっておこう（荒木精之編『宮部鼎蔵先生殉難百年記念誌』、高野直之『宮部鼎蔵先生伝』、渡辺京二『神風連とその時代』など参照）。宮部は肥後国上益城《かみましき》郡の医者・宮部春吾の長男として生まれたが、叔父の野村伝右衛門の養子となり、さらに兵学師範だった叔父（父の末弟）の宮部丈左衛門の養子となった。そして天保一一年（一八四〇）にその家督を相続、嘉永二年（あるいは三年）に藩の兵学師範となっている。

宮部の前半生で見逃せないのは、藩世子・細川慶前《ほそかわよしちか》の傅《ふ》を勤めた叔父の野村伝右衛門が、

図10　宮部鼎蔵（御船町立七滝中央小学校所蔵）

嘉永元年、慶前の死に殉じて割腹自殺し、その際にかれが介添を務めたとされていることである。殉死は武家諸法度で禁止されていたが、武士道を重んじる風潮は牢固たるものがあったのだろう。宮部の家系にこうした精神態度があったことは、松陰への影響という点で無視できない。嘉永四年、江戸で宮部と親交していた時期の書簡で、松陰は「東肥の人宮部鼎蔵は毅然たる武士なり。僕常に以て及ばずと為し、毎毎往来して資益あるを覚ゆ」と書いている（全集一、二九〇頁）。心酔ぶりが見てとれるだろう。

安政三年（あるいは二年）、実弟の春蔵が上士の子弟への暴行事件（水前寺《すいぜんじ》事件）に関係したために、宮部は監督不行届で兵学師範を免職になり郷里に退隠した。明治九年（一八七六）、熊本で神風連の乱を起こす敬神党の火床となるのは肥後勤王党だが、宮部はその勤王党の中心的活動家で、文久年間から攘夷運動に熱心に関与しはじめ、元治元年（一八六四）六月、池田屋で新選組に襲われて負傷し自刃した（池田屋事件）。なお実弟の春蔵も

図11　鼎春園の宮部鼎蔵銅像（熊本県上益城郡）

尊攘派として活動し、池田屋事件直後の禁門の変で敗れて天王山で自決した真木和泉《まきいずみ》と運命を共にした。現在、天王山（標高二七〇メートル）の頂上近くに「十七烈士の墓」があるが、その一つの墓石に春蔵の名が刻まれている。

宮部は松陰よりちょうど一〇歳年長で、平戸遊学からの帰途に熊本に立ち寄ったときが初対面だった。たんに同学の人という趣旨で訪ねたのだろうが、二日続けて会い、深夜まで話し込んでいる。その宮部が松陰からちょうど一ヵ月遅れの五月九日に江戸にやって来た。松陰と同じく職務なしの遊学で、山鹿塾で毎回出会うことになる。松陰は「宮部は大議論者にて好敵手に御座候」と評しており、山鹿塾では素水そっち

図12　「十七烈士の墓」（向かって左列手前から２番目が宮部春蔵の墓石）

のけでふたりが激論を交わすことがあったようだ（全集七、六九頁）。

浦賀と房総を視察

宮部とは塾で議論するだけでなく、前述の魏源『聖武記』の会読もしており、どちらが発案したのか不明だが、嘉永四年六月、二人で浦賀への探索旅行に出かけた。兵学者として実地を知らずに本ばかり読んでいるわけにはいかないという気持が働いたのは当然だっただろう。浦賀にはその二年前に英国軍艦マリナー号が測量目的で渡来しており、江戸の喉元というべき場所である。出発は六月一三日で二二日までのちょうど一〇日間の旅だった。同行した宮部鼎蔵の「房相漫遊日記」（全集別巻）によれば、東海道を南下して鎌倉に行き、松陰の伯父を訪ねた後、横須賀から船を利用して観音崎へ、さらに浦賀から船で剱崎《つるぎざき》を回って城ヶ島に行った。所々で上陸して台場を視察している。浦賀に戻った後、対岸の房総半島に渡り、竹岡から館山を経て、半島の南端に近い洲崎まで足を延ばした。公的な資格はなく役人でもないので、番人がいる台場には近づくことはできなかった。見学旅行というべきもので身軽な旅だったが、海防体制を知るうえで学ぶことは多かっただろう。

亡命

二人が浦賀から帰府したのは嘉永四年（一八五一）六月二二日だが、宮部は熊本の友人に宛てた七月一五日付書簡で、松陰との「奥羽遊歴」の予定に言及し、すでに許可を得ているとと書いている（広瀬豊『吉田松陰の研究』）。松陰自身も、七月一六日付で東北遊歴の願書を藩政府に提出し、二三日付で許可された。松陰によれば、宮部が提案したという。浦賀探索の旅のあいだに二人で約束ができあがったのだろう。秋から翌年春までのあいだに出発し一〇ヵ月の行程になる予定だった。行く先としては、「文武盛ん」との理由で「水戸・仙台・米沢・会津」が挙げられているが、これはおそらく思いつきにすぎまい。この時期の書簡で言及されている永山十兵衛（貞武）『庚子遊草《こうしゆうそう》』が、まさにこの四つの地域への旅行記だった。旅行の願書では、「軍学巧者」を訪ねて「国風」なども一覧して

「修練の一助」としたいと希望を述べている（全集一〇、四三頁）。しかし山鹿流本家のある津軽がリストに入っていない。少なくともこの時点では確たる目的はなかったのだろう。この旅は松陰の人生を自身も考えなかった方向に大きく旋回させることになった。まずその事情を簡単に述べよう。東北行きは七月に決定していたが、出発時期は未定だった。そのころ松陰や同藩の若者たちの梁山泊になっていたのが鳥《とり》山新三郎《やましんざぶろう》という人物の家で、松陰の紹介で宮部と肥後藩の若者も集うようになっていた。

鳥山新三郎

鳥山は文化二年（一八一九）安房の農家生まれで、江戸鍛冶橋外で私塾を営んでいた。後に松陰がペリーの船で密航しようとして捕まったときに連座し、間もなく病死したという。九月一五日付の兄宛書簡で「鍛冶橋外の隠者方へ近日は毎度参り申し候」と書いており、同日の玉木叔父への書簡では「頗る士気成人物」で「良師」であり、「不断往来に立寄り候て節義話を仕り候（後略）」と書いている（全集七、八四〜八五頁）。傾倒ぶりが推測される。

鳥山の塾には江幡五郎《えばたごろう》（あるいは梧楼、当時は安芸五郎と変名し、明治になって那珂通高《なかみちたか》と称す）がいて、松陰たちの東北行きに同行することになった。江幡は出羽大館《おおだて》の出身で、父は南部藩医だったが、かれ自身は南部藩を離れて大和の森田節斎《もりたせっさい》などに学んだ。その後、南部藩の権力闘争に関連して獄死した兄に対する復仇を志して江戸に出て、鳥山の家に寄寓していたのである。ここで松陰たちと知り合い、途中まで同行することになる。

松陰の江戸滞在中の簡単な日録「辛亥日記」に「安芸」と「鳥山」が初めて出てくるのは九月一七日なので、松陰・宮部・鳥山・江幡のあいだに親密な関係ができるのはこのころだろう。参考のためにこの時点でのかれらの年齢を書くと、松陰二二歳、宮部三二歳、鳥山三三歳、江幡二五歳である。

「過書」事件

松陰は九月二七日付の兄宛書簡で一二月中旬ころ出発と書き、さらに一〇月二三日付の玉木叔父宛書簡で一二月一五日ころ出発と伝えている。三人が一二月一五日出発の約束をしたのは、遅くとも一〇月二〇日ころだったのだろう。一二月一五日と決めたのは、いうまでもなく赤穂義士の仇討にちなんで江幡の仇討成功を期したのである。しかし松陰によれば「前数日、過書の事」が起こった（全集九、一六七頁）。旅行中の身分証明書である「過書」（過所）が、出発の日までに藩政府から下付されないことがわかったのである。このとき藩の命に反してでも出発せよと説いたのが、同じく長州藩士で鳥山の梁山泊に出入りしていた来原良蔵（当時二三歳）だった。松陰はその言に励まされて出発した。ここで出発を遅疑すれば「長州人は優柔不断」と非難され、藩の名誉にかかわる。脱藩の形であえて出発したのは「丈夫の一諾忽《いちだくゆるが》せにすべからざればなり」と松陰は書いている（全集七、一六七頁）。

兄・杉梅太郎は事件を知って、宮部宛に「忠孝を廃すると友義に背くと孰《いず》れか重くして孰れか軽く候哉。甚軽重之取捨を誤り候」と嘆いた（定本全集五、一一八頁）。帰府後にこの書簡を見た宮部は、松陰が自分との約束に違約するのを恐れて亡命という行為に及んだのは、自分にも「不行届」な面があったが、水戸からすぐに帰府しても東北遊歴後でも、処分を受ける点では「五十歩百歩」と考えたと弁明している（定本全集六、四五五頁）。

宮部と江幡が松陰の亡命（藩邸脱走）を知ったのは、松陰が出発の日に残した書簡によってだった。かれらは松陰の亡命という行為を予期していなかったし、知った後は反対して、松陰が江戸に戻ることを望んだ。水戸から来原良蔵に出した書簡（たぶん正月一八日執筆）で、宮部と江幡がことさら回り道をして「吾れを資用に窘《くる》しめて而して資せん」としたと、松陰は書いている（全集七、一二四頁）。

つまり、かれらは松陰が旅費に困って江戸に戻るように仕組んだのだが、意図どおりに行かず「天を仰ぎて大息す」という結果に終わった。じっさい松陰が江戸から五日目に水戸に着いているのに対して、宮部らが着いたのは九日目で、故意に到着を遅らせている。

亡命の理由

亡命は松陰と来原の独断だったわけだが、なぜこのような軽はずみな行動をしたのか？　事情を理解するには、梁山泊だった鳥山宅に出入りしていた青年たちの精神状態を知る必要がある。松陰亡命の直前に、来原良蔵が友人らしい人物に宛てた書簡をみよう。

江幡が来原に告げたところによると、宮部は松陰を信頼できる人物として、「吉田は守城の将、敵兵を守り、決してこれを門に近づけざらしむべし」と評したという（定本全集一〇、七四六頁）。これに対して、来原は「未だ当たらず」として、「宜しく君夫人の病に侍して湯薬せしむべし」と付言し、宮部や江幡は松陰の心情を十分理解していないと述べている（同上）。松陰の忠誠感情の強さを強調したのだろう。宮部は松陰のことを「孔子之活糞」を食らうと揶揄《やゆ》していたという。松陰は品行方正で羽目を外すことがない「仙人」のような男というのが、梁山泊の若者たちの衆評だったのである。翌年、萩で謹慎中だった来原宛に出した書簡でも、かれらが「僕を指称して仙と為し翁と為す」のを甘受したと、松陰は述懐している（全集六、三二五頁）。

かれらは二二、三歳から三一、三歳で、酒席で怪気炎をあげることもあったが、松陰は酒量も多くなかった。来原の書簡の前半では、酒席でのエピソードが長々と語られている。そのひとつでは、もし細川家が毛利家と事を起こすことがあれば、相手が宮部といえども手加減しないと、来原が述べたのに対して、宮部が無名の戦をすることはないと取りなしている。かれらが自藩への強い帰属意識とライバル心をもちつつ他藩士と交流していた様子がわかる。そこでは友情・武士としてのやや幼いエリート意識や忠義心・他藩への対抗心がない交ぜになっていた。親しいがゆえに侮られまいとするライバル意識である。

「丈夫の一諾」はゆるがせにできないという松陰の言葉は、いかにも小児の屁理屈に聞こえる。しかしかれとしてはこれがホンネだった。窮した末の逃げ口上では断じてない。烏山が三人の出発を送った文で「三氏の此の行、義の為の遊」と評しているのも、仇討と海防を意識したサムライ魂への称賛が読みとれる（全集別巻、三三六頁）。こうした雰囲気のなかで、来原と松陰が「長州人は優柔不断」と軽蔑されるのを恐れ、いわば負けじ魂を発揮したのである。前述の来原宛書簡でも松陰は、「中国人は柔懦《じゆうだ》」と評されるのを恐れて、（来原も承知のうえで）やむを得ず「此の訥《とつ》々怪事」をあえて断行したと回想している（全集六、三一九頁）。常識では考えられない行為であると、十分承知していたのである。兄への書簡で松陰が使った言葉を使えば、「年少の客気、書生の空論」から出た行為だった（全集七、一二三頁）。第三者からみれば取るに足りない虚勢だったのだが、松陰と来原は藩の名誉をかけて意地を張ったのである。

藩政府から選抜され衆望を担って勇躍江戸に行ったのに、むざむざその機会を無にしてしまったことを、叔父の玉木文之進《たまきぶんのしん》は「一族親類之残憾悲愁」と表現した（定本全集五、一一五頁）。しかしかれの行為を若気の過ちとだけ評するわけにはいかないだろう。客観的状況を読みとる余裕の無さは、松陰の後半生にたびたび出現する。思い切った言動をするとき、四囲を見渡して結果を考量するのが普通だが、松陰はそういうことをしない。周囲がどんなとばっちりを食おうと、自分が正しいと思うことをやり抜こうとする点で、かれはあくまで自己中心主義だった。

「執迷的妄信者」

徳富蘇峰は『吉田松陰』で、恐るべきは「偏理的哲学者」と「執迷的妄信者」で、その特徴は「その周囲に何の頓着する所なく、その見る所直ちにこれを語り、その語る所直ちにこれを行わんとす」ることだという。かれらは「社会の治安と相容れざる厄介者」なのだが、同時に「革命の卵子」でもある。いうまでもなく、蘇峰は松陰をこうした「執迷的妄信者」としてとらえた。既成の価値観に縛られず、あくまで自我の要求を貫くのは、この時代がもとめたひとつの個性だったといえる。

「過書」が間に合わなかったのは、在府藩政府が萩にいる藩主に決済を仰いだためだった。「過書」の下付に藩主の決済が不可欠だったかどうか不明だが、もし必要とわかっていれば、出発期日が決まっていた一〇月下旬までに申請しただろう。玖原敏雄『吉田松陰』は、江幡の仇討を危うんで故意に遅らせたのではないかと推測している。しかし後述のように、友人たちのあいだでは、松陰が旅行の予定に含まれていない松前まで足を伸ばす予定であることが知られていた。むしろこうした点が問題視されて、在府当局が官僚らしい慎重さを発揮したのではないだろうか。

東北へ旅立つ

結局、松陰は藩政府から追捕されることを恐れて嘉永四年（一八五一）一二月一四日に出発した。一五日は藩政府から警戒されて出発を止められる恐れがあると考えたのである。水戸に着いたのは一九日だった。他方、宮部と江幡は約束どおり一五日に出発して、二四日に水戸に着いている。

旅　程　ごく簡単にかれらの旅程を辿っておこう。翌嘉永五年（一八五二）年正月の鹿島・銚子などへの旅行をはさんで、一月一九日まで水戸に滞在した。一月二〇日に水戸を出発して白河に行き、南部地方に向かう江幡と別れた。松陰らは会津に行き、七日ほど滞在した後、二月七日に雪深い鳥井峠を越え、新発田《しばた》を経て新潟に行った。一三日の日記で、新潟から船で松前に直行すると決めたと書いている。松前への船便

図13　吉田松陰東北遊歴の旅程図（海原徹『江戸の旅人　吉田松陰』より作成，一部改変）

を待つあいだに佐渡に渡ることにし寺泊《てらどまり》に行ったが、海が荒れて一三日間も船待ちをした。荷物を新潟に置いてきたので、二人で『古文真宝《こぶんしんぽう》』を暗唱して無聊《ぶりょう》をやり過ごしたという。佐渡から新潟に戻る船も荒天のために七日ほど待たされた。佐渡に渡った目的のひとつは、承久の乱で佐渡に流された順徳《じゅんとく》天皇の古跡を訪ねることだったらしいが、結果として、かれらは蝦夷行きという最終目的を犠牲にすることになる。新潟と佐渡で一ヵ月以上を空しく費やしたが、松前行の船頭から武士の乗船を拒否され、結局かれらは翌閏二月一八日に新潟を発った。

出羽（山形・秋田）を経て弘前に着いたのは閏二月末である。連日のように一一〜一三里を歩いており、急いでいる。三月四日には早くも津軽半島の小泊に着き、山越えして東岸の三厩《みんまや》に出たが、そのまま素通りして砲台のある平舘に行き、そこから船で青森に直行している。現在、津軽半島突端の龍飛崎《たつびざき》には松陰にちなんだ石碑が建っているが、じつは松陰は龍飛崎には足跡を残していない。

青森から野辺地《のへじ》を経て南下し、三月一一日に盛岡に着き、江幡の家族を訪ねた。そして花巻《はなまき》・水沢《みずさわ》を経て石巻《いしのまき》に出て松島を見物した後、仙台に向かい三日ほど滞在する。仙台から大川原に向かう途次、江幡と再会して三人いっしょに白石《しろいし》に行き、再度別れた後、松陰らは米沢を経て会津に行く。それから内陸部を南下して館林から船で利根川を下り、四月五日に江戸に戻った。

全一四〇日間の旅である。出発前の兄への書簡で、一二月中旬出発で一三五日間ほどと言い、新潟からの父・叔父・兄への書簡で四月中に江戸に帰還すると書いているので、最初の予定がきちんと守られたことになる。一四〇日のうち水戸に三〇日（銚子などへの小旅行を含む）、新潟と佐渡に四〇日弱滞在した。全日程の約半分は歩き回ったのである。そのほとんどは徒歩で、一日四〇キロメートル歩くことも珍しくなかった。平戸への往復では何度も足痛になり、馬を使っているのとくらべるとたいへんな健脚ぶりである。

遊歴の目的

いったいこの大旅行の目的は何だったのだろう。前述のように、玖村敏雄『吉田松陰』は、江幡の仇討に同伴することだったとし、その根拠として「東征行」（『東北遊日記』の末尾に添付された江幡五郎の仇討に関する事情を説明した文章）の一節を挙げている。白河で江幡と別れる際に、「吾れら二人、生死之れに従はんことを請ふ。五蔵強ひて之れを辞す」と述べた部分である（全集九、二七七頁）。しかしこれはどうみても、別離に際して感情が激したための語にすぎまい。現に『東北遊日記』では、江幡が別離を惜しんだのに応えて、松陰が書いた詩には「蝦夷に向って啓行《けいこう》を為さん、（中略）報国の策定まらば涙何ぞ妨げん」と決意を語った一節がある（全集九、一九七頁）。

松陰らの出発に際して、小田村伊之助が送ったはなむけの語のなかに次の一節がある。

「（前略）今茲臘月《（一二月）》、将に奥羽を歴て松前の形勢を窮めんとす」（全集別巻、三三三頁）。松陰らは出発前から蝦夷行きの抱負を周囲にもらしていたのだ。水戸でかれらが面会した豊《とよ》田《だ》天功《てんこう》は、蝦夷・千島・樺太の地誌やロシアの進出、さらにアイヌの習俗などについて詳細に論じた『北島志《ほくとうし》』を執筆していた。出版されたのは安政元年（一八五四）だが、その内容を聞く機会があっただろう。蝦夷への関心をさらに刺激されたにちがいない。

三廐へ

前述のように、新潟では船で松前に直航しようとした。船であれば「汎《しお》を得ば三日夜にして達すべし、陸行するときは則ち十数日に非ざれば至るべからず（後略）」という（全集九、二一二頁）。実際、船が利用できないことがわかって新潟を発った後、かれらは異常なほど途を急いだ。しかし不思議なことに、その後、かれらが松前に渡ろうとした形跡がない。陸行した場合、松前に渡るのは津軽半島の三厩から船に乗るのが一般的だった。このルートは海流が複雑なので難路だったが、松前藩主の参勤交代でもここを発着港にしていた。しかしかれらは小泊から山越えした後、三厩をそのまま通過し、船便を探そうともしていない。すでに松前渡航を断念していたのだろう。小泊から三厩に着いた日の日記を引用してみよう。

（前略）海浜に出づ、是れを三厩と為す。俗に伝ふ、義経《よしつね》松前に騎渡するにここよりすと。戸数百許《ばか》り、湾港は舟を泊すべし。松前侯の江戸に朝するには、舟に乗りて亦ここに至る。（中略）小泊・三厩の間、海面に斗出するものを竜飛崎と為す、松前の白神鼻と相距ること三里のみ。而れども夷船憧《どう》々として其の間を往来す。これを榻《とう》側に他人の酣睡《かんすい》を許すものに比ぶとも更に甚だしと為す。苟も士気ある者は誰れか之れが為めに切歯せざらんや。独り怪しむ、当路者漠然として省みざるを。（後略）

（全集九、二四五頁）

この記述は、外国船とくにロシアの接近に対する危機感が、東北旅行の目的のひとつだったことを示している。しかし新潟での松前行乗船拒否から推測すると、蝦夷への渡航には一定の制約があったのではないだろうか。そうだとすれば、過書下付の遅延の原因もこの点にあったと推測できる。いずれにせよ、ロシアへの危機感は、平戸で「近時海国必読書」を読んで以来のものだから、松前渡航に失敗したのは大きな挫折だった。

既述のように、松陰は兄への書簡（前年九月二七日付）で、旅行は一二月中旬出発で正月・二月・閏二月・三月の四ヵ月で一三五日ほどだと書いていた。四月五日の江戸帰還は、新潟での齟齬にもかかわらず、かれらがスケジュールを律義に守ったことを意味する。嘉永五年四月二七日付の宮部宛松陰書簡によると、おそらく宮部は四月に熊本に帰藩することになっていた。宮部の藩への届け出も四月初旬帰府となっていたのだろう。

兄の制止をふりきって厳冬期に東北旅行を敢行したのも、おそらく宮部の都合に合わせたのだろう。小泊から三厩への山越えは雪の沢の道で時に膝の上まで水につかる渡渉があった。どんな装備だったのかわからないが、現在なら無謀といわれるところだ。

結局、宮部の事情で蝦夷行きを断念するほかなかったのだが、松陰は帰藩後に「遂に松前に航せず」と無念を語ることになる（全集七、一三七頁）。あふれるほどの意欲はあるが、具体策はどこか杜撰で、結果として所作はつねに中途半端でぎこちない。これが松陰の生涯を貫く特徴である。

山田宇右衛門の叱責

松陰は四月五日に帰府した後、帰藩を命じられる（後述）。江戸での学習は、前年四月九日に江戸に着き、東北に出発する一二月一四日までの約八ヵ月で終わった。江戸に出発する前、少年時の松陰の後見人のひとりで代理教授を担当した山田宇右衛門は、はなむけの語で「博聞」と「多読」を比較し、たくさん書を読むことで物事の根本を固め淵源を深めよと述べていた。いたずらに知識を外に求めて「談柄《だんぺい》」とするような態度を戒めたのである（定本全集五、一二三頁）。もしかすると山田は、この愛すべき弟子が、優秀で旺盛な意欲はあるが関心が拡散しやすく、一事に集中できない欠点があることを危惧していたのかもしれない。

帰藩を余儀なくされたとき、山田はかれを激しく叱責した。松陰は師の言葉を「向《さき》の亡（命）は他日の大功験を得るを楽しみしに、今則ち匆々《そうそう》として帰り来る、足下の志確ならず大ならざるを如《いかん》ともするなし」と要約している（全集七、一三三頁）。これは確かに山田の書簡の「僕の平らかならざるは客冬の挙を以てするの故に非ずして、倏忽《しゅっこつ》帰来るを以てすなり」にもとづいている（定本全集六、四五六頁）。しかし松陰は山田の書簡の趣旨を誤解あるいは歪めている。

山田の非難の核心は、大志を抱いて江戸に行ったのにろくに勉学しないまま帰国したことにある。山田はこの長い手紙の初めの部分で以下のように述べている。「客吾が両国を侮る、先生甘んじてこれを聞くに忍びず、逋亡して以て客の言を塞ぎ、自ら以て計を得たりと為す」（定本全集六、四五五頁）。「吾が両国」とは防長二州のことである。つまり松陰の行為は、自藩が他藩人（客）から馬鹿にされないために亡命したとし、かれを「不忠不孝の小者」と非難しているのである。先に引用した「客冬の挙」（すなわち亡命）を非難するのではないという言葉は、勉学しないまま帰国したことを非難するための語で、要するに「多読」より「博聞」を優先した松陰を難詰したのだった。松陰が浪人として江戸に残って勉学を続けなかったことを、山田が非難したとの解釈があるが、書簡の趣旨を誤解している。

山田はこの書簡で、『史記』（世家）に出てくる張良（子房）の有名なエピソードに言及している。老人（黄石公）から橋の下に落ちた履物を拾えと命じられ、その後老人との再会を約束するが、来るのが遅いと二度も難詰され、三回目の会見でやっと重要な兵書を手にすることができた。「忍の一字」によって「大成」したというのだ。松陰は他藩人の侮辱を忍耐し、五年、一〇年後の大成を期すべきだったと諭したのである。この書簡に抗弁した松陰の書簡は「忍」が足りない点については弁明せず、「勇」の点では張良に負けないと述べている（全集六、三二一頁以下参照）。期せずして後年の自身の行動を予言しているかのようだ。

水戸学との出会い

帰藩後の書簡で、松陰は「抑々《そもそも》快の最も忘るる能はずと為すものは独り水府の諸士のみ」と書いている（全集七、一三八頁）。東北旅行の一四〇日間のうち、水戸で過ごしたのは三〇日で、正月の一〇日ほどの小旅行を除けば、水戸の人士と交わったのは二〇日にすぎないが、松陰にとってもっとも濃密な経験として残った。とくに会沢正志斎に七回、豊田天功に三回会って談話した。七一歳になる会沢を「矍鑠《かくしやく》たるかな此の翁や」と称賛し、豊田については「学問該博《がいはく》、議論痛快」と印象を語っている（全集九、一八九頁）。水戸での見聞は松陰の思想を展開させる重要な契機となった。東北遊歴の時期を遡って、かれが体感した水戸の雰囲気を概観しておこう。

水戸の雰囲気

水戸に着いた翌々日の一二月二一日、松陰は会沢を訪ね、さらに二日後の二三日、会沢宅で青山延光《あおやまのぶみつ》（量太郎、一八〇七〜一八七一）に会ったが、延光は「蒟蒻党《こんにやく》」なので、以後、会わないことにしたという（全集九、一七四頁）。延光は彰考館《しようこうかん》総裁の青山延于《あおやまのぶゆき》の長子で、山川菊栄《やまかわきくえ》（一八九〇〜一九八〇）の母方の祖父・延寿《のぶとし》の兄、すなわち伯祖父である。山川『覚書幕末の水戸藩』によると、第九代藩主・徳川斉昭《とくがわなりあき》（一八〇〇〜一八六〇）の右腕といえる藤田東湖《ふじたとうこ》（一八〇六〜一八五五）と延光は幼馴染で親しかったが、性格は正反対だった。

東湖は「才気縦横、何事にも積極的、活動的な政治家肌」だったのに対して、延光のほうは「温厚寡黙、一介の読書人に甘んじて、（中略）政治や人事に介入することを好まなかった」。水戸の改革派の象徴的存在だった東湖は後述の事情で謹慎中だったので、松陰たちは会うことができなかったのだが、青山延光を「蒟蒻党」と呼んだところに松陰の水戸学への態度が出ている。

周知のように、後に水戸藩では戊午《ぼご》の密勅（一八五八年）をめぐって激しい党派闘争が起こり、「激派」は武装蜂起した後、越前まで行って敦賀《つるが》で斬首された。死刑を免れた武田金次郎《たけだきんじろう》（天狗党激派の首領格の武田耕雲斎《こううんさい》の孫）は、維新後に帰藩して壮絶な復讐テロをくり広げた。山川の前掲書によれば、武田は延光の家をも襲ったが、「ヤア金坊か、大きくなったなア」という呼びかけに毒気をぬかれ、何もせずにすごすごと去ったという。極度に政治化した水戸学の末路の代表と、それを超然とやりすごした人物との対照である。

水戸学の淵源

いうまでもなく、水戸学の淵源は第二代藩主・徳川光圀《とくがわみつくに》が始めた『大日本史《だいにほんし》』の編纂である。藤田幽谷《ふじたゆうこく》『修史始末《しゅうししまつ》』の記述によれば、光圀は『史記』の「伯夷伝《はくいでん》」を読んで修史の志を立て、林羅山《はやしらざん》・鵞峰《がほう》によって編纂された『本朝通鑑《ほんちょうつがん》』が、日本の始祖を呉の太伯《たいはく》の後裔としているのに憤慨し発奮したという。周の武王《ぶおう》による放伐を諫めて容れられなかったために首陽山《しゅようざん》に隠れて餓死した伯夷・叔斉《しゅくせい》の義を重んじる態度に感動し、日本の起原を中国に求める態度に憤慨したのである。兄をさしおいて藩主になる光圀は自分を叔斉と引き比べ、儒教道徳にめざめる契機になったとの指摘もある（野口武彦『徳川光圀』）。

歴史認識における儒教的大義名分論と皇朝中心主義が象徴的に表現されている。それを具体化したのが、神功《じんぐう》皇后を天皇扱いせず、大友皇子《おおとものおうじ》を天皇とし、南朝正統論の立場をとった『大日本史』の叙述だった。

こうした歴史観を背景に、文政一二年（一八二九）に藩主となった徳川斉昭のもとで水戸学が展開する。前藩主・斉脩《なりのぶ》の死去後、後継として御三卿の清水家から養子を取る動きがあり、それに抗して藩主になった斉昭は、人事を刷新して保守派を排除し、かれを支持した会沢正志斎・藤田東湖らを登用した（『水戸市史』中巻）。そして倹約令・敬神廃仏・蝦夷地拝領願い・海防充実の大砲製造のほか、藩校・弘道館《こうどうかん》設立などの改革を推進した。しかしこうした急進的な改革は保守派の抵抗を招いただけではなく、徳川政府の疑惑を招き、弘化元年に斉昭は隠居謹慎を命じられ、家督は慶篤《よしあつ》に相続された。

その後、謹慎が解かれ、嘉永二年に藩政関与が認められると、斉昭とともに罰せられていた会沢らもまもなく赦免されたが、東湖が赦免されたのは嘉永五年閏二月で、松陰が水戸を去った後だった。東湖は長い蟄居のあいだに「回天詩史《かいてんしし》」「常陸帯《ひたちおび》」「弘道館記述義《こうどうかんきじゅつぎ》」などの主要著作を執筆した。松陰はこのような激しい党派闘争を直接見聞したうえで、東湖や会沢などの改革派の視点から水戸学関連の書物を読み、青山延光に対する上記の評価をしたのだった。

天皇と将軍の関係

水戸学は期せずして、徳川政府と天皇との権力関係を論点として浮上させた。明治になって福地桜痴《ふくちおうち》は「幕府衰亡論《ばくふすいぼうろん》」で、日本人の多数は「将軍あるを知て天子あると知らざりし」状態だったと指摘し、大名に対する任官叙位や朱子学の王覇《おうは》の弁別で、天皇はかろうじて存続できたと書いた（『福地桜痴集』）。じじつ山鹿素行『武家事紀』は、武家が「朝廷にかはりて万機の事を管領」することになっており、「王朝の事」を誠実に執りおこなうのが「君臣の大礼」だと述べた（『山鹿素行全集』第一三巻)。また新井白石《あらいはくせき》『読史余論《とくしよろん》』は、王朝が衰退して武家の支配が続いているので、タテマエは君臣でも実態は「共主」であり、南朝滅亡後は「天下の人、皇家あることをしらず」という状態だと説明した(『新井白石』日本思想大系三五)。

このような江戸期の常識に対して一石を投じ、幕末期に大きな影響をあたえたのが水戸学だった。たとえば会沢正志斎「退食間話《たいしよくかんわ》」は、君臣の義をはじめとする五倫を日本神話のエピソードで説明した後、次のように語る。東照宮の継嗣たる将軍は「天朝の政を天下に布き、民をして兵革・盗賊等の禍を免れしめ給ひ、邦君は、天朝の藩屏、大将軍の分職にて、各其国々を治め給ふ」(以下とくに断らない限り、引用は『水戸学』日本思想大系五三による)。だから臣民たるものはみな天子・将軍・邦君の恩沢を蒙っている。

ここでは天朝—将軍—邦君(大名)—臣民が階統的に位置づけられ、徳川政府が天皇の意志にもとづいて統治し、大名は将軍の「分職」と位置づけられて、その政治体制が正統化されている。藤田幽谷「正名論《せいめいろん》」も同じことをもっと簡明に「幕府、皇室を尊べば、すなはち諸侯、幕府を崇び、諸侯、幕府を崇べば、すなはち卿・大夫、諸侯を敬す」と説明し、「上、天子を頂き、下、諸侯を撫する」ことが将軍の任務であると説いた。徳川政治体制が、天皇を頂点にした斉一なピラミッド的秩序によって説明されている。水戸学は、白石などによって「虚器」と形容された権威を再び呼びだすことによって、徳川政府の支配を弁証し、大名と武士の忠誠心を喚起したのである。

徳川体制の正統化原理

水戸学に接する以前、松陰は徳川政治体制の正統化原理を強く意識したことがなかったと考えてよい。後述の黙霖《もくりん》との論争でかれは、毛利家が天皇の臣下であると認め、将軍はわが藩主の君ではないが年来の恩義があると主張するようになる。将軍と大名との君臣関係を否定し、大名は天皇に直属すると位置づけられるのだが、これは尊王思想に傾斜して以後のことである。会沢正志斎『新論』に触れて水戸学への関心をもち、さらに水戸で会沢らから直接話を聞いたことで、かれは徳川政治体制のおける天皇の位置づけを初めて意識するようになった。

記紀神話による統治の伝統的正統化も、松陰には目新しいものだっただろう。『大日本史』はもともと神代の記述を避けて神武《じんむ》天皇から歴史が始まるとしたが、後には神武天皇の項の冒頭に神代の記述を挿入した。合理主義的歴史観が後退して、神話を正面に掲げた皇統の神聖性の記述が水戸学のさまざまな文献に頻出する。いわく「赫々《かくかく》たる日本、皇祖開闢《かいびやく》より、天を父とし地を母として、聖子・神孫、世《よよ》明徳を継ぎて、以て四海に照臨したまふ」（藤田幽谷「正名論」）。いわく「日本は神聖の国にして、天祖天孫統を垂《たれ》、極を建給ひし（後略）」」（徳川斉昭「告志篇《こくしへん》」）など。

日本的華夷思想

水戸学は徳川政治体制の正統性を強調するために天皇の権威を持ちだし、結果として政治イデオロギーの前面に皇統の一系性を露出させた。それは否応なくエスノセントリズム（自民族中心主義）の色彩を帯びざるをえないが、一九世紀初頭以後の東アジア情勢の緊迫化によるナショナリズムの隆盛と適合した。その極致が、「神州は太陽の出づる所、元気の始まる所にして（後略）」という文で始まる会沢正志斎『新論』で、天地創成以来、「天胤、四海を君臨し、一姓歴歴」たる皇統の連続性を「国体」として表現している。それは儒教の華夷《かい》思想と結びつくことによって、神州は「首」、戎狄は「四肢」という日本的華夷思想となる。

日本を中華とする思想はすでに山鹿素行『中朝事実《ちゅうちょうじじつ》』にあり、徳川光圀『西山公随筆《せいざんこうずいひつ》』も、中国人が自らを「中華」というのは当然だが、日本人はそれを真似せず「日本の都をこそ中華といふべけれ」と書いた（『水戸義公・烈公集』水戸学大系第五巻）。光圀や素行の日本主義は中国に対する強がりの表現だった。それは水戸学において西欧列強に対するものに変貌し、日本神話のエピソードは君臣・父子などの儒教倫理の比喩に翻案される。荒唐無稽な日本神話を軽蔑していた儒者でも、受容可能なものに変化したのである。

松陰が熱心に唱えることになる尊王攘夷論は、儒教を排斥した国学からは出てこない。国学には記紀神話にもとづくエスノセントリズムはあるが、儒教の「道」という概念に表現された普遍主義がない。普遍主義を前提にして、はじめて華夷の弁別による階統的世界観が成立する。日本神話を儒学と結びつけた水戸学において、はじめて華夷による体系的世界観が可能になった。「尊王攘夷」という語が水戸学を起源とするのは偶然ではない。

水戸学の相対主義

付言すれば、朱子学の体系的学習を拒否した松陰の思考では普遍主義の契機が弱く、『講孟余話《こうもうよわ》』のように「国体」の独特の説明が出現する（後述）。そして独自性を重視する傾向が強いために、「攘夷」というエスノセントリズムが強調される結果になるのである。たとえば「廸彝篇《てきいへん》」で会沢は以下のようにいう。世界には万国があり、それぞれ君主がいる以上、その君主に忠誠をつくすのは当然である。「国々みな其の内を貴びて、外を賤しとする事同じき理なれば、互に己が国を夷蛮戎狄とする事、是れ亦定まれる習なり」（『会沢正志斎集』水戸学大系第二巻）。この後に「一姓綿綿《いっせいめんめん》」を誇る記述が続くのだが、それでも会沢には意外に相対主義的な問題意識があったことがわかる。

「墨夷《ぼくい》」を敵とし、敵と妥協した徳川政府を許しがたいと考える松陰には、「廸彝篇」のような相対主義の視点がない。切迫した国際環境がそうした余裕を失わせたのだが、その背景にはかれの思考における儒教的普遍主義の契機の弱さがあった（後述参照）。

水戸学は列強の脅威に警鐘を鳴らした。なかでも『新論』は列強の接近をたんなる軍事力ではなく、むしろイデオロギー的な脅威と理解している。会沢によれば「西夷」の力の増長は「知勇」「礼楽刑政《れいがくけいせい》」などの優越によるのではない。かれらが「伎倆《ぎりょう》を逞《たくま》しく」している唯一の根拠は「耶蘇《やそ》教あるのみ」だという。キリスト教は教理が単純卑俗なので、「愚民」が惑わされやすく、いったん「煽惑」されると「胡神」のために命を捧げる。「愚民」がイデオロギー的に武装解除されてしまえば、「未だ戦はずして、天下すでに夷虜の有とならん」と危機感をあらわにしている。

日米修好通商条約調印後、松陰は海防ではなく民政が大事だと強調する時期がある（後述）。国内に居住する「墨夷」がキリスト教を布教するだけでなく、病院・貧院などの施設を作って、内から愚民を手なずけてしまうと危機感をもったのだ。こうした問題意識は『新論』に示唆されたのだろう。

『新論』の新しさ

西欧のキリスト教に対抗して、日本独自のイデオロギーとして呼び出されたのが祭政教一致システムだった。政教一致はもともと儒教の統治理念で、そこに天皇による天祖への祭祀を結合し、天祖（アマテラス）・天皇、主君・臣下、親・子をアナロジーによって同じ忠誠関係として説明し、親への孝は主君への忠であり、ひいては天皇への奉公とされた。こうして対外的危機に対応する手段として、水戸学は尊王をテコにした主君への忠誠心を喚起し、徳川体制の揺らぎを食い止めようとした。

水戸学のディレンマ

水戸学が編み出した忠誠のシステムには重要な前提がある。「廸彝篇」の表現によれば、天皇と徳川政府のあいだに意志の乖離や対立が存在せず、「幕府は天朝を佐《たす》けて天下を統御」するという関係が、疑問の余地のないものでなければならない（『会沢正志斎集』水戸学大系第二巻）。もし徳川政府の統治が天皇の意志と違っていれば、尊王の思想はたちまち討幕に転化してしまう。安政五年（一八五八）、通商条約調印をめぐって、まさしくそうした事態が起こり、徳川体制はその後一〇年で倒壊してしまう。水戸学は徳川の支配体制のタガを締めるために登場し、むしろその根本を掘り崩す役割を果たすことになるのである。

もっとも忠誠心の動員のために「天朝」というシンボルを利用したとはいえ、一介の武士や浪士たちが自身の主君を飛び越えて、天皇への忠誠心にもとづいて行動することは、水戸学の想定外のことだった。徳川斉昭「告志篇」はいう。天皇や将軍に忠勤するからといって「眼前の君父をもさし置、たゞちに天朝・公辺へ忠を尽さむと思はゞ、却って僭乱《せんらん》の罪のがるまじく候」。忠誠の対象はあくまで自身の主君でなければならないのである。

藤田東湖「常陸帯」も同様の発言をしている。「凡そ神国に生れぬる人は天を仰ぎ奉る事なれども、賤しき身として、天祖を祈るなどするは、譬《たと》へば己が領主、国王を差し置きて、直に朝廷に訴へ奉るにひとしく、非礼、無礼の甚しきなり」（『藤田東湖集』水戸学大系第一巻）。かくて武士は自身の主君を敬い、庶民は自村の鎮守の神に祈ることが、天祖に仕えることにほかならないと説明された。しかしいったん天祖・天皇を呼びだした以上、現状に不満をもつ人々の忠誠心がそこに向かうのは避けがたい。

松陰も初めは「国主に忠勤するは即ち天子に忠勤するなり」（全集七、四四二頁）と、天皇への直接の忠勤を否定した。しかしまもなくこうした間接的忠勤ではなく、天皇に上書を届けたりするようになる。水戸学は徳川政治体制の正統性の根拠を天皇に遡らせたことによって、通商条約をめぐる天皇と政府の意見対立を違勅問題として一気に浮上させることになる。松陰はこの争点化の渦に巻き込まれていくのである。

ペリー来航

萩から再び江戸へ

帰国を命じられる

前述のように、松陰らは東北の旅から嘉永五年（一八五二）四月五日に帰府し、宮部鼎蔵は肥後藩邸に、松陰は鳥山新三郎宅に入った。宮部は松陰がまだ水戸に滞在していると事実を偽ったが、帰府を知った井上荘太郎や山県《やまがた》半蔵《はんぞう》が、今戻れば大した罪に問われないだろうと説得した。井上は松陰とともに江戸遊学を許された人、山県は明倫館学頭の太華《たいか》の養子で、松陰は後に父の太華と『講孟余話《こうもうよわ》』をめぐって論争することになる（後述）。

松陰はかれらの説得にすぐには応じなかったが、結局、一〇日に藩邸に戻った。それから数日後、藩政府から帰国の命がくだり、一八日に松陰は萩への帰途についている。藩政府の処分に対して、松陰は「愕然として初めて売られしことを覚りぬ」と憤慨している

（全集九、二七一頁）。井上や山県の説得の裏には、軽い処分ですませるという藩政府の内意があったのだろうが、藩邸からの無断脱走は重大な規律違反だから、そのまま江戸滞在が認められるはずはなかった。

萩に着いたのは五月一二日で、七ヵ月後の一二月九日付で家禄と士籍を剥奪する処分が下され、身分は父百合之助の「育《はぐくみ》」となった。後に下田事件が発覚した際の徳川政府の文書には、「杉百合之助厄介」と記され、その後の裁決書では「杉百合之助次男にて厄介致し置き候浪人」となる（全集一〇、六一頁・七一頁など）。「厄介」と「浪人」の分界は必ずしも明瞭ではなかったようで、いずれにせよ、父の扶養家族という位置づけで、武士としては半人前である。

武士であることに強いプライドをもっていた松陰には大きな喪失感を伴ったはずだが、じつは同日、一〇年間遊学の内願書が父・百合之助から藩政府に提出され、翌月一六日付で許可されている。まじめに修行に努めれば、兵学師範に復籍するという含みだろう。そうした事情もあったせいか、まるで外部の動きに無関心であるかのように、松陰は読書に没頭した。その様子を来原良蔵は「けしからぬ勉強の由」と書き、松陰自身も「頭を埋めて蠹魚《とぎょ》（本の虫）となり、心力を此の時に専らにす」と表現している（定本全集一〇、七五〇頁。全集七、一三七頁）。

帰藩後の松陰の読書傾向には大きな変化が生じている。「身皇国に生れて、皇国の皇国たるを知らずんば、何を以て天地に立たん。故に先づ日本書紀三十巻を読み、之れに継ぐに続日本紀四十巻を以てす」（「睡余事録」、全集九、二八三頁）。これまで関心をもたなかった日本の歴史書を順にひも解き始めたのである。こうした問題意識の変化にはもちろん水戸学の影響があるが、江戸遊学中に「御藩の人は日本の事に暗し」と言われたのが直接のきっかけだった（全集七、九一頁）。

日本歴史を学ぶ

二ヵ月ほど後の兄への書簡では、「国体を明かにし、時勢を察し、士心を養ひ、民生を遂げ（後略）」などを読書の目的として設定したうえで、「先づ皇国の道を明かにするの書」と「聖経賢伝《せいけいけんでん》」をとくに重視すると書いている（全集七、一〇六〜一〇七頁）。水戸に行く前からすでにこうした問題意識があり、帰藩後すぐに実行に移した。ただし日本の古代史にかんする本は、松陰にはがまんできないほど退屈で、まもなく「斯様《かよう》の書に精神を費すこと無益なりとて打置きぬ」と告白している（全集七、一三九頁）。

松陰に対して「日本の事に暗し」という指摘をしたのは誰だろう。松陰だけではなく「御藩の人」と長州人全体のことを問題にしたのは、東北旅行に際して「長州人は優柔不断」といわれるのを懸念して亡命という挙に出たのと同じ雰囲気を感じさせる。別のときに肥後人から長州藩での笞刑《ちけい》の仕方を問われて答えられず、「国事を知らざる、愧《は》づべし」（全集七、九九頁）と述懐していることから推しても、宮部鼎蔵から日本歴史に対する無知を指摘されたのではないだろうか。

山鹿素行には『日本書紀』の記述にもとづく著作『中朝事実』があるが、松陰が素行の日本主義に関心をむけた形跡はない。宮部が肥後勤王党から敬神党への過程で隠然たる影響力を与えた国学者の林桜園《はやしおうえん》に入門したのは、東北遊歴から帰国した後のことである。しかし横井小楠が藤田東湖宛に出した書簡（嘉永四年〈一八五一〉二月一五日付）によると、宮部は江戸に出る前から水戸学に関心を寄せていた（『横井小楠関係史料』一）。おそらく記紀などの古典にもそれなりの知識があったと推測してよいだろう。そのうえで水戸での滞在によって、ふたりとも強烈なインパクトを受け、期せずして日本歴史や古典に研鑽することになったと考えられる。

ペリー艦隊来る

再び江戸へ

既述のように、松陰に対して士籍剥奪の処分が出されたのは嘉永五年（一八五二）一二月だったが、同時に自費による一〇年間の遊学が認められた。翌年正月二六日、松陰は兄、叔父や友人たちに見送られて萩を出立した。松陰本人はもちろん、近親者にとっても再起を期すという気持だっただろう。おそらくかれらはみな雪辱の念に燃えていた。三田尻《みたじり》まで見送りにきた久保清太郎《くぼせいたろう》に贈った詩には、「人生の得喪《とくそう》一毛より軽く、英雄常に身後《しんご》の名を要む」という語がある（全集九、二九六頁）。人一倍忠誠心が強く武士としての誇りを重んじた松陰は、名誉のために生命を賭してもいいと考えていた。この詩の語句は必ずしも誇張ではない。かれが思い切った行動に出る伏線は、すでにこの時に胚胎していた。

二月一日、富海《とのみ》（現山口県防府市）で船に乗った松陰は、琴平《ことひら》の金毘羅《こんぴら》などに寄った後、一〇日に大坂に着き、大和五条に森田節斎《もりたせっさい》を訪ねた。森田は東北に同行した江幡五郎の師で、その消息を伝えるのが当初の目的だったが、森田の所用につきあったりして、五月一日にやっと江戸に向った。途中、伊勢外宮を訪ね、中山道経由で江戸の鳥山新三郎宅に着いたのは五月二四日だった。座の温まる間もなく翌日には鎌倉瑞泉寺の伯父・竹院《ちくいん》和尚を訪れ、帰府したのは六月一日である。

三日、佐久間象山《さくましょうざん》宅を訪れた。帰府の挨拶だったのだろう。もう一度、志を新たに蘭学に精進しようという気持になったのである。しかし松陰にはもうその時間は残されていなかった。この日夕刻、ペリー艦隊四隻が浦賀沖に忽然と姿を現したのである。正月二六日に萩を発って、長い時間をかけて江戸に着いたが、まだ今後の生活設計も固まっていない。まるでペリー来航という大事件に際会するために、かれは江戸に来たかのようだった。

ペリー来航の目的

米国東インド艦隊司令官のマシュー・カルブレイス・ペリー（一七九四～一八五八）が、蒸気船ミシシッピ号で米国東海岸ノーフォーク（ワシントンD.C.の南方約三〇〇キロ）を出港したのは、一八五二年一一月二四日（嘉永五年一〇月一三日）だった。大西洋を渡ってモロッコ沖のマディラ島、南アフリカのケープタウン、セイロン（スリランカ）、シンガポールなどを経て香港に入港したのは翌年四月七日（嘉永六年二月二九日）夕刻である。そこで帆船砲艦プリマス号とサラトガ号に合流し、さらに旗艦となる蒸気船サスケハナ号と上海で合流して艦隊ができあがった。ペリーの徳川政府宛書簡は捕鯨船燃料などの補給や漂流民救助を正面に掲げていたが、艦隊派遣の第一の目的は太平洋航路に必要な石炭補給地の確保だった。

アメリカは一八四五年から四七年にかけて、テキサスからカリフォルニアにいたる西部地域を獲得して、大西洋から太平洋にわたる北米大陸国家になり、大英帝国との覇権争いが始まっていた。ペリーはそうした事情を意識しつつ、日本開国に失敗した場合にそなえて、日本渡航の前に周到にも琉球と小笠原をその代替地として探索している（土屋喬雄・玉城肇訳『ペルリ提督　日本遠征記』、洞富雄訳『ペリー日本遠征随行記』、金井圓訳『ペリー日本遠征日記』、三谷博『ペリー来航』、ピーター・ブース・ワイリー『黒船が見た幕末日本』など参照）。

じつは徳川政府は米国の動向をまったく知らなかったのではなかった。ペリーの出発に先立つ六月二五日付のオランダ「別段《べつだん》風説書《ふうせつがき》」は、米国政府が通商目的で複数の軍艦を日本に派遣すると知らせ、日本だけが「世界の列」から孤立するのは得策ではないばかりか「兵器の沙汰」になる危険性があると伝えていた。しかし米国政府の動きが「風聞」と書かれてあったこともあってか、徳川政府はそれを真剣に受け取らず、英国の差し金ではないかとか、オランダが貿易拡大の下心をもっているのではないかなどと憶測するありさまだった。

ペリー艦隊の動向

ともあれペリーの艦隊は、蒸気船のサスケハナ号とミシシッピ号が帆船二隻を曳航して、嘉永六年五月二六日（西暦一八五三年七月二日）早朝に那覇を出発した。当初の計画では艦隊は一二隻で構成されるはずだったので、ペリーは日記に「わずか四隻」と無念そうに書いている。艦隊は六月三日（西暦七月八日）正午ごろ相模湾に入り、午後四時～五時ころに浦賀沖に投錨した。ただちに日本側から接触があり、長崎に回航するよう指示されたが、ペリーは大統領国書を自分と同格の高官にこの地で手交するとの断固たる意志を表明し、翌四日には武装ボートを派遣して観音崎（現横須賀市）あたりまで測量した。五日は日曜でまったく動きがなかったが、六日にはミシシッピ号が護衛しながら測量船を観音崎の先まで遡行させたので、徳川政府の評議は国書受領を決定し、七日にその旨をペリー側に報知した。

こうして六月九日、ペリー一行の約三〇〇人が浦賀に上陸し、急造の建物で国書受領の儀式がおこなわれた。二、三〇分の短時間の行事だった。日本側はこれで艦隊が退去すると期待したのだが、ペリーはその日午後、日本側の思惑とは逆に、艦隊全体を小柴沖（横須賀と横浜の中間）まで移動させ、さらに測量ボートを派遣し、来春もっと多くの艦隊で来航するための停泊適地を探すと告げた。翌一〇日にはペリー自身がミシシッピ号に乗船して、一時は川崎付近まで遡航している。こうした示威行動の後、ペリー艦隊は一二日朝、那覇に向けて抜錨した。ちょうど一〇日間のできごとである。

浦賀に行く

松陰は、四日（おそらく午後）たまたま藩邸に友人を訪ねて、米国艦隊の来航を知った。すぐに象山の塾に行くと、象山と塾生たちはすでに浦賀に発った後だった。寓所にしていた鳥山新三郎宅にもどり、友人と兵書を講じていたが、夜になって矢も盾もたまらなくなり、鉄砲洲《てつぽうず》に行った。船で浦賀に向おうとしたが、あいにく風向きが悪く、翌朝四時にやっと出港したが、品川着が午前一〇時。我慢できず、そこから野島（現横浜市金沢区）まで「疾歩」した。その距離約四〇キロ、着いたのは夕刻に近かっただろう。二年前に宮部鼎蔵と探索して回ったので、土地勘はあった。野島で船に乗り大津（現横須賀市）に着き、そのまま徒歩で浦賀に出た。夜一〇時、当然、艦隊の姿は見えなかった。

翌朝、鴨居《かもい》（現横浜市緑区）に行ってはじめて戦艦四隻を実見した。「相距ること皆五町（約五〇〇メートル）許りなり。内二隻は蒸気船に係り、船身皆三十間許り、備砲三十余門（割注略）、二隻はフレガット船に係り、船身三十五間、備砲二十六門（後略）」と観察した（全集九、三三一頁）。船は実際より小さく、砲門は実際より多いとみている。蒸気船より帆船のほうが大きく見えたようだ。六日の測量船の派遣、九日の国書受領を実見したうえで、松陰は九日夜浦賀を発って、翌一〇日昼に江戸にもどった。

象山の観察

他方、佐久間象山は「浦賀日記《うらがにっき》」や望月主水《もちづきもんど》宛書簡（六月六日付）によると、四日早朝に知らせを受けて足軽二人を連れて松代藩邸を出発、夜一一時ころに浦賀に着いた（『象山全集』巻二および巻三）。翌五日早朝に鴨居まで艦隊を見に行った。現場到着は松陰より丸一日早い。その観察によれば、蒸気船二隻とその両側に帆船が二隻、相互に四町ほど（約四〇〇メートル）を隔てて並んでいる。蒸気船は全長四〇間（約七〇メートル）ほど、帆船（コルベット）のほうは二四～五間（約四五メートル）で、蒸気船の装備は大砲二四門、帆船は二八門、乗組員は総勢二〇〇〇人と推定した。大砲や乗組員の数は実際より多いが、船の大きさはきわめて正確に捉えられている。象山が望遠鏡を持参していたこともあるが、やはり松陰とは比較にならない深い見識があったのである。

五日夕方にも同じ場所に行ったら船中から音楽が聞こえた。「荷蘭《オランダ》練兵の鼓の如し」と書いている（「浦賀日記」）。この日は日曜日で、艦内では午前中に礼拝がおこなわれたが、安息日なので訓練などはなかった。おそらくマストの旗を降ろす儀式か食事などの合図だったのだろう。

六日、象山は浦賀の様子を書き記し、足軽にもたせて江戸藩邸に送った。すでに門人たちも浦賀に到着していたらしい。この日、蒸気船一隻が北上するのを見た象山は、江戸湾内に侵攻したら一大事と考え、夜急いで帰府した。じつはペリーが測量隊を派遣し、ミシシッピ号がその護衛のために観音崎まで北上したのだったが、かれは藩家老に米兵の江戸上陸に備える必要性を訴えた。そして藩主名義の上書を持参して老中首座の阿部正弘《あべまさひろ》に二度も会見し、万一の場合に備えて品川御殿山の警衛を担当したい旨申し出ている（嘉永六年六月九日付上書、『象山全集』巻二）。むろん徳川政府は穏便を旨としていたので、こうした提案は問題とされず、後には藩政府から出過ぎた行動として譴責され帰藩を命じられた。阿部正弘などのとりなしで帰藩を免れたことは、松陰が八月一五日付の兄宛書簡で伝えている。

他方、松陰のほうは、歩き回って可能なかぎりの見聞をした五日間だった。その観察は概して冷静だが、かれの内面は「墨夷《ぼくい》」に対する敵意で煮えたぎっていた。たとえば六月一六日付の宮部鼎蔵宛書簡で、松陰は語っている。「かの話聖東《ワシントン》国なるもの新造の陋邦《ろうほう》、乃《すなわ》ち堂々たる天朝を以て屈して之れに下る、如何如何。唯だ待つ所は春秋冬間又来るよし、此の時こそ一当にて日本刀の切れ味を見せ度《た》きものなり」（全集七、一六五頁）。

平民主義からナショナリストに転向した徳富蘇峰が、日清戦争時の「征清の真意義」で書いたように、開国は「正理」だが強制された開国は「強姦」に等しい屈辱だと感じられた。佐久間象山が「省諐録《せいけんろく》」で伝えるところによれば、対米交渉の責任者だった浦賀奉行・戸田氏栄《とだうじよし》は、贈り物として受け取った大統領の画像を、ペリー退去後、小刀で寸断し「もって怒を洩しぬ」という。このようにペリー来航は日本ナショナリズムの原点となっていくのだが、その熱狂の心情的根拠となるのは、水戸学によって政治の世界に引き入れられた記紀神話だった。松陰もまたその熱情に身をゆだねていくことになる。

日本ナショナリズムの原点

啓蒙思想家たち

もっとも松陰はたんに敵愾心に燃えていたのではなかった。帰府して一〇日後の六月二〇日付の兄宛書簡で「前三日より蟹行《かいこう》漸く初め申し候」と述べて、中断していたオランダ語学習を再開したことを伝えている（全集七、一六九頁）。ペリー来航は、社会的に蘭学研究の大きな契機になった。後に明六社《めいろくしゃ》を結成することになる西周《にしあまね》（一八二九〜一八九七）・福沢諭吉《ふくざわゆきち》（一八三五〜一九〇一）・加藤弘之《かとうひろゆき》（一八三六〜一九一六）らは、いずれもペリー来航を契機にオランダ語学習を始めた。なかでも長州藩に隣接した津和野《つわの》藩の西周は、ペリー来航直後にオランダ語学習のために江戸に派遣され、翌年、勉学に専念するためにあえて脱藩し、後に蕃書調所《ばんしょしらべしょ》に雇用されて、津田《つだ》真道《まみち》とともに徳川政府留学生としてオランダに派遣される。

幕末の人とみられがちな松陰は、むしろ明治初期の啓蒙思想家の同時代人であり、そのような後半生を送ることも可能なはずの世代だった。しかしこの「天下危急存亡の秋《とき》」に悠長に勉学に専心する心の余裕は、松陰にはなかった（全集七、一九八頁）。この時期に書かれた書簡には、「東奔西走寸閑隙なし」と自身が表現するような切迫感が、文体にも内容にもあふれている（全集七、二〇三頁）。結局、蘭学への問題意識の点では後の啓蒙思想家に先行していた松陰が、オランダ語学習に言及するのはこの時期が最後で、初歩すら身につけないまま終わってしまうのである。

「海戦策」

ペリーが翌年再びやって来ることは知られていた。米国大統領の国書には、遭難者の救護のほか、開港地における石炭などの必要品の購入の要求があった。外国船の渡来は長崎のみとしていた従来の政策を無視して、他の開港地での物品の調達（すなわち貿易）を要求しているので、徳川政府は拒否するしかなく、翌年の来航時に戦争は避けられないと松陰は考えた。その対策として書かれたのが「将及私言」「急務条議」「急務策一則」「急務則一則」「海戦策」で、「急務策一則」は近畿地方、「急務則一則」は伊勢の防備を強化することを提言している。「将及私言」と「海戦策」は藩主のもとに届けられたという（「接夷私議」という文書も書いたというが残されていない）。「育」の身で藩主に建言するのは、常識的には身のほどを知らない越権行為だが、幼少期から親しく対面したことがある藩主・敬親に対して、松陰は終生強い忠誠心をもち続け、敬親自身もかれの才能を惜しんだ。

「将及私言」で松陰は、天下は「幕府の私有」ではないので、「外夷」の侮辱に対して「諸侯を率ゐて」恥辱をそそがねばならないとし、敬親が「有志の諸侯を糾合」して率先して対外危機に立ち向かうべきだと説く（全集二、一一頁以下）。「急務条議」はその具体策で、西洋式の大砲や軍艦の購入、兵の訓練を提言している。

図14　毛利敬親（山口県立博物館所蔵）

兵備は洋式でなければならないという主張と奇妙な対照をなすのが、ペリー艦隊との戦闘を想定して書かれた「海戦策」で、ペリー再航前後に書かれたらしい。漁船一隻につき小銃をもった兵士一〇人と大砲一門に打手五人ずつ載せ、夜陰に乗じて戦艦に接近して、まず大砲を打ちかける。米艦は大きいので「百発百中」である。船内の敵兵には小銃を打ちかけ、梯子を使って敵船に乗艦して皆殺しにする。また百石積の船に焼草と油を積んで焼き討ちにする。そして敵船が浦賀から内海に来れば、こちらに地の利があるので闘うのは容易だ、云々と書いている。焼き討ちはおそらく『孫子』の火攻篇から示唆されたのだろうが、『三国志演義』の赤壁の戦いを連想させるような代物である。

徳富蘇峰『吉田松陰』は、「先生兵法笑ふべし」「海戦の奇策」「陸戦の妙計」「妄誕不稽《ぼうたんふけい》」などの嘲弄的な眉批《びひ》を付して、松陰の戦法をかなり詳しく引用した後、二四歳の「少壮者の議論」だからと弁護している。蘇峰が事実上の処女作『将来の日本』を発表したのは、当時の松陰と同じ二四歳だったが、自身についてこんな言い訳はしないだろう。蘇峰が指摘するまでもなく、松陰は幼年から兵学を家学として修業してきたのであり、象山から「西洋流の砲術タクチック」を学んだはずである。それにもかかわらず、かれはこんな作戦を藩主に上書した。

松浦武四郎　松陰は、かれらが梁山泊と称していた鳥山新三郎宅などで、さまざまな人びとと会い、事態を慨嘆して放談していたらしい。蝦夷地探検で知られる松浦武四郎《まつうらたけしろう》とも親しく交流していた事実は、松浦の日記で知られている。たとえばその一節に「(六月)十八九日の頃なるが、長州の吉田某と肥州なる永鳥両人来りて、終日此世の様の事等を議し、如何にもかくまで彼等に辱めを受けては、一矢をまゐらせず手を空しくして有るこそと皆うたてかりける」とある（全集別巻、九一頁以下）。

松浦は蝦夷地について一家言をもつ人物で、蝦夷を踏査して書いた「海防策」（嘉永元年）もある。具体的な戦法について論究したものではないが、末尾では「西洋兵学」流行の風潮を批判し、西洋流を心得たうえで「本邦軍学」にもとづいて対抗し、「彼の術の機陥」に陥らないようにすべきだと論じている。ペリー艦隊にたいする戦法全般についても、こうした観点からさまざまな議論をかわしたことだろう。江戸の喉元を凌辱されたという屈辱感を背景にしたさまざまな無責任な放談のなかから、松陰の無稽な戦術も生まれた。

勝算は？

しかしもっとも注目すべきは「海戦策」の論じかたである。松陰は冒頭で「凡そ今日の事、中国夷狄の大義を論ずるの外、他は言ふに足らず」と述べる（全集二、二八頁）。「中国」たる日本が夷狄に屈するのは「大義」に反するというのである。しかし他方で、いくら大義があっても、勝算なしに戦うわけにはいかない。多くの人が兵備や兵士の訓練が不十分なことを理由に和睦を説いている現実があった。だから松陰は「今の地形に依り今の士卒に今の器械を授けて、百戦百勝する術を論ぜん」（同上）として、上記の戦術を提案し、結論として勝算は確実だから「但だ大義如何を顧みるのみ、其の他は憂ふるに足らず」という（全集二、三〇頁）。

松陰はペリー艦隊を間近に見ており、西洋式兵備の必要性を口を極めて強調していた。

佐久間象山は、敵の技術を使って敵を打ち破ることはできないのではないかとの質問に対して、小寺常之助宛の書簡（嘉永六年六月二九日付）で「兎に角愚意には夷の術を以て夷を防ぐより外無之と存候」と断固として返答している（『象山全集』巻四）。

　松陰は「海戦策」の幼稚な戦術で戦果があがると信じていたのだろうか。「海戦策」を書いた翌年、かれは萩の獄中で、中国の太平天国の乱を報じた羅森《らしん》『満清紀事《まんしんきじ》』を訳した『清国咸豊乱記《しんこくかんぽうらんき》』を執筆している（後述）。その一節で、太平天国軍が明かりをつけた酒壺を海に流して、英国軍にこれを攻撃させ、弾薬が尽きた時を見計らって攻撃して英国の大将を捕虜にするシーンがある。松陰はこの部分に「洪〔秀全〕が英夷を破るの策は児戯のみ。何ぞ信を取るに足らん」とコメントしている（全集二、一一六頁）。かれは自分の「海戦策」は「児戯」ではなく本当に「百戦百勝する術」と信じていたのだろうか、それとも「児戯」に類するとしても、「大義」のためにともかく一戦を交えるべきだと考えたのだろうか。

密航を企図して長崎へ

永鳥三平

前述した松浦武四郎の日記に「長州の吉田某と肥州なる永鳥《ながとり》両人」とあるように、この時期に鳥山新三郎宅に同居して、松陰がもっとも親しくしていたのが永鳥三平《さんぺい》という人物だった（全集別、九一頁）。この時期の松陰の心境を知るうえで興味深いので簡単にふれておこう。

石原醜男《しこお》「永鳥三平先生」（『松村大成永鳥三平両先生伝』所収）によると、永鳥は肥後藩士で文政七年（一八二四）生まれ、松陰より六歳年長である。宮部鼎蔵の父や鼎蔵自身から山鹿流兵学を、また林桜園《はやしおうえん》から国学を学んだ。嘉永六年（一八五三）三月、「奥州塩釜神社参拝」という名目で藩から遊歴を許可され、五月に京都に入って梅田雲浜《うめだうんぴん》と交流した後、伊勢を経て東海道を東行しているうち、三河でペリー来航を知って急ぎ江戸に入った。

七月五日付の養父宛書簡で「我国之恥辱と切歯仕候」と記し、七月一〇日付では「将軍薨《こう》去《きょ》、海寇逼迫、南部一揆」という危機的状況にもかかわらず「天下国家満庭小人而已《のみ》」と悲憤している。そして「当時ニ於《おいては》而者、私共如者ニ而《て》も、天下治乱之機ニ預り申候」と、身分の低いものにも突然活動の場が開かれたと伝えている。

また九月六日付の妻宛書簡では、「われらは来春人に先だち、目覚しき一合戦と思定候」として、子供は「知勇仁義之男」に育ててほしいと訣別の辞を書き送った。松陰もまったく同じ心境だったことは後述する。

盤石のようにみえた徳川の政治体制は、ペリー来航によって一気に流動化した。それは戦闘での実力で権力を獲得した政権が、外敵に対して屈辱的な対応しかできず、権威を失墜させたことによる。既成の官僚機構では対応できず、権力の空隙が見えてきたとき、それを見透かしたように出現したのが、これまで権力から疎外されてきた無名の下級武士と下級公家だった。永鳥が自分のようなものでも「天下治乱之機ニ預」かることができるようになったと述懐しているのは、そうした状況の変化を如実に物語っている。

翌年二月の松陰の宮部鼎蔵宛書簡は、水戸と肥後の両藩士のあいだで永鳥を帰藩させる動きがあることを伝えている（全集七、二二四〜二二五頁）。松陰が下田密航策を友人たちに打ち明けたとき、永鳥は「勇鋭力前は吉田君の長所」と励ましたというが、そのころすでに藩監察から調査を受けていたらしい。永鳥の活動の具体相は分明ではないが、藩政府に建言するなどの行為が、身分不相応の出過ぎたものと非難されたのである。今では時に英雄視さえされる松陰だが、当時の松陰を等身大でとらえれば、永鳥と同質のものだった。

長崎へ

「長崎紀行」と題された松陰の日録はつぎのように始まっている。「嘉永癸《き》丑《ちゅう》九月十八日　晴。江戸を発し、将に西遊せんとす。是の行は深密の謀、遠大の略あり。象山師首《はじめ》之れが慫慂《しょうよう》を為し、友人義所・長取・圭木も亦之れが賛成を為す。其の他の深交旧友は一も識る者なし」（全集九、三四一頁）。「義所」は松陰らの梁山泊の主だった鳥山新三郎、「長取」は前述の永鳥三平、圭木は桂小五郎《かつらこごろう》（木戸孝允《きどたかよし》）のことである。

長崎行きは、ロシアのプチャーチンの船で密航するためだった。その経緯について、松陰は大略つぎのように説明している。象山が勘定奉行の川路聖謨《かわじとしあきら》におこなった献策のなかに、オランダから軍艦を買いつけるとの一項があり、購入に際して有意な青年を渡航させて海外の事情を探索させ、艦の操縦を習わせるとの案があった。川路からしかるべき人物の推薦依頼があったので、象山は松陰もその人選中に入れたが、この計画は流産した。『幽囚録《ゆうしゅうろく》』によると、松陰は象山からこうした事実を知らされて密航を決意したという。

長崎行きの経緯は、大枠ではこのとおりだったただろう。翌年の松陰の下田密航未遂事件に連座したときの書簡で、象山も「人を選み彼に被遣候の御趣向」に言及し、徳川政府が率先して有能な人材を西洋に派遣すべきだと説いている（『象山全集』巻四）。また松代に蟄居した安政元年（一八五四）に、事件の経緯を詳しく回顧した書簡（宛名不明）でも、象山は同じ趣旨を川路聖謨をつうじて老中阿部正弘に提出したと述べている（定本全集一〇、七六一頁）。この書簡では、五島あたりに行って漁師にまぎれて漂流をよそおって清国に行けば、五か国の交易所があるので米国に行くのも容易だろうと、松陰に説いたという。

おそらくロシア船や米国船で密航するという考えは、当初の象山はもっていなかっただろう。さらに付言すれば、象山はその後書かれた安政五年（一八五八）正月一五日付上書や文久二年（一八六二）九月一〇日付上書でも、嘉永六年に軍艦購入に際して海外に人を送れと説いたのに実現できなかったと述べている（『象山全集』巻二。なお象山は何度も人材派遣の件は上書「急務十条」に書いたと述べているが、現在残されている「急務十条」にはそうした項目はない）。

徳川斉昭「海防愚存」

象山が川路に人材派遣を提案したのはペリー退去直後だったと思われるが、松陰が計画流産の事実を知らされた時期は不明である。田保橋潔『増補近代日本外国関係史』などによると、ペリー退去直後の六月一四日、老中首座の阿部正弘は対外関係について徳川斉昭の協力を得る必要があると判断し、海防掛《かいぼうがかり》の川路聖謨と筒井政憲《つついまさのり》を斉昭のもとに送った。その結果、阿部ら政府首脳は、海防参与《さんよ》に任命された斉昭の一〇か条にわたる「海防愚存」にもとづき、表向きのタテマエでは打払いの方針を表明して「必死之覚悟」を示し、「ぶらかし」(ぐらかし)によって米国に明快な回答を与えず時間稼ぎをするとの方針を決めた。

注目すべきは、秋に帰国するオランダ人に対して「軍艦蒸気船幷船大工按針役」など必要なものをすべて献上させるという案が、「海防愚存」の一節にあることである。「海防愚存」が提出されたのは七月一〇日だった。この時期は斉昭の意見が閣僚のあいだで重きをなしたので、象山の川路への提案は宙に浮いてしまったのかもしれない。

松陰によれば、密航の企図は象山の「慫慂《しょうよう》」にもとづくという。しかしこの「慫慂」の中身も不明である。土佐の漁民で漂流後に米国船に救われ、米国で教育を受けた後、琉球経由で帰郷した中浜万次郎《なかはままんじろう》が、徳川政府の普請役に取り立てられた事実を挙げて、漂流に擬しての密航を示唆したとの解釈がある。しかしその根拠とされる象山の嘉永七年四月二七日付書簡は、下田での密航事件で連座したときの弁明である。川澄哲夫編著『中浜万次郎集成』によれば、万次郎がペリー再航に備えて普請役に採用されたのは嘉永六年一一月付だった。松陰が長崎での密航を決意した同年九月の段階では問題にならないはずである。

唐突な長崎行き

それにしても、松陰の長崎行きの決意はいかにも唐突である。前述のように、松陰は翌春のペリー再航で戦争必至と考え、和議を唱えるものには「腰抜武士」と容赦なかった（全集七、一八八頁）。むろん勝算は度外である。「来春の一戦、群臣の屍を原野に横ふるは二百年の大恩に報ずる為めなれば更に惜しむべきにもあらず、只だ勿体なく思案し奉るは公上の御上なり。何卒有志の士は此の時の事なれば如何になりともして江戸に来り、君公の御馬前に附添ひたきものに非ずや」（全集七、一七八頁）。徳川政府からの動員で藩主も出陣することになる。だからすべての有志は、理由を設けて江戸に集結し藩主の馬前で死ぬ覚悟をするべきだというのである。

この考えは九月になっても変わらない。九月五日付書簡では、徳川斉昭・阿部正弘・久《く》世広周《ぜひろちか》・松平慶永《まつだいらよしなが》らが一致して「来春一戦神州の武威を一振作」することになったと述べ、自分も「及ばずながら一命を抛《なげう》ちて国家従来の厚恩に報ゆべしと勇み居り申し候」と書いている（全集七、一八九頁）。五日に一命を投げうって戦うといっていたものが、一八日には密航のために長崎に出発というのは、あまりにも大きな飛躍ではないか。

象山の考え

江戸を発つとき、松陰は挨拶のために象山宅に寄った。象山によれば、「此九死一生の至難之義を（中略）よくも速に決心いたし候けなげなるわかものにて候と感心」して、一詩を送った（嘉永七〈安政元〉年四月二七日付山寺源大夫・三村晴山《みむらせいざん》宛書簡、『象山全集』巻四）。

（前略）衣を振ふ万里の道、心事未だ人に語らず。すなはち未だ人に語らずといへども、忖度するにあるいは因あらん。（中略）智者は機に投ずるを貴ぶ、来帰はすべからく辰に及ぶべし。非常の功を立てずんば、身後に誰か能く賓《ひん》せん。

「辰」は三年後の干支をさすので、三年後をめどに帰国せよと、象山は松陰を励ました。それからちょうど三年後の安政三年（一八五六）九月一八日の夜、萩で幽囚の身だった松陰は、「海外行三年には事を成して帰るべしと象山に約せし事もありしに」と、運命の暗転を嘆いている（全集七、四五五頁）。

象山の詩は下田密航事件の際に松陰の荷物から発見され、象山連座の一因となった。この詩は前述の象山書簡に記されているが、象山は長崎と下田の事件を（おそらく意図的に）区別せずに書いており、書簡の文脈では、あたかも下田事件の際に書かれたかのように読める。しかし松陰が『幽囚録』で「余の西に遊ぶや、象山亦其の意を察し、詩を作りて之れを送る」とあるのがこの詩である（全集二、四七頁）。象山が「速に決心」と書いていることから想像して、象山が松陰に密航を示唆したのは、九月五日の兄宛書簡より後のことであろう。九月一〇日の叔父宛、一四日と一五日の兄宛書簡は、これまでとは語調が変わり、翌春予想される戦争にはまったく言及せず、西洋原書による兵学研究の必要を強調している。この時期に心境の変化があったのだ。

象山は「吉田生此節逆境に居り何がな功を建て帰参の願ひ叶ひ候様望み罷在候事」を熟知していたので、密航という難事をあえて示唆したと告白している（山寺源大夫・三村晴山宛の前掲書簡）。雪辱に燃え「非常の功」を焦る松陰の心事を理解したうえで、象山は密航を示唆した。松陰は雪辱の好機到来と考え、あまり時間を置かずに重大な決意をしたのだろう。別の書簡から想像すると象山は、漁民に扮して漂流し、まず清国に渡ることを想定しており、プチャーチンやペリーの船での密航は想定外だっただろう（定本全集一〇、七五九頁以下）。

遅すぎた長崎到着

松陰は九月一八日に江戸を発ち、一〇月一日に京都に着いて梁川星巌《やながわせいがん》を訪ねた。京都に行ったのは初めてだが、翌日には淀川を船で大坂に下った。ここで船待ちのために六日間を空費したが、九日に出発して鶴崎（現大分市）に一六日に着き、竹田から阿蘇の北側山麓を抜けて一九日に熊本に着いた。あい変らずの健脚ぶりだが、日記もときに詩を書いている以外はごく単純な旅程の記述だけで、最短距離を急いだことがわかる。

しかし不思議なことに、松陰はなぜかここに五日間滞在する。そして二五日午後に出発して二七日に長崎に着いたとき、プチャーチン艦隊はすでに二三日に長崎を退去し上海に向かっていた。

プチャーチンの動向

ここでプチャーチンの動向を見ておこう。和田春樹『開国——日露国境交渉』などによると、プチャーチンの艦隊がフィンランド湾のクロンシュタットを出港したのは一八五二年一〇月七日のことで、ペリーがノーフォークを出港するより五〇日近く早かった。しかし出港まもなく座礁するなどの事故があって大幅に遅れをとり、フリゲート艦パルラーダと汽走スクーナー船ヴォストークが香港を出発したのは翌一八五三年七月八日（嘉永六年六月三日）で、まさにペリー艦隊が浦賀に入港した日である。プチャーチン艦隊は小笠原父島でコルベット艦オリヴーツァ、輸送船メンシコフ侯爵と合流して長崎に向かった。当初は江戸に行く予定だったが、日本に滞在したことがあるシーボルトの助言により、ロシア外相が長崎行きを命じたという。四隻のうち、蒸気船は急遽英国で購入したヴォストークだけで、旗艦のパルラーダは一八三〇年代初めに建造され四一年に改修された老朽帆船だった。

艦隊が長崎港に入港したのは嘉永六年七月一八日で、江戸の政府が国書受領を決定して長崎に伝達したので、八月一九日に国書受領の儀式がおこなわれた。開港と国境画定の交渉を提議したものである。さらに政府は一〇月八日に筒井政憲・川路聖謨らを応接役に決定し、かれらは一〇月三〇日に長崎に向けて江戸を発った。プチャーチンがしびれを切らして江戸に回航してくるのを恐れたのである。

他方、プチャーチンの側は日本の返答を漫然と待っていたのではなく、ヴォストーク号をサハリン・アムール川方面の探索に、メンシコフ侯爵号を食料補給のために上海に派遣したが、メンシコフ侯爵号は上海でロシアとトルコの戦争の危機が迫っているとのニュースを得た。プチャーチンは日本側に圧力をかけるとともに乗員休養と情報収集のために、再航を宣言して目的地を告げず一〇月二三日に長崎を退去し上海に向かった。そして上海でロシアと英仏との関係緊迫を確認して一二月五日に長崎に再来し、一二月一四日から筒井・川路の全権団と交渉にはいる。

ロシア使節の長崎来航の知らせは七月二七日に江戸に達したので、まもなく象山や松陰の耳にも届いただろう。しかしその後の政府の対応は遅々としており、松陰は長崎の状況について何も知らないまま江戸を発ったにちがいない。熊本滞留は情報収集のためだったのだろう。多くの人に会っているが、宮部鼎蔵の紹介で初めて横井小楠と会い、長時間にわたって三度も対座しているのが注目される。

横井小楠に会う

熊本には藩校時習館《じしゅうかん》があったが、天保末ころから小楠を中心に朱子『近思録《きんしろく》』などの会読をつうじて同志が集まり、実学党《じつがくとう》と称されるようになっていた。宮部のほうは林桜園に学んで勤王党の中心メンバーになる。文久二年（一八六二）に勤王党のメンバーが小楠暗殺を企てるほど対立が深まるが、この時期には両者の関係は良好だった。

横井小楠は佐久間象山と並び称される幕末期の開明派だが、両者の思想の様相はかなり対称的だった。たとえば小楠は嘉永六年七月一三日付の書簡で、ペリー来航について「江戸表英船参り散々之無礼相はたらき、深痛心之至に御座候」と述べ、徳川斉昭が海防評議に参加したことを「中興之大機会」と期待する（『横井小楠関係史料』一）。そして斉昭の努力によっても状況が変わらず「例の海防家之説行はれ、軍艦の大炮のと防御之用意迄に至り候へば実に寒心に耐へ不申」と述べている（同上）。米国と英国を取り違えているのは、遠隔地なので大目に見るとして、後半で批判された「海防家」には象山も念頭に置かれていたに違いない。

プチャーチンが来航した直後の書簡（八月七日付）では、ロシアは「世界第一之大国」で、英国はその属国だったが、文政の初めに独立した。米国も同様な状態だったので、ロシアがこの二国の尻馬に乗って行動するはずがない。ロシア来航の意図は、米国への対応について日本にアドバイスして恩を売り、交易許可を得ることだろうと述べている。こうした的はずれな西欧認識は後々まで続き、安政二年（一八五五）ころからは、徐々に西欧諸国は「夷狄」ではなく「政教一致」の理想を実現した状態とみなすようになる。そして貿易をつうじた富国強兵によって「仁政」を実現できると考え、開国論に転ずるのである。

プチャーチン来航当時の小楠は、徳川斉昭や藤田東湖に強い期待をよせる攘夷主義者だった。小楠の「夷虜応接大意」は、徳川政府全権の一人として長崎に出張してきた川路聖謨に提出されたものとされるが、松陰もその趣旨を聞かされただろう。小楠は以下のようにいう（『横井小楠史料』一）。

日本が「万国に優れた」国とされるのは「仁義」を重んずるからである。米国とロシアに対する態度もこの原則にもとづき、「有道の国は通信を許し無道の国は拒絶」すべきで、有道無道にかかわらず拒絶するのは「天地公共の実理」に反する。米国は日本の国法を無視して浦賀に侵入し無礼を働いた。その理非曲直をただしてなお通商を要求するなら、断固として戦うべきで「必死を以て戦わんに百勝既に顕然」だという。

ではロシアにはどういう態度をとるべきか。長崎に渡来したロシアは「無道」とはいえないが、米国とは戦争を辞さない態度をとるのに、ロシアに通商を許せば、世界は日本を「不勇」というだろう。だから機会があれば通商すると返答すればよい。要するに、無条件の和議、理非を問わず拒絶、当面は和議して条件が整った後に戦争という三つの選択肢を否定し、「必戦の計」で人材登用し「士気一新」する策を取るべしとする。「戦の勝敗は砲熕《ほうこう》器械のみにあらずして正義の天地に貫と不貫と人心の振と不振とにあり」。これが結論である。

「信義を守り侵犯暴悪の所業」がない有道の国が現実に存在するかどうかは別にして、ともかく「有道」の国には開国して「大義を海外万国」に示すというのが小楠の主張だった。それは、西欧を「有道」の国と認識すれば開国＝貿易するとの考えに変わることを予示している。かれは朱子学的な「道」の概念をつきつめ世界認識の根本にすえたことによって、みずからの思考のなかにこうした転換の回路をもっていた。

佐久間象山の場合も朱子学を思考の根底に置いていたが、小楠とはちがって、蘭学をつうじて西欧の自然科学を学び、「詳証術（数学のこと）は万学の基本」と考えるような普遍主義の認識に達した（「省諐録」）。ペリー来航の時点で、小楠は四五歳、象山は四三歳である。

松陰はまだ二四歳、通じていたのは山鹿流兵学だけで、学識の点ではかれらに及ぶべくもなかった。しかし当代を代表するふたりの人物に親炙したのは大きな幸運だった。松陰はかれらからどの程度学ぶことができたか、後に検討することにしたい。

ペリー再来と密航失敗

ロシア船による密航という企図が空振りに終わった松陰はいったん萩に帰る。帰途に寄った熊本での自分の姿を、「熊本の諸友に示す」の一節は以下のように詠じている。

吾れ熊府に来りて多士に接す
熊府の多士素《もと》より温淳
吾が鯨呑《げいどん》剣舞浩歌を発するを聞き
臂《ひじ》を掲げて叱咤し気始めて振ふ
（全集六、一八四頁）

「鯨呑剣舞浩歌」とは、酒量が多くなかった松陰としてはそうとうな荒れようである。なかには松陰にアジられたものもいたのだろう。

三たび江戸へ

萩に戻ったのは嘉永六年（一八五三）一一月一三日だった。松陰を追うように熊本から宮部鼎蔵と野口直之丞が萩にやって来て、三人そろって江戸に向かう。一一月二六日付で富海から兄と小楠に手紙を送っているので、萩を発ったのは二〇日すぎだったのだろう。野口は出発前に僧侶から「常念軒勇往無退居士」という戒名をもらっていた（全集七、二一八頁）。死を覚悟した断固たる意志を示したもので、かれらの出府がペリー艦隊との戦争を意識したものだったことがわかる。

一二月三日に船で大坂に着き、ふたたび京都に行って鵜飼吉左衛門《うがいきちざえもん》（水戸藩士）、梅田雲浜、梁川星巌らと面会している。のちに安政大獄で刑死することになる面々である（梁川はコレラで直前に死去）。このころから松陰は急速に尊王攘夷派の色調を帯びるようになる。「備とは艦と礮《ほう》との謂ならず吾が敷洲《しきしま》の大和魂」とは、兄宛の書簡に挿入された歌だが、前述した「海戦論」と同じ境地が表明されている（全集七、二〇九頁）。

ペリー再来

江戸に着いたのは一二月二七日で、兄も翌嘉永七年（一八五四）正月一日に江戸藩邸にはいった。江戸湾の警備に動員されたのである。他方、来原良蔵の日記には正月七日の項に「吉田・宮部・永鳥相州へ出足」とある（全集別巻、三四〇頁）。ペリー再航を念頭に浦賀方面に視察に行ったのである。あたかもそれと歩調を合わせるかのようにペリーは再来した。プチャーチンが日本に向かったのを知って、出発を急ぎ海が荒れる時期にあえて渡来したのだ。先発した帆船三隻が伊豆近海に現れたのは正月一〇日ころで、一六日にかれらが「アメリカ停泊所」と名づけた小柴沖に七隻が停泊した。後でさらに二隻が合流して、艦隊は全部で九隻になり、そのうち汽走軍艦は三隻だった。ペリーは前回同様、品川沖まで測量船を派遣するなどの圧力をくわえ、二月一〇日から横浜で日米交渉が始まった。

松陰はどうしたのだろう。正月二七日付の父宛書簡で「十四日已来《いらい》異船一条にて東奔西走」と伝えているが、正月一八日と二月三〇日に松浦武四郎を訪れたことが松浦の日記に記されている程度で、具体的なことはわからない（全集七、二二二頁。全集別巻、九四頁）。艦隊が到着した段階で、徳川政府の対応は戦争ではなく交渉とわかっていたので、「有志の輩は相対して悲泣するのみ」（父宛書簡）だった（全集七、二二二頁）。日米の交渉は二月三〇日で終わり、三月三日、日米和親条約の調印式がおこなわれた。

抗戦か密航か

松陰が米船による密航へと態度を変えるのは調印をうけてのことだった。「航海の事は素より去年来の決する所にて、此の程時勢を見計り、しばし踏み留まるは仮りの事なり、もし墨夷を膺懲《ようちょう》するの挙あらば、固より一死国に報ずべく、又事遂に平穏ならば、海に入りて探報をなすべしと思詰めし（後略）」と、かれは後に心境を語っている（「回顧録」、全集九、三五八頁）。しかしプチャーチンの船による密航、ペリー艦隊との決死の戦争、同艦隊での密航の企図は、かならずしも一直線でつながっているものではない。

まず密航についていえば、プチャーチンとペリーの艦隊では意味が違っていたはずだ。プチャーチンは日本の国法を尊重し行動も控えめだった。ペリーは江戸湾に押し入って測量するなど、傍若無人にふるまって武士の自尊心を傷つけ、無謀な攘夷論を激成させることになった。決死の戦いを呼号していたのに、その敵艦に乗せてほしいと頭を下げることは、たとえそれを「間諜」（スパイ行為）と合理化したとしても、抵抗感がなかったはずがない。佐久間象山は密航を推奨しても、松陰の「海戦論」のようなペリー艦隊との戦争は一笑に付しただろう。横井小楠なら、「夷虜応接大意」（前述）からわかるように、プチャーチン艦隊による密航はまだしも、「無道」のペリー艦隊に乗り込むのは「大義」に反するとして猛反対しただろう。

加藤祐三『黒船前後の世界』は中国と日本の比較を念頭におきながら、「敗戦条約」と「交渉条約」を区別している。両者はともに不平等条約を強いられるが、前者では、（一）懲罰として領土割譲と賠償金が課せられること、（二）条約の改正が極めて困難なこと、（三）内政干渉の度合いが大きいこと、という違いがある。日本は半ば強制ではあったが、交渉によって条約を締結したので、領土割譲などはなく、条約改正も比較的早期に実現した。当時、徳川政府の開明派官僚（たとえば川路聖謨や岩瀬《いわせ》忠震《ただなり》など）や佐久間象山は直感的にそのことを悟っており、戦争ではなく開国し留学生派遣などで局面打開の方途を探ろうとした。

抗戦と密航のあいだ

松陰は戦争と密航のあいだにある心理的・論理的な壁を苦もなく跳び越えたらしい。しかしかれの周囲の人びとのなかには、そこに安易さや欺瞞を感じとったものもいた。伝馬町牢に入れられたとき、松陰の密航行為を知って牢内の人は「皆感激」したが、ひとりの僧侶が「夷船に上り、夷将の首を携え来らば、死して光輝あり。汝が如きは憐《あわれみ》を夷人に請ふ、鄙《ひ》も亦甚だし」と非難したという（全集九、三七八頁）。江戸に出る途上で親しく交流した森田節斎は、松陰の米艦乗り込みを「意は主将を刺すにあり」と推測した（定本全集一〇、七六六頁）。

また松陰が書いた『幽囚録』について、叔父の玉木文之進が「一个《いっこ》の西洋周遊の僻心《ひがごころ》より出で候事に付き、悉く一僻《いっぺき》に引付け、宜しき著述ともいひ難し」と評したと、兄の梅太郎が伝えている（全集七、二九四頁）。松陰はこれに対して「間諜」のためだったと抗弁しているが、抗戦派（攘夷派）は納得できなかっただろう。松陰の心には、攘夷と西欧周遊というふたつの希望があった。かれはそのふたつが矛盾しないと自身を納得させていたが、抗戦と密航のあいだに越えがたい溝があると感じた人もいた。

金子重之助

松陰がペリー艦隊で密航しようとしたとき、行動をともにしたのは金子重之助《かねこしげのすけ》（あるいは重輔、当時は変名して渋木松太郎《しぶき》）だった。金子については、密航事件における奉行所の吟味書のほか、『全集』の「関係人物略伝」や『明治維新人名辞典』、福本義亮『踏海志士金子重之助』などにも略伝が載っているが、事績について知られていることはごくわずかである。これらの資料を総合してまとめると、金子は萩東郊二〇キロほどの渋木で天保二年（一八三一）に生まれた。松陰より一歳年少である。

吟味書によれば、実父は萩に出て染物屋を営んだが、かれは学問を好み、仕官を期待して石好文左エ門という足軽の養子になり、嘉永五年（一八五二）に江戸に出府した（ただたんに家業を嫌って出府したともいわれる）。萩藩士の久芳内記《くばないき》の配下の足軽になって、嘉永六年江戸に出府したとの説もある。後者が正しいとすれば、萩藩が江戸湾警備に動員されたためだろう。

松陰の友人の白井小助《しらいこすけ》によれば、金子は萩で白井から学問を学び、白井が江戸に滞在時に鳥山宅に出入りした関係で、鳥山の塾で学ぶようになった。吟味書によれば、それは嘉永六年九月からだという。まもなく永鳥三平から松陰が密航のために長崎に行ったことを聞き知った。そして松陰が江戸に舞いもどったときふたりは初めて会い、金子が密航の希望を告白した。松陰が江戸に着いたのは一二月二七日で、それからまもなく金子は脱藩し、翌年正月に父母に挨拶するために萩に向かったが、ペリー再航を知って一七日に江戸に舞いもどったという。

金子の動機

金子がなぜ密航を意図するにいたったかを示す資料はない。しかし萩にいたとき「酒色の失」があったというから、みずからの境涯に絶望することもあったのだろう。江戸に出て、中浜万次郎のことを聞き知ったとき、八方ふさがりと感じられた運命を切り開く道があると考えたのではないだろうか。

外国人の渡来が頻繁になってきたこの時期に、がんじがらめに縛られた自分の人生をなげき、自由な天地を夢見る若者たちがたしかにいた。レザーノフが一八〇四年（文化元）長崎にやって来たとき、通詞のひとりはレザーノフに対して、自分たちには自由がないと嘆き、以下のように語ったという。「私たちの父や祖父たちは、米を食べるだけを楽しみに生活を送っていたのです。そして私たちや私たちの子どもたちも同じようにこんな生活を送っていかねばならないのです。私たちは感情をもつことさえ禁じられているのです」（レザーノフ『日本滞在日記』）。

別の例をあげよう。プチャーチンの船の乗員だった文学者ゴンチャローフは、長崎で会ったひとりの若い日本人通詞との会話を記録している。パルラーダ号の船内を見学した後、その通詞はため息まじりにいう。「ここで見たことはすべて驚くばかりだ、自分はヨーロッパ人かロシア人になって旅に出てみたい、どこでもよい、せめて小笠原島でも見てきたい」。こう記したあとで、ゴンチャローフは以下のような感想を書いている。「きっと彼の頭の中には、何か彼を取り巻いている環境に立ち向かう、よりよいものへの自覚と意欲が萌していいるに相違ない……。それにこうした人物は彼一人ではない」（『ゴンチャローフ日本渡航記』）。

以上はともに通詞の例で、格子戸の隙間からかろうじて見える外側の世界にあこがれたにすぎないともいえる。だが嘉永六年～安政元年は、これまで固く閉じられていると思えた門戸が、もう一押しで開くのではないかと感じられる状況だった。金子は武士とはいえ最下級の足軽で、その身分さえ密航にそなえて捨てていた。これまでのしがらみを身もだえするように投げ捨てて、目をつぶって新しい世界に飛び込もうとしたのだろう。『防長回天史《ぼうちょうかいてんし》』は「所有物に洋書ありたるを見ても稍《やや》蘭書を学びしもの、如し」と伝えている。密航にたいするかれの強い意志がわかるだろう。

松陰と金子

後述のように、金子を待っていた運命は過酷だった。かれの事績として、旧宅があった萩市上五間町に「金子重輔旧宅地」、岩倉獄跡には田中義一《たなかぎいち》の書による「金子重輔絶命之処」の碑などが建っている。また生まれ故郷の旧渋木村（現萩市紫福）の仏光寺の人気のない境内には、「贈正五位金子重輔景仰之碑」という石碑が

図15 「贈正五位金子重輔景仰之碑」（萩市紫福，仏光寺境内）

ひっそりたたずんでいる。明治四四年（一九一一）一月に贈位されたのを機に、地元の青年団員たちの発意で昭和七年（一九三二）に建立されたという。しかし贈位と建立のあいだに二〇年以上の空白があることを考慮すると、昭和初期の時代風潮の結果だったのだろうと想像できる。

いずれにせよ、こうした顕彰によっても、その短い生涯の痛ましさはぬぐい取れない。松陰の密航という行為を称賛する一方で、金子を松陰の下僕のように捉える見方もある。しかし松陰の行為は、金子の強い意志と願望によって励まされた面があった。両者をたんなる主従関係と捉えることはできない。後述のように、松陰は船を繰る術を知らなかった。単独ではペリーの船に近づくことさえできなかっただろう。金子の実行力がなければ、密航は未遂にすらならなかったことを想像すると、なおさらその感が強い。

松陰が語るところによると、金子から密航の希望を聞いて、まず地理などの勉強を勧めた。そして三月三日に調印がおこなわれると、金子が密航の実行を促したので「余即ち之れに従ふ」ことになった（『幽囚録』、全集二、八九頁）。金子のほうから実行を急かしたのである。かれの積極的姿勢は疑えない。

下田へ

四日午前、松陰は藩邸にいる秋良敦之助《あきらあつのすけ》に密航のための資金提供を願い出た。父や叔父の友人である秋良とは、幼年時代から親しかったらしい。秋良はいったん応諾したが、夕方になって父の許しを得ているのでなければ貸与できないと前言を翻した。兄の梅太郎の宿舎にも寄った。おそらく梅太郎は長崎行き以来の松陰の行動に強い危惧をもっていたのだろう。松陰は遊学期間のあいだ勉学に専念すると約束し、鎌倉の伯父の寺にこもると嘘をついた。五日に江戸を発つが、その前に友人たちに密航の意図を告白したという。宮部鼎蔵だけが「危計」だとして強く反対したが、最後は折れて、餞別として神鏡を与え、ふたりは刀を交換した。

横浜では偶然、象山に出会い、軍艦に薪水を運ぶ船に便乗しようとしたが、機会を捉えることができなかった。このままではだめだと焦れた金子が、漕ぐ術を知っているので船を盗んで米艦に行こうと提案した。砂浜に船が二艘放置されていたので、それを使おうとしたが、夜になって行ってみると船は回収されていたうえ、群犬に吠えつかれるありさまだった。一三日、艦隊が移動しはじめたので、翌日かれらも下田にむけて出発し、一八日午後に着いた。すでに艦隊の運送船二隻が投錨しており、二〇日に帆船二隻、さらに二一日にはポーハタン、ミシシッピの二隻の汽走軍艦が到着して、六隻の艦隊が下田に勢ぞろいした。船員たちは条約で認められたので、三々五々、毎日上陸するようになっていた。

投夷書

二六日になってかれらは柿崎で出会った米人に手紙を渡すことができた。「投夷書」と呼ばれる漢文である（全集九、三九九頁以下）。瓜中萬二《かのうちまんじ》、市木公太《いちきこうた》という偽名で自己紹介したうえで、大要つぎのような趣旨を述べている。

自分たちは中国書を読んで欧米の「風教《ふうきょう》」を知り、渡航したくなりましたが、渡航は国禁なので、たとえ「終身奔走」しても「東西三十度、南北二十五度」の外に出ることができません。そこで貴艦に乗せていただき「五大洲を周遊」したいと思います。どうかわれらの心中を察して願いをかなえてください。今後数年経って帰国すれば、密航の罪を問われることもないと思います。

手紙を渡したときの様子を米側の記録（『ペルリ提督　日本遠征記』）はつぎのように描写している。

彼等はあたかも、自分達の行動を見てゐる同胞が誰も身近にゐないかを確かめるやうに、密かに眼をあちこちに配り、それから士官の一人に近づき、その時計の鎖を讃《ほ》めるやうな振りをして、畳んだ紙を上衣の胸に滑り込ました。彼等は意味ありげに唇に手をあてて、秘密にしてくれと懇願し、急いで立ち去った。

櫓杭なし

同じ日、かれらは柿崎の弁天社下の浜辺で漁船を見つけ、夜になって行ってみたが潮が引いていて船を出せなかった。八ツ時（翌朝午前二時ころ）、もう一度行ったら潮は満ちていたが、漕ぎだそうとしたら櫓杭《ろぐい》がなかった。櫓杭とは櫓を操る際の支点となる杭である。仕方なく「かい《［櫂］》を犢鼻褌《ふんどし》にて縛り、船の両旁に縛り付け、渋木生と力を極めて押出す」（全集九、三九一頁）と、松陰は書いている。

いったいどのようにして船を漕いだのか理解に苦しむ描写だが、役人の取り調べ書では「船の簀板《すのこ》にて異船へ漕ぎ付け候」（全集一〇、五五頁）とあり、鳥山新三郎が聞いた話では、「金子生楫《かい》を取り、吉田氏之れを補ひを為し」となっている（「吉田一条始末書」全集別巻、三五一頁）。簀の子を櫂がわりにしたのだろうが、褌で縛るのは奇妙だ。

じつは前々日の二五日夜、弁天社の対岸近くにある稲生沢川の河口で船を見つけ、漕ぎ出そうとしたら櫓がなかったが、近くに「二挺」を見つけて海へ漕ぎだした。しかし波が荒くて進めず中途で断念したという（全集九、三七一頁）。この記述では二挺の櫓で漕いだかのようにも読めるが、これも奇妙である。

二七日の場合、櫓がなければ櫓杭の有無は問題にならないはずだから、櫓はあったのだろう。舟を漕ぐ術を心得ていた金子が、櫓の位置を安定させるために褌で船の両傍に縛って漕ぎ、松陰のほうは櫂がわりの簀の子で助けたのだろうか。褌がきれたのでさらに帯で縛って、一〇〇メートルほど離れたミシシッピ号に着いた。不安定な漕ぎかたなので船が何度も旋回したが、腕が折れそうな思いでやっと乗船できた。しかし「投夷書」の趣旨がかれらにも伝えられていたのか、乗員からは旗艦のポーハタン号に行けといわれた。

仕方なくさらに一〇〇メートルほど離れたポーハタン号まで漕いでいった。このときの様子は松陰自身の簡潔で目に見えるようなみごとな描写によるしかない。

ポーハタン号上で

舶の梯子段の下へ我が舟入り、浪に因りて浮沈す、浮ぶ毎に梯子段へ激すること甚だし。夷人驚き怒り、木棒を携へ梯子段を下り、我が舟を衝《つ》き出す。此の時予帯を解き立かけて着け居たり。舟を衝き出されてはたまらずと夷舶の梯子段へ飛渡り、渋生に纜《ともづな》をとれと云ふ。渋生纜をとり未だ予に渡さぬ内、夷人又木棒にて我が舟を衝き退けんとす。渋生たまり兼ね、纜を棄てて飛渡る。已にして夷人遂に我が舟衝き退く。時に刀及び雑物は皆舟にあり。夷人吾が二人の手をとり梯子段を上る。此の時謂へらく、舶に入り夷人と語る上は、我が舟は如何様にもなるべしと。

（「三月二十七夜の記」、全集九、三九一〜三九二頁）

ポーハタン号で松陰らに主として対応したのは、ペリーに日本語通訳として雇われたサミュエル・ウェルズ・ウイリアムズで、広東の宣教師だった。中国語はよくできたが、じつは日本語はそれほどでもなかったらしい。「投夷書」の二人が艦までやって来るとは予期しなかっただろうが、当局の許可がないかぎり乗船を認めないという方針は最初から固まっていただろう。

のちの奉行所の聞き取りで、松陰らは「砲術等稽古」が目的だったと供述したが、『ペルリ提督　日本遠征記』では「世界を旅行し見聞し度いと云ふ希望を合州国で充たし度いと打ち明けた」とされている。ウイリアムズの『ペリー日本遠征随行記』によれば、艦内では盗賊・密偵・亡命者など、さまざまな見方があったようだ。

挫　折

午前四時を過ぎて岸に送り返された松陰らは、夜があけてから流失した伝馬船を探したがみつからなかった。「うろつく間に縛せられては見苦し」と考えて「直ちに」村の名主に告げ、下田番所に自首したと、松陰は書いている（「三月二十七夜の記」、全集九、三九四頁）。しかし実際は、名主に伝馬船を探してほしいと申したところ、船はすでに役人が見分した後だった。自分たちの荷物だから返却してほしいと主張したが、一存では何ともできない、ここには来なかったことにするので退去するように、名主から要求された。逃げて捕縛されるのは見苦しいので、自首することにしたというのが真相である。

「三月二十七夜の記」の末尾で、松陰は荷物を残した船を失ったことが失敗のすべての原因で、その元は櫓杭がなかったことにあるとし、後世の史家が「寅等奇を好みて術なし、故にここに至る」と書くだろうと記した（全集九、三九五頁）。じっさいは櫓杭がなかったことが密航失敗の原因ではないのだが、後世の歴史にどのように書かれるかを気にしているのは松陰らしい。かれは早い時期から自分の事績が歴史に残ることを意識していたように思える。もし松陰の言動に「近代」の片鱗をみるとすれば、歴史のなかに自己を定位し、生の痕跡を後世に刻みつけておきたいという強い意欲こそがその象徴であろう。

二八日夜、かれらは下田番所の同心に引き渡され、縄をかけられた。拘禁された獄はとても狭く、「隘牢半間、膝を交えて居り」（全集二、七八頁）という状態だった。ペリー艦隊の船員が近づくことは制止されなかったらしく、松陰は米人に詩を書いた板切れを差し出した。なかに次の一節がある「俯仰《ふぎょう》愧《は》じるなし、以て英雄の英雄たるを見るべき也」（陶徳民「「投夷書」原本でみる松陰の西洋学習の姿勢」を参照）。意気軒高だが、なんのけれん味もなく自らを「英雄」と称するところがいかにもこの人らしい。八日に江戸町奉行所に引き渡され、手錠・足枷のうえ体も縛られ唐丸籠《とうまるかご》で江戸に護送された。

伝馬町牢へ

江戸に着いたのは嘉永七年（一八五四）四月一五日である。北町奉行の仮牢に入れられ、奉行所で取り調べを受けて、有名な伝馬町の牢に移された。松陰に密航を示唆した佐久間象山は四月五日に呼び出しを受け、翌日出頭したら、尋問のうえすぐ入牢させられた。松陰たちより先にこの牢の住人になっていたのである。

牢制度

石井良助『江戸の刑罰』や氏家幹人『江戸時代の罪と罰』によると、伝馬町の牢屋敷は総面積二六七七坪（正方形に換算すれば一辺が三〇〇メートル弱）、西北の約半分が牢屋だった。牢屋は身分によって分けられていた。揚座敷《あがりざしき》は御目見《おめみえ》以上の直参など、揚屋は御目見以下の直参や陪臣（藩士）など、大牢や二間牢は庶民、このほか百姓牢もあった。揚屋・大牢・二間牢は北西の壁に沿っていて、中央の当番所を中

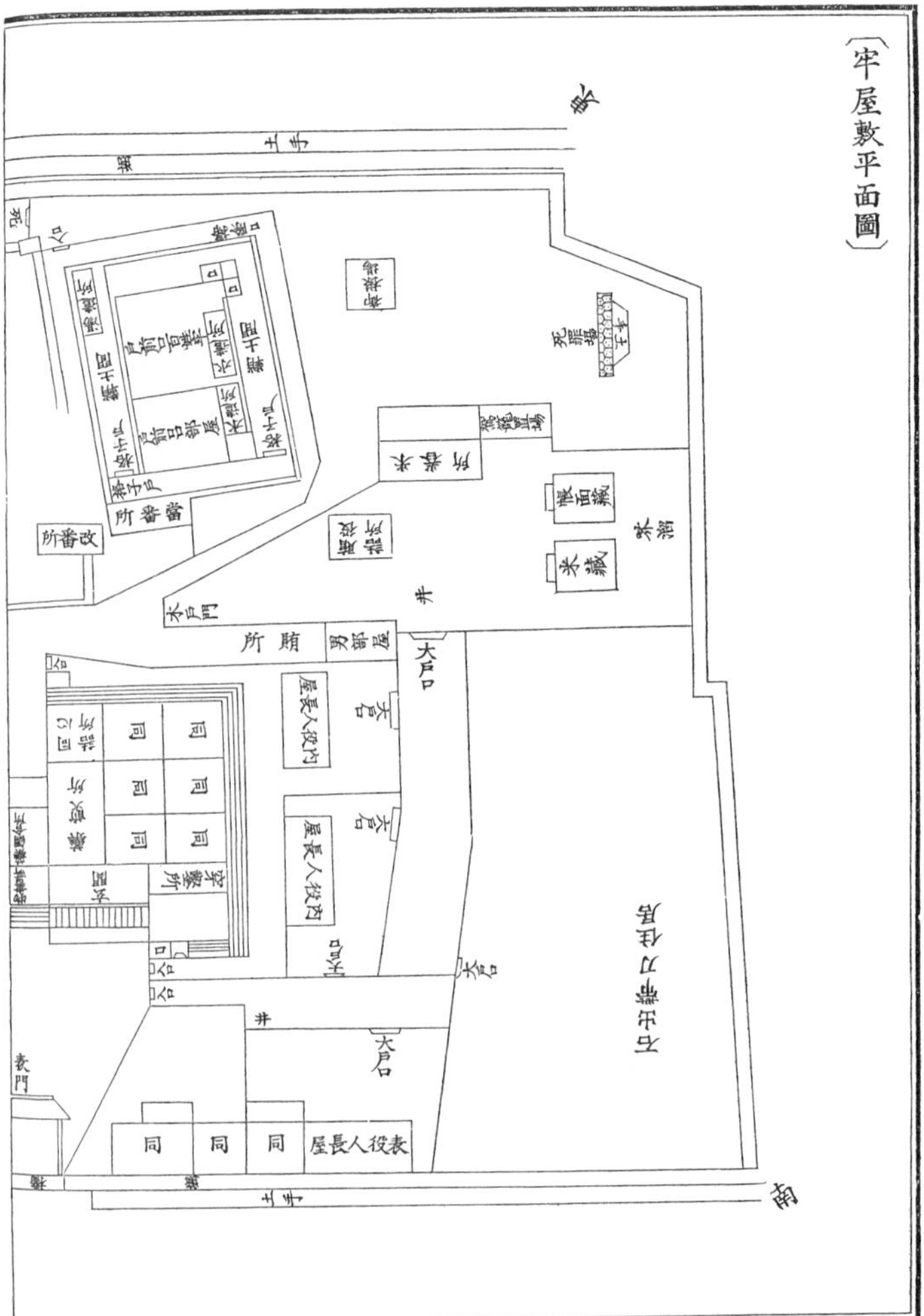

(『古事類苑』)

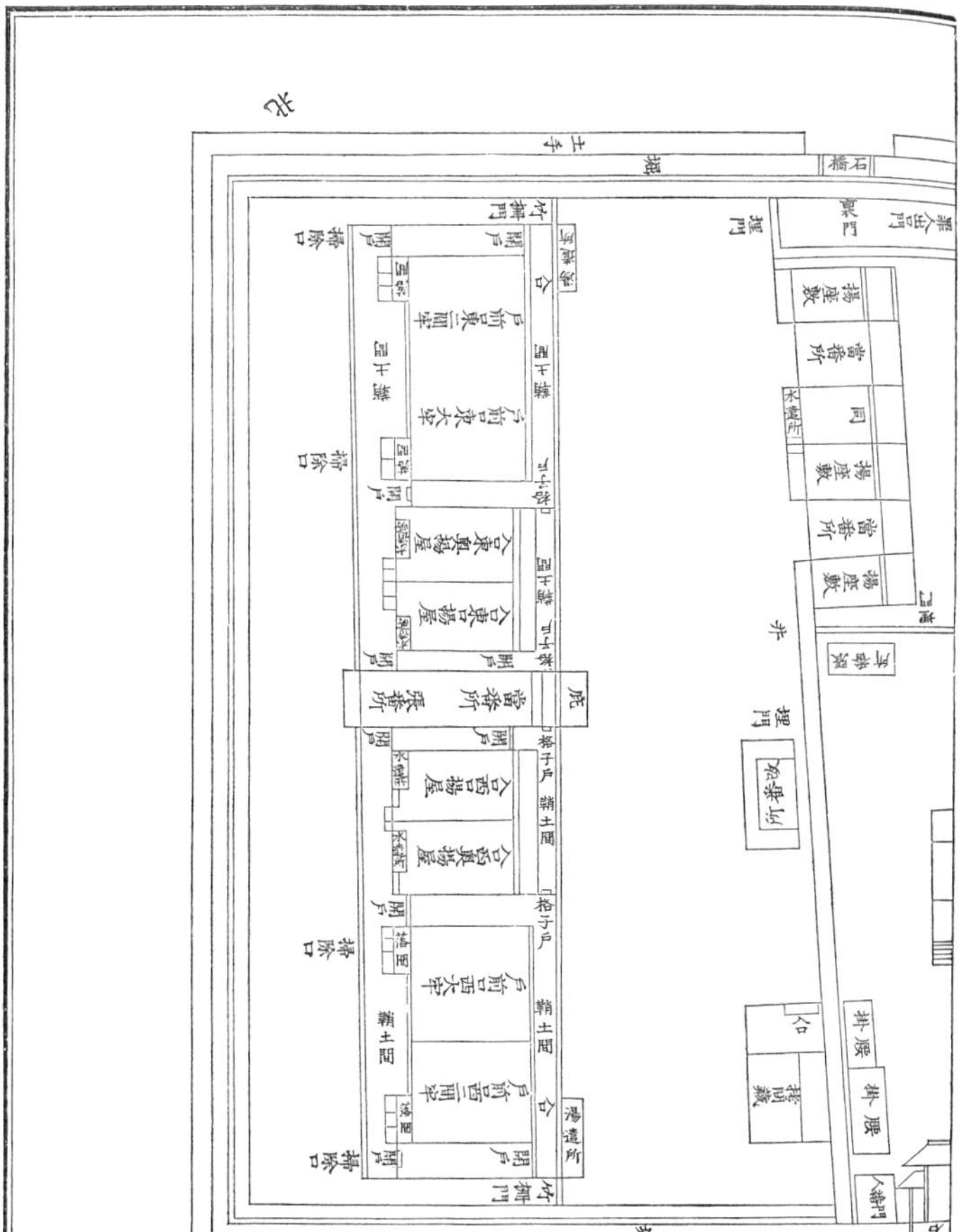

図16　伝馬町牢の見取り図

心に二間牢・大牢・奥揚屋・口揚屋が左右対称に並んでいる。松陰の入牢当時は、東大牢は百姓牢に転用されていたという。松陰と金子重之助は、それぞれ東側の口揚屋と百姓牢に、佐久間象山は奥揚屋に入れられた。松陰と象山の牢獄は隣りあわせで、象山の咳ばらいの声が松陰の耳にも届いた。

牢では奇妙な自治制度が敷かれていて、奉行所が認めた牢内役人が支配した。牢内役人は一二人で、上から名主・添役・角役《すみ》、二番役、三番役などと続き、最後は詰之番、詰之助番で雪隠《せっちん》や病人の世話が仕事だった。ただし松陰の「江戸獄記」によれば、かれがいた揚屋では牢役人は六人だったという。各牢の広さと在牢者数は、二間牢／二四畳、大牢／三〇畳、口揚屋／一五畳、奥揚屋／一八畳で、入牢者は大牢と二間牢が八〇～九〇人、揚屋は三〇～四〇人だった。大変な密度で、二間牢や大牢では病死人が頻発した。むろん一人当たりの面積は均等割りではない。名主は畳を一〇枚も重ねた高所を占めた（見張畳）。名主以外は上座、中座《なか》、下座、小座《こ》と分けられ、上座は一人で畳一枚、中座は二人で一枚、下座は三～四人で一枚などと差別された。役なしの囚人は十数人で一枚という悲惨なことになる。役人と平囚人では食事の量も差別された。

入　牢　入牢の場面は松陰がくわしく説明している。鍵役という牢番人が、担当奉行所・身分・名前などを牢名主に告げ、引き渡す。そのとき「此の囚人は御掛りより手当の事申来りたる故、厚く手当をして遣はすべし」と、特別扱いの注意がされている（全集九、三七七頁）。奉行所から優遇せよとの伝達である。新規入牢者には「シャクリ」という儀式があった。まず板の間で裸になり、衣服ひとつだけを頭にかぶった状態で、牢役人の名前などを教えられ、キメ板で背中をたたかれて「命のツルを持ってきたか」と問われる。キメ板は桐製で、長さ二尺《しゃく》五寸ほど、幅二〜三寸というから、約七五センチ×八センチ程度の薄い木片である。これを褌などで束にして折檻に使う。

「命のツル」とは金銭で牢名主に上納しなければならない。下田ですべてを失ったので松陰は無一物である。獄中に金銭を持ち込むのは禁止だが、それでも衣服に縫い込んだり、体内に飲み込んで持ち込まねば、命の保証がないというのだ。松陰は手紙を書いて送金してもらった（獄中への金銭の差し入れは禁止なので、担当した白井小助は後に藩政府から謹慎の処分を受けた。全集一〇、六六頁以下参照）。

金子重之助の運命

金子重之助は最初の夜、無宿牢（二四畳）に入れられ、翌日百姓牢（三〇畳）に移されたという。松陰の書簡によれば、このころの入牢者は無宿牢が八〇人ほど、百姓牢は四〇人ほどだった（全集七、二四六頁）。無宿牢は人別帳《べっちょう》にない罪人《にん》が入る牢で、金子は密航を決意したとき脱藩していたので、武士と認められなかったのだろう。金のない囚人は「往々死を免かれず」と松陰が書いているように、もっとも劣悪な環境だった（全集二、一六四頁）。かれがどれほど酷薄な待遇を受けたか、想像することもできない。

松陰は事情をそれなりに知っていたのだろう。「其の苦楚《くそ》艱難《かんなん》、我れ是れを云ふに忍びず」と書いている（全集九、三七八頁）。判決の言い渡しのとき自力で歩けない状態で、蓆《むしろ》に乗せて運びだされ、藩邸に移されるときも板に乗せられて運ばれた。それでも死なずにすんだのは「厚く手当」すべしという奉行所の命令のおかげだと松陰はいう（全集二一六四頁）。萩にもどされる道中で死亡したらどう処理するかが、護送の役人たちの話題になっており、結局、翌安政二年正月一一日に萩の岩倉獄で死去した。萩にもどされて三ヵ月経っていない。

牢生活は「愉快」

松陰は友人たちに金子のための追悼の詩を依頼し、父母に金銭を送ったりした。萩への護送中も、金子の待遇改善に意を注いだ。また後まで金子のことを追想している。かれが金子に冷淡だったとは思わない。しかし金子の獄死から二〇日ほど後の父宛書簡で、松陰は江戸の牢獄生活を思い起こして「一愉快事」と述べている（全集七、三四三頁）。囚人はすべて未決囚なので早期に出牢すること、病人にたいする治療が行き届いていることなどを評価したものである。

松陰の伝馬町牢の評価は、同じく安政の大獄で刑死した橋本《はしもと》左内《さない》の「獄制論」を想起させる。左内は一年近い取り調べの後、安政六年（一八五九）一〇月二日に「揚屋入り」すなわち伝馬町牢への収監を命じられ、七日に死刑に処された。短い獄中生活だが、そこで同房者にしきりに獄制について述べたという。ほんらい獄は勧善懲悪の場であるべきなのに、この牢は「悪の上に悪を加え、改悔を知らず」という状態で「小盗また竟《つい》に豪盗となる」と、強烈に批判したものである（『橋本景岳《けいがく》全集』下巻）。松陰との違いはきわだっている。

松陰は「回顧録」で、入獄後の待遇の変化をつぎのように記した。「御客となり、又升《のぼ》りて若隠居となり、又升りて仮坐《かりざの》隠居となり、又升りて二番役となり、又升りて添役となる。獄中法制厳密、名分井然《せいぜん》、甚だ楽しむべし」（全集九、三七八頁）。七月には牢名主につぐ地位の「添役」になっており、名主が出牢した後、一時的に名主の代理をしていたこともある。添役以下の役人は牢名主の指名だったから、松陰は名主から優遇されたのである。萩の野山獄では読書はできるが「江戸獄の愉快に如かず」と、松陰はいう（同上）。牢内での厚遇は外にも伝えられたようで、松浦武四郎は「寅次郎は牢の中にて皆々尊敬せられ日々月代《さかやき》をそり牢名主よりさま〳〵の喰者等相与へ候由（後略）」と書いている（全集別巻、九九〜一〇〇頁）。

松陰が牢外に出した書簡は一三通あるが、ほとんどが金銭の無心かその礼状である。そもそも牢外への通信は禁止で賄賂によって可能だった。送られた金の一部は金子にも分け与えられたようだが、いずれにせよ獄外からの援助がかれの厚遇をささえた。松陰は被差別部落民・女性・囚人などに偏見のない態度で接したことがしばしば評価されている。しかし、すぐ傍らに過酷な待遇で呻吟していた平囚人たちや同志の金子がいたのに、「名分井然、甚だ楽しむべし」と書く心境を現代の人が理解するのはむずかしい。

幽囚のひと

野山獄で

松陰らにたいする処分が下されたのは、伝馬町の牢に入って五ヵ月あまり経った嘉永七年（一八五四）九月一八日で、松陰・金子重之助・佐久間象山はともに「在所に於て蟄《ちっ》居《きょ》」だった。当時勘定奉行だった川路聖謨《かわじとしあきら》が後年語ったところによれば、象山の処分については甲論乙駁《こうろんおつばく》があり、終身在獄や死刑すら主張するものがいた。象山は鎖国が不可能なことを知悉《ちしつ》しており、奉行所の取り調べでも自分たちの行為の正当性を主張して容易に屈しなかったので、極刑を主張するものがいたのだろう。川路が老中首座の阿部正弘《あべまさひろ》に進言し、象山の異才ぶりをよく知っていた阿部の意志によって寛大な処分がなされたという（川路寛堂《かんどう》編述『川路聖謨之生涯』）。川路・阿部ら開明派官僚には、松陰らの行為を容認する意識があったことがわかる。

萩へ

松陰と金子は九月二三日、江戸を発した。萩への道中は「乗物網掛り鎖〆《しま》り」で、腰縄または手鎖をつけることが命じられていた。重篤状態だった金子は食事も十分とれず、下痢をしていたのに着替えもままならない状態で悲惨をきわめた。翌月二四日に萩に着いて、松陰は野山獄《のやま》に、金子は道を隔てた向かい側の岩倉獄《いわくら》につながれたが、前述のとおり、金子は三ヵ月経たない翌安政二年（一八五五）正月一一日に死去した。

「在所に於て蟄居」という徳川政府の処分に反して、藩政府は百合之助に借牢願いを出させて松陰を獄につないだ。百合之助は病弱などの理由をつけて抵抗し、それが認められないなら、せめて萩到着時は親族に引き渡してほしいと願い出たが、すべて拒否されそのまま獄に直行している。

萩までの道中で、松陰は五七編の漢詩を書いている。そのひとつは「逸気神州を隘《せま》しとし、乃ち五洲を窮《きわ》めんと欲す。憐れむべし蹉跌《さてつ》の後、一室に孤囚となる」と密航の蹉跌を嘆いたものである（全集六、四二～四三頁）。密航はだれも思いつかないような壮図だった。もし成功していたらという思いが、かれの胸にたえず去来したことだろう。別の詩はその思いを以下のように表現している。「偉績未だ忘るる能はず、夢想うたた凡ならず。昨夜太平の海、快風、布帆《ふはん》を懸く」（全集六、四〇頁）。密航を「偉績」と考え、海上を帆走している夢をみたのだ。

松陰は密航を忠誠心の表現と説明し、赤穂浪士の仇討に比している。伝馬町牢から兄に宛てた書簡では、ペリー艦隊との「城下の盟」を恥と考え、その復仇のために密航しようとしたと、その行為をつぎのように正当化している。「赤穂の諸士は主の為めに仇を報じ、甘んじて都城弄兵の典を犯し、矩方《のりかた》は国の為めに力を効《いた》し、甘んじて海外に闌出《らんしゆつ》するの典を犯す」（「獄中より家兄伯教に上る書」全集二、八六頁）。

密航と仇討

既述のように、松陰は最初のペリー来航のとき、生命を賭して闘うつもりだったが、佐久間象山の示唆によってロシア船で密航しようとした。萩での入獄直後の著作『幽囚録』では、ペリー再来の際の密航企図について「吾れ微賤なりと雖も、亦皇国の民なり、（中略）吾れの海に航せしこと、豈《あ》に已《や》むを得んや」と主張している（全集二、四〇頁）。蘭学ができる人はいるが、ロシア・米国・英国の書籍を読める人はいないので、「俊才」を各国に留学させて「器械技芸」を学ばせるべきだ。しかし政府がそうしない以上、自分の行為はやむを得なかったというのである。

しかしいうまでもなく、赤穂浪士の仇討と松陰らの密航企図は性質がまったく異なる。赤穂浪士の動機は主君にたいする忠誠心だが、松陰らの行為は仇討ではない。江戸湾に侵入されたことにたいする復仇だと理解しても、米艦に密航を願い出るのは筋違いだろう。

松陰の意図はペリー暗殺だったと理解したがる人がいたのはこのギャップのためである。自分の行為が「皇国」のためだったという松陰の心情に嘘はない。しかしみずからを赤穂浪士に擬し、「やまとだましひ」と表現せずにいられなかったのは、失敗の屈辱感を糊塗するためだった。

外交の現場にいた官僚のなかには、外国渡航を夢見たものが少なくなかったと想像される。松陰たちはそれを実行するという壮図に失敗した。松陰がみずからの行為を正当化するためにつけた種々の修飾語を取り除けば、海外事情を見聞したいという願望から密出国しようとして失敗したというのが事件の実相だった。

攘夷と開国

ともあれ、もし密航に成功していたら、松陰は明六社《めいろくしゃ》に名をつらねるような優れた啓蒙思想家になっていたかもしれない。かれは西周《にしあまね》の一歳年下で、福沢諭吉《ふくざわゆきち》より三歳年長にすぎなかった。本格的に西洋の実態を学んでいたら、まちがっても長州の尊王攘夷論の先駆者になることはなかった。松陰は失敗することによって、「攘夷」と「開国」が独特のかたちで結びつく政治の論理を体現することになった。松陰の考えでは攘夷は絶対命題だが、鎖国＝内に閉じこもることによっては達成できない。孫子のいう「彼を知る」ためには、開国して海外事情を知る必要がある。つまり「開国」とは、かれにとって日本人の海外渡航の自由のことで、外国人の来航や通商を意味するものではなかった（後述）。

『清国咸豊乱記』

萩の獄中で松陰は驚くほど精力的に読書と執筆に心を傾けた。出獄を許された安政二年末の詩で「作文五十篇、読書五百許」と書いているほどである（全集六、一二二頁）。乱読といってよいが、そのなかでかれの関心のありかを示すものとして『清国咸豊乱記《しんこくかんぽうらんき》』が残されている。「乙卯春」の日付があり、最終的に仕上げたのは「乙卯」（安政二年）五月二六日だったらしい。内容は中国の太平天国の乱の紹介だが、松陰自身の著作ではなく翻訳で、原本にはタイトルも著者名もないと記している。しかしじつは翻訳の原本は、羅森「南京紀事」を日本人（おそらく平山謙二郎）が筆写した稿本だったことがわかっている（増田渉「『満清紀事』とその筆者」、『西学東漸と中国事情』所収）。

羅森はペリー再来時に英語・中国語の通訳として来日していた。米側の接待に従事した多くの日本人が羅森と交流しており、その際に「南京紀事」が借覧筆写され、まもなく出回ったらしい（なおこの稿本は後に木活字本として出版され、勝海舟《かつかいしゅう》『開国起原』にも書下し文で収録されている）。松陰はポーハタン号上でウィリアムズと折衝したとき、「広東人羅森」に会わせろと要求したが、睡眠中との理由で拒否された。羅森という中国人が乗り込んでいることを、風聞で聞き知っていたのである。

「満清紀事」の無署名稿本を、松陰は年少の友人・赤川淡水《あかがわおうみ》から贈られた。安政二年正月早々のことだったらしい。赤川が、太平天国の洪秀全《こうしゅうぜん》らには全国統一の能力はないと述べたのにたいして、松陰は同意せず、かれらはその行動から推して「常人」ではないとの感想を述べている。そして中華を自称しながら、異民族を天子とするのを恥じない中国を批判し、「独り吾が国のみ皇統綿々」で「万国に卓越」と書いた（全集二、三〇四〜三〇五頁）。

『清国咸豊乱記』の叙述は錯綜しているが、アヘン戦争後の南京条約締結（一八四二年）による英国の侵略から始めて、太平天国側と清朝政府の戦闘を一八五三年七月ころまでかなり詳細に伝えたものである。太平天国が最終的に滅亡するのは一〇年後の一八六四年のことで、その端緒としての清国の変乱状態のみが関心の的だった。松陰の翻訳について、増田渉は「当時まだ事情もよく分らず、孔孟的な古典漢文だけ読んだ人としては、全体的にみて大へん熱心な、まあまあの翻訳といえる」と評している。大状況が判然としないなかで、中国の歴史や地理にかんする一知半解の知識を頼りに、細かい変乱の記述を苦労して翻訳した情熱に感心させられる。かつて魏源《ぎげん》『聖武記《せいぶき》』を読んだことや、英国の侵略に端を発した内乱に強い関心があったのだろう。

この情熱の背景には松陰の問題意識の重要な変化があった。それを端的に示すのが「安政二年四月六日野山獄北一舎に於て録す」と記された「獄舎問答」である。日付からわかるように、『清国咸豊乱記』と同時期の著作である。ここで松陰は、今は「砲を熔《とか》して銭とし、弾を熔して鋤となすべき時」だと述べる（全集二、一四〇頁）。つまり「民生を厚うし民心を正しうし、民をして生を養ひ死に喪《そう》して憾《うら》みなく、上を親しみ長に死して背くなからしめん」ことが重要だというのである（同上）。単純に人民の生活が第一と考えたのではない。海防費用の負担によって社会が疲弊し、民心が離反することを恐れた。「満清の覆轍《ふくてつ》」を教訓にしたものである。

民政重視

太平天国の乱の情報にふれて、松陰の問題意識が海防論から「民政論」に移った点については、すでに郭連友『吉田松陰与近代中国』が論じている。ここではそれをふまえて、より広い観点から検討しよう。まず第一に、松陰は、幕府の対外政策が「和平を主」としているため、戦争は一〇年以上先のことだと考えた。ペリーの行動を「開闢以来の国恥」と感じ、「戦を首と致候得ば、天下の士気引立、仮令一旦敗を取候ても、遂には夷賊を逐退け」ることができると主張したのは、ペリー来航当初に出された徳川斉昭「海防愚存」である。

松陰も当初は同じ考えだったが、その後、海防のための技術習得が必要と考えて密航しようとした。しかし今、かれは何より「国内の乱」を心配している。交易による人・物品・文化の流入は窮乏化や価値観の混乱による「流民蜂起」や「奸雄」の扇動を生み、社会秩序の混乱に乗じた外国勢力の侵略につながると危惧した。『清国咸豊乱記』では交易場での英国の学校設置などに注意を喚起していたが、「獄舎問答」でも西欧諸国の「匹夫匹婦も其の所を得ざる者なき」社会政策によって、下層民が西欧に親近感をもつのを恐れている（全集二、一四五頁）。

前章で述べたように、会沢正志斎《あいざわせいしさい》『新論』は「夷狄」が「貨利」や「妖教」によって民心を誘うことを強く警戒し、民に「国体」意識を植えつける必要性を唱えた。キリスト教や社会政策によって、愚民がイデオロギー的に非武装化されてしまうことを恐れたのである。松陰のこの時期の議論は水戸学から学んだのだろう。もしかれがこの点での問題意識を深め、西欧列強と政治的・イデオロギー的にいかに対峙するかの考察を続けていたら、後半生はまったく違ったものになっていただろう。むろん歴史的な功績も、尊王攘夷というスローガンの唱道者で終わるものではないはずだ。かれが現実に歩んだのは、これとは逆に、「墨夷」への敵愾心に身を委ねることだった。

民政論と大陸進出論

長州は三方を海に囲まれているので、海防は重要課題だった。実際に侵略を受けたらどうするのかという質問にたいして、松陰は「獄舎問答」でつぎのように答える。「一村一浦を以て餌となし、焚くとも掠《かす》むるとも其の為るに任せ、人民を内地に移し、資材を敵に委すべし」(全集二、一四四頁)。その後、敵が城館などを築いてから攻撃を加えれば、敵の兵器は「手を労せずして我が有とならん」という(同上)。いったいどんな戦法で戦うのかわからないが、「剣槍馬術」を鍛えておくべしと述べているところから推して、白兵戦を想定していたのだろう。徳川斉昭「海防愚存」も同じことを説いている。「蘭学者流」が重視する戦艦・銃砲は「手詰の勝負」では役に立たない。外敵が辺海を犯しても、上陸してきたときに「槍剣の隊」で横や後ろから「電光石火の如く血戦せば、彼夷賊原《ばら》を鏖《みなごろし》にせん事掌《たなごころ》の中にあるべし」。

軍艦や大砲などの軍事技術の研究は必要だが、今は未熟だから製造の段階ではない。外国交際による外来文化の浸透は民衆を外敵に順化させる恐れがある。だから今は経書を読んで「民を愛する術」を学び、「志を練りて以て砲に代へ、気を養ひて以て艦に代ふる」ことが急務だと、松陰はいう(全集二、一五〇頁)。

「獄舎問答」執筆の翌月(安政二年八月)日付の「治心気斎先生に与ふる書」も、有識者が大砲と戦艦の必要性ばかり強調するのを批判している。いやしくも「志」を大きくもち、雄大な「略」で計画をたて、指導者が兵の「勢」と「機」を心得ていれば、「艦砲なし」でも「五大洲を横行して余りあらん」（全集二、一五二頁）。米国・ロシアと結んだ和親条約は順守し、「間に乗じて満州を収めて魯に逼《せま》り、朝鮮を来たして清を窺ひ、南洲を取りて印度を襲ふ」べきだという（同上）。

この文章の名宛人は松陰の兵学の師のひとりだった山田宇右衛門だが、感想を求められた山田は返事を出さなかったらしい。苦笑して黙するしかなかったのかもしれない。ともあれ松陰のねらいは、自重して内政を安定させることが今は重要ということだろう。しかし「艦砲なし」でどのようにして海外に勢力を拡張するのだろう。後述するが、八ヵ月前の安政元年一二月の兄宛書簡では、外国貿易を拒否するために「大いに船艦を打造」して朝鮮を「服」すと記し、四ヵ月前の安政二年四月執筆の「来原良三に与ふる書」でも「兵を強く」して朝鮮・満州などに勢力拡張すると書いている（全集七、二九九頁。全集二、三二〇頁）。半年ほどのあいだに兵備拡張から民政重視に転換したのだが、海外進出の方針は不変なのである。民政重視と対外進出は、かれの頭のなかで矛盾しなかったのだろうか。

貿易をめぐって——攘夷と開国

西欧諸国が中国や日本に押し寄せて、帝国主義的利権を追求する状況を、開明派はどのように見ていたのだろう。たとえば勝海舟は義兄の佐久間象山宛に「交易の道不開候ては失費に倒れ候のみ」と書いた。象山もそれは自分の「かねての定論」だと述べ、貿易の利を海防費用に充てるべきだと論じている（勝海舟宛書簡、安政三年七月一〇日、『象山全集』巻四）。この象山の見解は、じつは海舟がつとに早くペリー来航直後の嘉永六年七月付の意見書で表明したものだった。海舟はそこで海防にはぜひとも軍艦が必要で、その費用は国内では調達できないので、「交易の利得」によるべきだと論じている（「参政への意見書」、『勝海舟全集』第一四巻）。

勝海舟と象山

象山は天保一三年（一八四二）の藩主宛上書では、アヘン戦争の余勢をかって英国が来航することを想定し、「道徳仁義を弁へぬ夷狄」の要求に屈して貿易を認めれば、「天下有用の品」を「外国無用の品」と交換することになると危惧していた。これは後述する安政二年ころの松陰の見解と同じである。象山はいつ見解を変えたのだろう。前述のように、ハリスが下田に着任した安政三年（一八五六）七月にはすでに貿易が必要だと考えるようになっていた。しかし安政五年正月一五日の上書草稿では、「本邦の人民と交易売買勝手次第」なら「大害を醸成」と書いている（『象山全集』巻二、一二八～一二九頁）。かれは貿易が必要であると認識していたが、想定していたのはあくまで管理貿易で、使節の常駐や自由貿易は否定したのである。しかしハリスをはじめ、欧米各国が考えていたのは自由貿易で、管理貿易は論外だったので、そこには大きな落差があった。

高島秋帆

海舟は開港と貿易の必要性を早くから認識していたわけだが、同じころ貿易の利点を説いたのが高島秋帆《たかしましゅうはん》（一七九八～一八六六）である。高島は嘉永六年（一八五三）一〇月付の長文の上書で、西欧の国との戦争は列国の干渉を招き、衆寡敵しがたい状態になるので、兵端を開くことは絶対に避けるべきだと説いた。そして貿易は「国民扶助の為」であり、その利益は海防の資となるので、試しに両三年「交易御免」とすべきだと主張している。さらにキリスト教を恐れ、蘭学者がキリスト教に「惑溺《わくでき》」しているかのようにいうのは誤りで、蘭学は国益になるのに対して、大塩平八郎《おおしおへいはちろう》の例でわかるように、儒学は頼むに足りないと説いた（勝海舟『陸軍歴史』巻三所収）。

堀田正睦

政府側はどうだったのだろう。阿部正弘の後継の老中首座だった堀田正睦《ほったまさよし》は、安政四年（一八五七）一一月の意見書でつぎのように述べる。西欧諸国の要求を余儀ないものとして受け入れながら、侮蔑されないように徐々に軍備を整えるべしとの議論と、一切を拒否して戦争を覚悟すべしとの議論は、現実を直視しない「苟安《こうあん》」と「麁暴《そぼう》」な態度にすぎない。現今の世界は中国の春秋戦国や足利時代末期のような乱世の時代で、「一国限り」で成り立っているのではないので、治乱は「世界一《ひ》と纏め」にして考えなければならない。だから「広く万国に航し貿易を通じ、彼が所長を採り、此の不足を補ひ、国力を養、武備を壮に」していけば、徐々に全世界が我国の「御威徳に服従」し、「終に世界万邦の大盟主」となることができるという（『幕末政治論集』所収）。

田辺太一『幕末外交談』によれば、堀田は翌五年（一八五八）、条約勅許奏請のため上京したときも、同趣旨の上書を提出したが受け入れられず、「堂上がた、正気の沙汰とは存じられず」と嘆いた。堀田は安政四年一〇月に通商条約についてハリスと直接質疑を交わしており、この年一二月から翌月にわたる条約交渉を指揮する立場にあった。世界の動向を肌で感じていただろう。資本主義の発展によって世界がひとつのシステムに包摂されつつあり、今はその過渡期だと考えていたのである。一体化しつつある国際関係で外国貿易は不可避であるばかりか、国力の充実のために不可欠だと考えたのだった。

クルチウスの書簡

じつは自由貿易が不可避であることは、オランダ領事（もとは出島のオランダ商館長）ドンケル・クルチウスが、ハリスの下田到着の二日後の安政三年七月二三日付書簡で日本政府に勧告していた（「和蘭領事館陳告」）。「緩優交易（自由貿易のこと）は万物自然の運旋」であり、安政元年締結の日露和親条約（第五条）の下田・箱館で「入用の品物を弁ずる事を免す」との規定は、事実上、自由貿易を認めたものだと指摘したものである（『開国起原』、『勝海舟全集』第四巻）。

これを受けて、開明派の目付・永井尚志《ながいなおゆき》らは、翌月さっそく「富国強兵」のために進んで交易を開くべきではないかと遠慮がちに提言した。ハリスとの通商条約交渉以前に、堀田正睦をはじめとする外交当局者はこのような予備知識をもっていて、翌四年八〜九月にオランダやロシアとの追加条約で通商を承認したのである。

松陰の場合

では松陰はどのように考えたのだろう。ペリー来航から日米修好通商条約が政治課題となる安政四年末ころまでのかれの主張を検討しよう。

松陰は外国によって強制された開国を屈辱と感じていたが、開国じたいを否定したわけではない。既述のように、ペリーの最初の来航のときには次の来航を武力で阻止すると主張していた。つまり従来の鎖国政策を当然と考えたのである。しかしその直後に、佐久間象山の示唆にもとづいて海外渡航を企図し、鎖国を固陋《ころう》と考えるにいたった。だがかれにとって開国とは、第一義的に日本人の海外渡航を禁じた鎖国を否定し、前述の「治心気斎先生に与ふる書」で唱えたように、将来的には海外に勢力を拡張することだった。松陰は「開国」によって海外貿易を念頭においていたのではない。「獄舎問答」（安政二年四月）では貿易について以下のように述べる。

「互市《ごし》は皆外夷無用の物を得て、奢侈淫逸《しゃしいんいつ》を導き、吾が国有用の貨を失ひて、衣食の資、器用の本を闕《か》く」ことになる（全集二、一三九頁）。これがかれの基本的考えだった。少し前の安政元年一二月一二日付の兄宛書簡では、貿易は「外国無用の物を得て我が国有用の宝を失」うことになるとして禁絶されてきたのに、米・英・ロシアとの貿易を認めれば「後年必ず吾が国の財用乏欽《ぼうけつ》に至るべし」と述べている（全集七、二九九頁）。

大艦の必要性

ではどうするのか？　日本各地に自由に来航する外国の貿易要求を拒否するには海防だけでは不十分である。「大いに船艦を打造し北は蝦夷を収め西は朝鮮を服し、駸々然《しんしん》として進取の勢い示し候はば、群夷自から手を収むべし」（同上）。外国艦隊に対して小艇によるゲリラ戦法で撃退するという構想から、大艦を製造してアジア地域に勢力を拡張するという方向に、かれは視点を移した。「獄舎問答」と同じ安政二年四月二四日の兄宛書簡では、国力を養って「取り易き朝鮮・満州・支那を切り随へ、交易にて魯国に失ふ所は又土地にて鮮満にて償ふべし」と書いている（全集七、三六四〜三六五頁）。

同時期の「来原良三に与ふる書」（安政二年四月一八日付）では、米国とロシアが来航した嘉永六年から安政元年が「二虜」を制する好機会だったのに機を逸した。和親条約を締結した今は、「間に乗じて」富国強兵して、「蝦夷を墾《ひら》き、満州を奪ひ、朝鮮を来たし、南地を併せ」と唱道する（全集二、三二〇頁）。見られるように、松陰のいう「富国」とは蝦夷地の開拓や満州以南の併合で、国内産業の育成ではない。民政重視と海外進出によって攘夷を実現するというのが、安政二年当時の松陰の考えだった（既述のように、この両者の関係は、松陰のなかで論理的に十分整理されていなかった）。これが鎖国から開国への方針転換の中身であり、和親条約を結んだ米国やロシアとの貿易はやむを得ないものと前提されているようだが、けっして積極的に認めたのではなかった。

復古的社会観

じつのところ、松陰の社会観は復古的といってよいほど後ろ向きだった。安政三年八月にかれが兵学門下生たちにおこなった講義録が、『武教全書講録《ぶきょうぜんしょこうろく》』として残されている。山鹿素行『武教小学』の注釈で、金銭や物品のやり取りについて武士のあるべき態度を論じた「与受」の部分で、松陰は素行の議論とは無関係に「貴穀賤金の風」を作興すべしと論じている。そこでかれは兵農分離を批判して「古武士の風」を奨励し、次男以下を養子に出すのは悪習だとして大家族制による家の経営を説き、「金銀銭幣」による俸禄や報償をやめて「米穀布帛《ふはく》」にすべきだと論じる（全集四、四〇頁以下）。藩外との交易すら消極的で、商業資本を抑圧し、民の不足品は藩の「会所《かいしょ》」が手当すると考えられている。これでは海外貿易など論外と考えたのは当然である。

貿易肯定論になったか？

しかし信夫清三郎『象山と松陰』は、かれが安政四年三月に海外貿易肯定論に転じたと解釈している。根拠とされたのは、このころに長州藩で盛んにおこなわれた木蝋《もくろう》の原料となる櫨《はぜ》木の栽培についての伝聞を紹介し、「櫨蠟は長崎へ送り、外夷の互市に充て、銅額を減ぜらるるとかや」と書いた部分である（「吉日録」全集九、五〇八頁）。しかしこれは民政の観点から勧農の例を紹介したもので、貿易の有用性や必要性について述べたものでない。この一行に満たない一文を根拠に貿易肯定論になったと解釈するのは、あきらかに無理がある。

松陰が目をつけたのは、輸入代金として支払う銅を櫨蠟《はぜろう》の収入で相殺できるという点だった。貿易は「外国無用の物を得て我が国有用の宝」と交換するだけではないことに気づいたかもしれないが、従来の枠を超えて諸外国との貿易を積極的に推進すると考えたわけではない。海外貿易への否定的姿勢は変わっていない。

かれは欧米列強に対抗する策として鎖国ではなく開国を主張するが、それはアジアで勢力を拡張することだった。前述の『武教全書講録』でも、砲台建設などの防御的方法を否定し「四夷出征の策」でなければだめだと論じている。同様に、安政四年に『孫子』を論じた記録『孫子評註《ひょうちゅう》』でも、人はみな「外夷」が来ることばかり恐れて、「先づ奪ふの計に出づるを知らず」と批判する（全集五、四一一頁）。

『孫子』九地篇で「敵が秩序だった大軍」で攻め込んできたらどうするかとの質問に、孫子が「其の愛する所を奪わば、則ち聴かん」と答えた一節について、松陰が書いたコメントである。敵が大事にしている箇所を攻撃せよというのである。『孫子』九地篇は戦闘地を九つに分類して論じているが、そのひとつは軍隊が離散しやすい「散地」である。本国が戦地となる鎖国の戦いは「散地」で戦うことになるので、松陰は拙策と考える。これとは逆に、「客戦」すなわち外地での戦いこそ孫子の趣意だという。含意はあきらかだろう。

兵学的思考

以上の例でもわかるように、松陰の思考の根底には、すべての事象を敵との闘いとみる兵学的思考が抜きがたく流れている。貿易による相補的な関係はかれの理解を超えていた。かれの言動はしばしば直情的で、効果や利益を無視した無私の献身が重視され、兵学的な合理主義とは無縁のようにみえる。しかしそれは松陰という人間のいわば生地というべきもので、かれの思考じたいは幼年から鍛錬してきた兵学によって強く拘束されていた。そこでは国家間の関係は食うか食われるかの関係と理解される。

日米和親条約後、ロシアとも条約締結が確実視され、英仏からも同様の要求がくると予想した松陰は、米国・ロシアと条約を交わしたのでもはや余分の物資はないとの口実で、英仏の要求を謝絶すべしと論じる。そうすれば米露は「必ず大いに我れを徳とし、而して闔国士気《こうこく》必ず大いに振興せん」と考えたのである（「桂《かつら》小五郎《こごろう》に与ふる書」全集二、三二五頁）。米露を優遇すれば恩を着せられるというのだ。松陰の国際社会観はこんなことをいうほどナイーブだった。かれは資本主義の世界的拡大という時代の趨勢をまったく理解していない。華夷の世界観と兵学のゼロサム的思考に立つ松陰には、貿易による国富の増大という思考への回路がないのである。

橋本左内

開国論者はどのように考えただろう。まず橋本左内《はしもとさない》は、安政四年一一月二八日付村田氏寿《むらたうじひさ》宛書簡で日露同盟論を提唱している（『橋本景岳全集』上巻）。左内は、米国との通商条約に自由貿易と使節の常駐の内容が含まれていると知って「神州之御大事」だと述べる。そのうえで「鎖国独立」が不可能なことは識者の常識だから、拒絶できないことはあきらかだと述べ、貿易と使節常駐は認め、自由貿易は拒否すべきだという。さらに、いずれ世界は一つの同盟国として統一されるとし、覇権を争うのは英国かロシアだと、かれは展望する。日本が独立するには山丹《さんたん》・満州・朝鮮を併合し、さらにアメリカ大陸かインドに植民地をもつ必要があるが、それはとうてい不可能だから、隣国のロシアと同盟して英国と戦うべきだというのである。

ここで左内の議論の妥当性を論ずる必要はないだろう。独立のためには植民地が必要との認識は、松陰ととても似ている。しかし左内が日本単独での独立を不可能ととらえ、領事館設置と「官府貿易」を認めたのに対して、松陰の場合は米国の要求をすべて拒絶し、退去しなければ「擒《とりこ》にし之れを紂《ちゅう》す」ることも辞さないと極言する（全集四、一三一頁）。左内の日露同盟論は、前述の堀田正睦と似て、戦国時代のような状況にある世界は華夷の関係ではなく、いずれひとつのシステムに統合されると考えているのである。

図17　橋本左内（国立国会図書館「近代日本人の肖像」）

横井小楠

他方、ペリー来航当時、熊本在住で正確な情報に接しなかったこともあって、横井小楠《よこいしょうなん》の対外観はかなり不正確だが、長崎に渡来したロシアを好意的にとらえ「交易も無異議《いぎなく》行れ可申」とみている。山崎正董『横井小楠伝』（上巻）によれば、小楠は翌安政二年に攘夷論から開国論に転じたとされているが、すでにこのころから考えが変わりつつあったのだろう。少し後のことになるが、「国是三論《こくぜさんろん》」（万延元年〈一八六〇〉）は「航海自由を得て万国比隣の如く交易する」当代の状況では、日本だけが鎖国しても外敵を防ぐことは不可能だと論じる。鎖国時代には、自国が豊かで他国が貧しいことを望み、「民を虐《しいた》げざる」ことが仁政だったが、「交易の道」が開かれた今では、「通商の利を興し財用を通ぜば君仁政を施す事を得て臣民賊たる事を免かるべし」という。つまり貿易による富国の実現こそ「天地の気運」であり、仁政の基礎だと考えるようになる（『横井小楠関係史料』一）。

佐久間象山

小楠と同じく朱子学者を自認していた佐久間象山は、安政元年ころの小林又兵衛《こばやしまたべえ》宛書簡で「東洋道徳西洋芸、匡廓《きょうかく》相依り圏模《けんぼ》完《まった》し」と書き、その意味を「亜細亜も欧羅巴《ヨーロッパ》も合せて地球を成し候如くにて一隅を欠き候ては円形を成し不申候」と説明した（『象山全集』巻四）。西欧とアジアは地球の一部として相互に補いあう関係だととらえたのである。象山が「学行技巧制度文物」が日本よりも優れている「有力の大国」にたいして、「戎狄夷狄《じゆうてきいてき》」などという語を使うのは無礼だと明言するのは文久二年（一八六八）の「時事を痛論したる幕府への上書稿」だが、かれには早くから欧米を対等な相手とみる視点があった（『象山全集』巻二）。蘭語辞書ハルマ出版にかんする藩主宛上書（嘉永二年）では、外国を軽視して「夷狄蛮貊《ばんぱく》」と呼ぶ清国が「イギリスと乱を構ふるに及で大敗」したと述べた（『象山全集』巻二）。ここに「イギリス」という語が使われていることからもわかるように、象山はさまざまな文書で、早くから「夷狄」という語をできるだけ避け、「イギリス」「アメリカ（亜墨利加）」「魯西亜」などの語を使おうとしている。かれの開かれた世界認識を示すものである。

松陰の華夷世界観

以上に例を挙げた人びとが世界を横の関係でとらえていたのと違って、松陰は終生、華夷観念にもとづく世界認識を変えず、したがって攘夷の執念から自由になれなかった。強いられた開国と、懇願した密航を米国から拒否されたという二重の屈辱、華夷論にもとづく中国歴史書の愛読、水戸学や浅見絅斎《あさみけいさい》『靖献遺言《せいけんいげん》』の大義名分論が、かれの認識を強く拘束していたのである。

アヘン戦争後の中国の混乱から、民政の重要性を認識したが、もっと根本的な問題は、中国の対外政策の根底にある華夷意識だったのに、松陰はその点については無自覚だった。松陰にかぎらず、多くの武士がペリーの傍若無人なふるまいに対して抜きがたい屈辱と反感を持ち続けた。相手の優越を認めながら「夷狄」と蔑むのは劣等感の裏返しであるが、敗北必至でも「攘夷」を叫び続ける精神は、半ば眠っていたサムライ魂が覚醒したものである。これは戦闘者としての武士たちが共有していた心情だった。

なお攘夷論について、市井三郎『明治維新の思想』は、西洋を野蛮視する水戸学派などを「信仰的攘夷」、松陰とその門下を「自覚的攘夷」と呼んで区別している。久坂玄瑞《くさかげんずい》らが攘夷論を討幕の手段にしたのは事実だが、松陰を同じ範疇に入れるのは無理だろう。アーネスト・サトウ『一外交官の見た明治維新』（上）には、「長州人を破ってからは、われわれは長州人が好きになっていた」という一節がある。元治元年（一八六四）の四国艦隊下関砲撃事件後、長州の尊攘派は英国と意を通じていた。松陰にはとても想像できないことである。かれには攘夷を討幕の手段視する意識はない。あくまで華夷の世界観に立って、強いられた開国を認めるのは屈辱と考え、時間をかけてでも攘夷を実行しなければならないと考えていた。

市井三郎『明治維新の思想』

安政五年日米修好通商条約締結によって違勅問題が起ったとき、松陰は「大義を議す」を書き、徳川政府を「違勅の国賊」と呼び「討滅誅戮《ちゅうりく》」すべしと叫ぶ（全集四、三七二頁）。しかしこれは感情が激したための一時の弁であり、かれの主張の基本は公武合体論で、強調点はあくまで攘夷の一点にあった（後述参照）。

「松下村塾記」（安政三年九月）では、松陰は「抑々人の最も重しとする所のものは、君臣の義なり。国の最も大なりとする所のものは華夷の弁なり」と書いている（全集二、四三六頁）。「華夷の弁」と「君臣の義」が対句になっていることでもわかるように、松陰の心理において攘夷と忠君は一対だった。通商条約締結以後、「攘夷」はますます困難になるので、徳川政府の外交の軟弱批判は他方での君主への忠誠を強調することにつながる。「華夷の弁」という強がりが強調されればされるほど、「君臣の義」が浮上してくる。これは心理的な代償行為であり、松陰の後半生は攘夷の執念にもとづく藩主と天皇への忠誠をめぐって展開することになるのである。

杉家の幽室で

松陰が野山獄からの出牢を許され、杉家で謹慎することになったのは安政二年（一八五五）一二月一五日のことだった。野山獄にいたのは一年二ヵ月ほどである。元来の処分は杉百合之助への引き渡し・在所での蟄居だったこともあって、藩政府はこの時期になって出牢を命じた。水戸に滞在していた赤川淡水《あかがわおうみ》が、松陰を獄に拘束するのは徳川政府の処分に反すると書いた豊田天功《とよだてんこう》の書簡を、藩政府首脳に伝えたのが影響したのかもしれない（安政二年一一月一三日付坪井九右衛門宛書簡、定本全集五、三六七頁）。

杉家で蟄居

松陰が蟄居した家は萩市椿東にそのまま現存する。萩市のホームページ「杉家旧宅（吉田松陰幽囚ノ旧宅）」によれば、平屋建て二一四平方メートルで、八畳・六畳がそれぞれ三室のほか、四畳・三畳七分・三畳半・三畳・二畳などの部屋があり、かなり大きな家である。松陰が蟄居したのは神棚が置かれている三畳半だが、元は四畳半だったという。ただし神棚の代わりに、もとは仏壇が置かれていたはずである。「幽室の壁に題す」では、食事と便所以外には部屋を出ず、親戚を除いて誰とも面会や書信のやり取りをしないと決意したと語っている。しかし決意が順守されたのは当初だけで、翌安政三年八月からは自室での講義がおこなわれて門下生が集まり始め、安政五年七月には正式に塾での教授が認められた。書信の往来も自室での講義が始まったころから頻繁になっている。

江戸時代の社会は藩という仕切りがあったが、かならずしも閉じた社会ではなく、人々や情報の交流は意外に盛んだったが、海外からの情報の流入は厳格に統制された。知識人のなかには自分たちが「井のなかの蛙」であることを自覚し、その制約を越えようとした人も少なくなかった。かれらは蘭学書や翻訳書、中国書などをつうじて「井」の外の状況を知ろうとした。松陰は家学として兵学を習得することを義務づけられていたが、とても好奇心が強く、兵学以外にも関心を寄せた。「井」の外への抑えがたい好奇心があったのだ。しかし東北出奔や密航企図にみられるように、好奇心に駆られてすぐ行動にうつすが、地道な努力は苦手だったらしい。門下生には「返すぐ〵も洋学専要」（全集七、四一一頁）と強調したが、自身は蘭学はおろか砲学に必要な算術も身につけずに終わった。

経学は「空理」

安政二年正月ころ、兄の杉梅太郎は野山獄にいた松陰に、経学にもとづかない学問はだめだと強く諭した。それに抗弁した松陰の書簡によると、佐久間象山や横井小楠の実学党《じつがくとう》の「某」からも全く同じ指摘を受けたという。「寅（松陰の自称）も一つ遣《やっ》て見ようかと思はぬにてもなし」だったが、やはりその気にならなかった（全集七、三五〇頁）。「心を励まし気を養ふは、遂に賢豪《けんごう》の事実にしくものなし」というのが、かれの頑固な信念で、「どうも唐土の歴史が読みたい」という（全集七、三五〇〜三五二頁）。

かれが念頭に置いているのは、中原《ちゅうげん》を支配した漢民族が「夷狄」と呼んだ、とくに北方民族との長年の熾烈な抗争で、中華民族国家の存続のために生命を賭した豪傑や英雄の逸話に熱をあげた。後述する浅見絅斎《あさみけいさい》『靖献遺言《せいけんいげん》』への傾倒もその表れで、日本開国を迫った西欧列強のことを一貫して「墨夷《ぼくい》」「魯夷《ろい》」「暗夷《あんい》」と呼び、それと決戦する自分たちを中国史上の英雄に擬していた。

かれは経学を無味乾燥な「空理」と感じていた。『孟子《もうし》』を論じながら「経を好み史を廃する」儒者を批判し、「吾れ常に史を読み古人の行事を看《み》て、志を励ますことを好む」と書いている（『講孟余話《こうもうよわ》』、全集三、一八九頁）。水戸を訪問した直後は『日本書紀』をはじめとする六国史にもとり組んだが、「退屈」でたまらず「大丈夫此れ位の事が遂げられでは大事業はならん」と自らを励ましたが、結局、中途で放棄した（全集七、一二九頁）。日本古代史の知識は海外への積極的な進出を論じる際に援用されたが、結局、神功皇后の外征などのエピソード以外に、かれの気を惹くものはなかった。

君臣は義による＝象山

佐久間象山や横井小楠は「井」のなかにいることを自覚して、「井」の外の世界に思いを馳せた。朱子学の普遍主義的思考が根底にあったからだろう。後年のことだが、象山は文久二年（一八六二）一〇月の徳川政府宛上書草稿で、熊本藩士でありながら福井藩主に仕えた小楠を例に挙げ、君臣関係は「義」にもとづくべきで、「道合へば服従し奉り不可なる時は去ると申覚悟」で奉公しなければならないと説く（『象山全集』巻二）。いうまでもなく、これは朱子学的な君臣関係論で、日本では事情が異なるとして多くの儒者が排斥した。松陰も主君と「死生休戚《きゅうせき》」を共にしない中国の臣は「半季渡りの奴婢」と罵倒する（『講孟余話』、全集三、二五頁）。ところが、象山のほうは「社稷《しゃしょく》と存亡を共に致し候が忠義」などというのは「私を営み公義を害し候ものの癖」だと、にべもない（同前）。

象山を師とすることを誇り、終始、最大の敬意を表したが、松陰は象山からその思想の根幹を学びとることはなかった。かれは「義」と「仁」（親への孝など）は「同根」で、君主にたいする感情は「吾が皇国人固有の忠義」だと主張し、朱子学的な「義」にもとづく君臣関係を「仁義同根の真義」を知らないものと批判している（『講孟余話』、全集三、二四三〜二四四頁）。じつはかれが「先師」と呼ぶ山鹿素行も「二君に仕へず」をいちおう支持しているものの、他方で「君臣は義においてして利においてせず」が原則だと述べ、君が「無道」で諌めても「開悟」しない場合、君子たるものは自分の生活を犠牲にしてでもそこに留まるべきではないと論じている（『山鹿語類《やまがごるい》』巻一四「臣道」の項）。松陰はふたりの師の考えに従わず、幽室には「三余読書」「七生滅賊」の額を掲げ、楠木正成《くすのきまさしげ》の「七生報国」をまねた。松陰の思考は内閉している。

視野の狭窄

松陰は外の世界にたいする強い好奇心をもちながら、自己の置かれた環境の限界を乗り越える地道な努力をせず、原理的（あるいは抽象的）な思惟を学ぶことを嫌って、具象的な内容の「志気」をふるう読書に心を傾けた。勢いの赴くところ、ナショナリズムの熱狂に身をゆだねることになるのは必然だろう。後述の『講孟余話』でかれは「天下公共の道」たる「同」と、「一国の体」たる「独」を峻別して国体論を展開するが、そのときの論理は、「道は総名」で「大小精粗皆是れ道」なので、「国体も亦道」だというものである（全集三、四一一頁）。

こうした主張には、儒学を本格的に学ばなかった人の身軽さが感じられる。かれはその身軽さで、儒学の普遍主義的思考から簡単に身をはがすことができた。それを評価する観点もあるだろう。しかし普遍主義的な思考との緊張を感じないで、特殊主義の思考に身を委ねたことによる視野の狭窄と自己中心主義いう欠点は見逃しがたい。

自由に行動して人々に会い、状況を実地に観察する機会があれば、その欠点もいくらか補えただろう。しかしかれは幽囚の身だった。後には門下生との議論も自由になったが、自宅から外に出ることはできなかった。会話も書簡も限定され、近しい人からの情報しか耳に入らない状態だったが、むしろそれを「幸に世の囂《かまびす》しきを脱る」と喜んだ（『講孟余話』、全集三、二三七頁）。松陰の書簡の相手をみれば、いかにも「類をもって集まる」の観がするのは当然だろう。自分が「井」の中にいるという強い自覚がなければ、視野の狭窄は不可避で、外的世界への関心がますます一点に集中していくことになる。後述のように、松下村塾が同志的結合にもとづく政治セクトになっていくのは必然だった。

ハリスの来日

米国領事館設置

タウンゼント・ハリス（Townsend Harris 一八〇四〜一八七八）が最初の米国総領事（後に公使）として下田に来着したのは、安政三年七月二一日（一八五六年八月二一日）のことだった。ペリーと締結した日米和親条約の日本文には、領事館の設置は両国政府の合議により調印一八ヵ月以降とするとの規定があったので、予告なしの使節の到来は徳川政府が予期しないことだった。英文とオランダ語訳では「両国政府のいずれかが必要とするとき」とあったので、齟齬が生じたのである。こうした事情もあって、ハリスが通訳のヒュースケンらを伴ってやっと柿崎の玉泉寺《ぎよくせんじ》に総領事館を設置できたのは八月五日だった。

ハリスはニューヨーク生まれで、最初は兄と貿易商を営んだが失敗した後、東南アジア・中国などで貿易業を営み、自薦運動で総領事に任命された。この経歴からはやや乱暴な性格の人物が想像されるが、実際は篤実なプロテスタントで熱心な民主党支持者であり、その日記『日本滞在記』からは、誠実さと豪胆さを兼ね備えた忍耐強い人物像が浮かんでくる。ハリスを下田まで乗せてきたサン・ジャシント号は上陸の翌日には出港した。三ヵ月ごとに米国軍艦が下田に来訪することになっていたらしいが、翌安政四年七月二〇日にポーツマス号が入港するまで、一年ものあいだ国務省からは何の通信もないまま、ヒュースケンとふたりで「長い長い島流しの生活」を乗りきった（カール・クロウ『ハリス伝』）。再三にわたる出府の要求にはまともな返答がないままだったが、ポーツマス号の入港を契機にやっと徳川政府に入府を認めさせ、一〇月一四日に江戸に到着、二一日に江戸城に登城して、将軍家定《いえさだ》に大統領親書を手渡す儀式がおこなわれた。

左内と松陰のハリス論

ハリスが江戸城に登城した日の村田氏寿宛書簡で、橋本左内はハリスとヒュースケンの「気象勇邁」さを「感服之至」と称賛し、「徒に彼を夷視仕候は、何等之迂人俗客か、不可与語者《ともにかたるべからざる》と奉存候」と書いた（『橋本景岳全集』第一巻）。これとは対照的に松陰のほうは、年齢六〇歳なのに領事に甘んじているハリスを「傑物に非ざること知るべきのみ」と唾棄している（「狂夫の言」、全集四、二九五頁）。「吾れ輸《ま》くれば則ち彼れ非常の利を得、吾れ贏《か》たば則ち彼れ一敗地に塗《まみ》れ」（同上）

ると書いているように、松陰は彼我をゼロサムの関係でとらえ、左内は「世界万国有無相通じ」る関係と考えた結果である。同じく安政の大獄に倒れたが、両者の世界認識には大きな隔たりがあった。

通商条約と尊王攘夷論

堀田正睦を首班とする徳川政府はハリスの通商条約要求に抗しきれず、安政四年一二月から通商条約交渉を始め、約一ヵ月後の安政五年一月に妥結した。老中首座の堀田やその懐刀だった岩瀬忠震《いわせただなり》など徳川政府中枢の官僚たちは、開国と貿易の必要性を認識していたが、水戸の徳川斉昭や全国の大名たちには反対論や慎重論が根強かった。反対勢力を抑え込むため、政府は調印を二ヵ月延期して勅許を奏請することにした。しかし当初のもくろみとは逆に、華夷意識にとらわれた孝明《こうめい》天皇と公家たちが猛反対したので、結局、勅許のないまま六月に大老・井伊直弼《いいなおすけ》によって調印が強行された。そしてこれを契機に、各地では下級武士や神官・国学者を中心に尊王攘夷論が激成し、徳川政府はまるで急坂を転げ落ちるように、一〇年足らずで倒壊することになる。

堀江克之介

前述した一〇月のハリスの入府・登城に憤慨して、水戸藩郷士の堀江克之介（芳之介ともいう）ら三人がハリス暗殺を企てて江戸に入ったが、水戸藩政府が事情を察知し事前にかれらを自首させた（徳富蘇峰『近世日本国民史』三七）。松陰は翌安政五年（一八五八）正月には早くもそれを伝え聞き、かれらを「義士」と呼んで「中々安坐《あんざ》にては済まぬ時勢到来」との感慨を述べた後、さらに「少しく情を通じ置きたし」と書いた（全集八、二七頁および四一頁）。

堀江らの暗殺未遂事件は幕末テロリズムの開幕を告げるものだった。松陰の述懐は、かれ自身がテロに踏み込んでいく予兆である。犯人の三人は伝馬町の牢に入れられ、ふたりはまもなく獄死した。しかし堀江は松陰が二年後に江戸送りになったときにも在獄しており、牢は別だったが、何度も手紙のやり取りをした。死去したふたりには追悼の詩を書いている。そして処刑直前の『留魂録《りゅうこんろく》』で、「東口揚屋に居る水戸の郷士堀江克之介、余未だ一面なしと雖も真に知己なり、真に益友なり」（全集六、二九二頁）と書き残した。

月性と黙霖

杉家に蟄居していた松陰は、たちまち尊王攘夷論の激浪に飲みこまれていった。その端緒となったのがふたりの浄土真宗僧侶・月性《げっしょう》と黙霖《もくりん》との交流である。月性（一八一七〜一八五八）は周防大島郡遠崎《とおざき》村（現柳井市遠崎）の妙円寺の住職で、その法話は多数の聴衆を集め「海防僧」と呼ばれた（土屋《つちや》蕭海《しょうかい》「浮屠《ふと》清狂伝」）。黙霖（一八二四〜一八九七）は安芸賀茂郡広長浜《ひろながはま》（呉市広長浜）に僧侶の不義の子として生まれ、母の実家や親戚などに育てられたが、弘化元年（一八四四）二一歳の折に病気で聾唖となった。後に長浜の住蓮寺の僧侶となったが、あちこちを遊歴した。そして慶応二年（一八六六）に僧籍を脱して、母の姓の宇都宮を名のるようになったという（三坂圭治監修『維新の先覚月性の研究』、海原徹『月性』、知切光歳『宇都宮黙霖』、布目唯信『吉田松陰と月性と黙霖』など参照）。

月性

松陰が最初に月性に言及したのは「僧月性の詩を読む」と題する四編の漢詩で、野山獄にいた安政二年（一八五五）二月二日の日付である。序によれば、月性の名を知ったのは一〇年ほど前のことだが、まだ面識はないと語っている。月性は松陰より一三歳年長で、すでに詩人として名をなしており、郷里で清狂草堂（時習館《じしゅうかん》）という塾を営んでいた。「年譜」によれば、松陰がこの詩を書く前年に長崎に再来したプチャーチンが大坂に回航したとき、秋良敦之助《あきらあつのすけ》が壮士三〇名を率いて武技を演じ、感激した月性は「兵庫津東堤湊川」の詩を書いたという。

松陰の四編の詩はすべて月性への頌辞《しょうじ》だが、末尾に置かれたつぎの詩はこの月性の詩をふまえている。「雄文但《ただ》に長川の如きのみならず、性命は乃ち国の為めに捐《す》つるを期す、安心は借門す如何の処ぞ、楠子の墓辺に墓田をトせん」（全集六、七四～七五頁）。月性の詩は揚子江《ようすこう》のように滔々たるもので、国のための死を期しており、安住の地は楠公の墓の傍らだろうと、その報国の精神に賛辞を贈ったものである。

下田で密航しようとしたとき、松陰は藩邸の秋良敦之助を訪ねて資金を借りようとした。秋良は詩に何度も名前がでるほど月性と懇意だったから、松陰と月性は面識がなくとも相互に意識はしていただろう。月性は「海防僧」と称されるだけあって、その詩には「夷狄」にたいする危機意識が強く描出されている。その一例として嘉永六年の最初のペリー来航時に、月性が長州藩の天保の改革の立役者だった村田清風《むらたせいふう》に献じた長詩の一節を引いてみよう。

（前略）伝聞すらく我が藩の貔貅《ひきゅう》の士、鎧仗《がいじょう》鮮明にして紀を乱さず、精忠満腹大和魂。日本刀は寒し一条の水、誓って犬羊を斬って両断と為さん。（中略）若し食糧を与うれば必ず地を乞はん。豺狼《さいろう》厭《あ》く無きの欲塞ぎ難し。鎖国は従来祖宗の法、講和すれば恐らく神の誅殛《ちゅうきょく》を受けん。明春答を促して復《また》能く来らば、一意決戦して群賊を殲《ほろぼ》さん。

（『維新の先覚月性の研究』所収）

「貔貅」は猛獣のことで、わが藩の勇士は、来春かならず決戦して「犬羊」をせん滅するだろうと鼓舞したものである。

夷狄への屈辱感

この詩を引いてみたのは、「大和魂」「日本刀」など現代の読者には陳腐な常套句（cliché）としか感じられない語句が並んでいるからである。ペリーが浦賀から退去したとき、来春は日本刀の切れ味をみせてやると、松陰が宮部鼎蔵宛に負け犬の遠吠えのような言葉を発したことを想起しよう。この時代のいわゆる尊攘派の「志気」を高揚させたのは、思想というにはあまりに未熟なこの種の常套句だった。それは強いられた開国という屈辱感に根ざすもので、「夷狄」に屈した政府にたいする敵愾心と侮蔑感に比例して、尊王という意識が浮上した。「尊王」も「攘夷」もこの屈辱感が照射したもので、とくに関ヶ原の合戦の結果、広大な領地を奪われ西の辺境に閉じこめられた長州藩では、くすぶっていた二五〇年前の屈辱感がそれに油を注いだだろう。

月性の討幕論

月性賛辞の詩を書いた一ヵ月余りのちの安政二年三月九日、月性が土屋蕭海らとともに兄を訪ねてくると知り、松陰は「浮屠清狂に与ふる書」を書いた（清狂は月性の自称）。月性の書いた「封事草稿《ふうじそうこう》」を読んで、その討幕論を批判したものである。海原徹『月性』によれば、この封事は藩政改革の意見募集に応じたもので、安政元年末の執筆、秋良敦之助や土屋蕭海の添削を経て翌年四月ころに藩に提出された。

「封事草稿」では、嘉永七年に地震・津波などの天災が起こったのは、「犬羊羶腥《せんせい》」の通信上陸を認めて「神州清浄ノ国土」が「汚穢」されて神が怒ったせいだと、徳川政府を批判する。そして長州近辺に外国船が接近した場合は「幕命ヲ待タス一意決戦」すべしとし、徳川政府がそれを咎めたら「天子ノ勅」を奉じて、他藩と「合従《がっしょう》シ勤王ノ義兵」を挙げ、「政《まつり》コト天子ヨリ出ノ古ニ復セシムへシ」と論じた（「封事草稿」は京都大学附属図書館蔵）。実際に提出された封事では、藩祖の大江広元《おおえのひろもと》が覇者の源頼朝《みなもとのよりとも》を補佐した罪を償うため、「討幕ノ詔ヲ請ヒ天下諸藩ニ先チテ勤王ヲ首唱」するべきだと、討幕論がもっと明快に表現されている（利井興隆『国体明徴と仏教』から引用）。

松陰はこの点について端的に「天子に請ひて幕府を討つの事に至りては、殆ど不可なり」と批判する（全集二、三一二頁）。理由は、徳川政府には豊富な人材が集まっており、たとえ討幕してもより良い政権ができるとは考えられないこと、また今は外敵に一致して対処すべきで、国内で争うべきではないという点だった。だからかれは、他藩と共同して政府を諫め、強国になることを期すべきだという。拍子ぬけするほど穏健な主張である。

松陰の反対論

こうした主張の背景には、中国の混乱からの教訓で内乱を恐れたこと、さらに長州藩士として徳川氏には長年の恩があるという意識があった。だがもっと本質的な理由は、徳川政府なき後の政治体制の構想がなかったことである。松陰の思考の焦点は、攘夷を除けば、主君と天皇への忠誠であり、忠誠の対象と理由はあらかじめ前提されているので問題として意識化されることはなかった。何のための忠誠かが問題にならないところでは、眼前の体制を越えた構想は出てこない。

政治の主題は被治者に統治の正統性を納得させること、すなわち被治者の服従の調達だが、松陰の思考にはこの根源的な問いがない（この点については後述の「山県太華との論争」の記述を参照）。かれの意識は、忠誠が打算ではなく、心からの熱誠であるか否かだったので、現実の支配服従関係を越えた問題意識が生まれてこない。政府要人にテロを実行した水戸浪士たちの「斬奸状」は、一様に徳川政府自体への敵意はないと断っている。松陰の意識もかれらと変わらない。だから結局、政府が尊王の原理に沿って統治する公武合体が最終の結論で、それ以上に踏みこむことはない。最後まで、討幕そのものをストレートに主張するには至らなかった。

月性の頌辞

月性に話をもどそう。松陰はその後も数通の書簡を送っているが、とくに一一月一日付で自分の詩稿を送ったことがわかる。おそらくそれに応えたのが月性の「二十一回猛士の野山獄中に在るに送る」という長詩である。松陰の密航企図

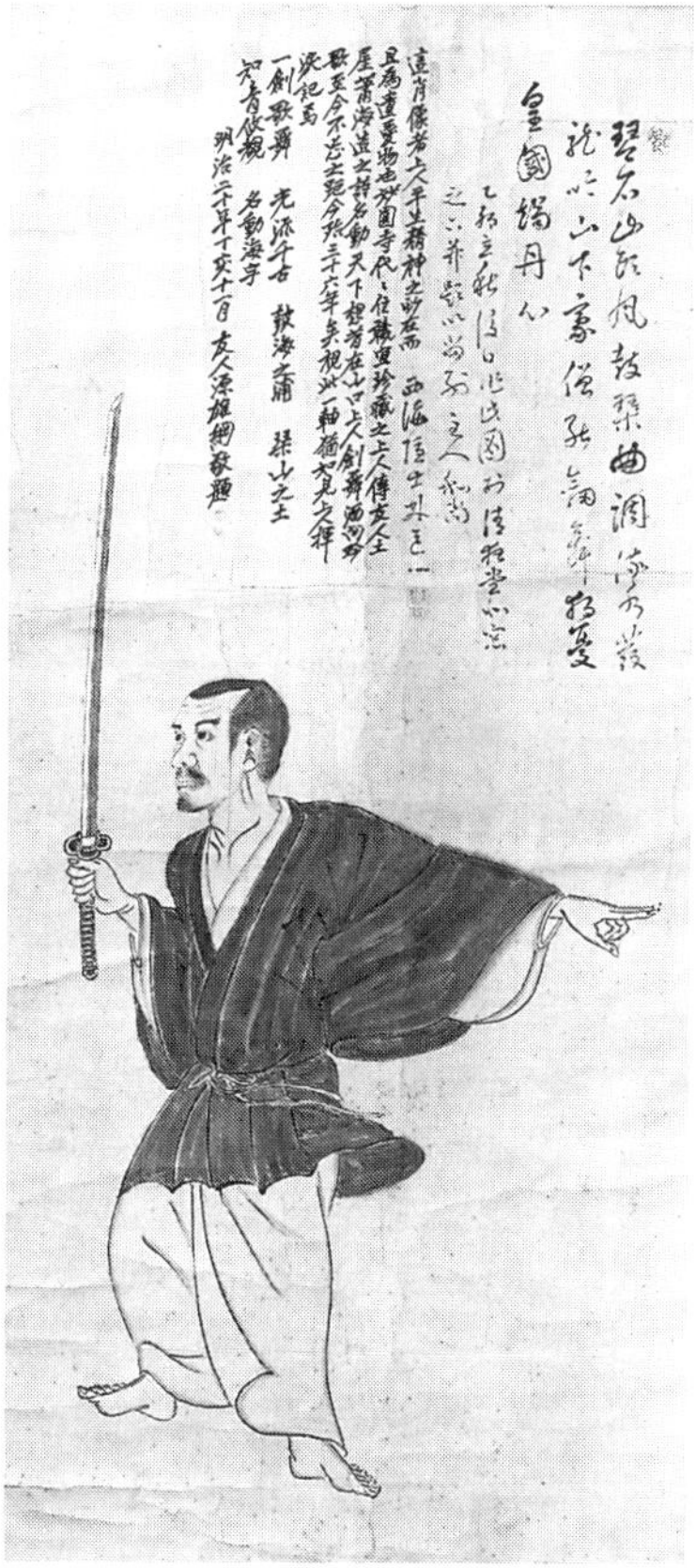

図18　月性（僧月性顕彰会所蔵）

を讃え、「英名を特筆して国史に載せん。曰く二十一回猛士、吉田寅次義卿氏と」という句で終わっている（『維新の先覚月性の研究』所収）。歴史に残る壮挙というのである。安政二年末、出獄した直後に松陰はこれを受けとり、兄の名を使った礼状で「二十一回猛士此れを得て、死して不朽」と書いた（全集七、四〇七頁）。歴史に名を残すことは、早くからのかれの宿願なので、冥利につきるという思いだっただろう。今度は松陰が月性にむけて長詩を書き「清狂上人才千里、英気浩々江河の水（後略）」と頌辞を捧げた（全集六、一一三頁）。

黙霖と松陰

月性とのこうした交歓をしていたとき、月性の友人・黙霖も松陰の前にあらわれた。黙霖が松陰宛に最初の手紙を書いたのは安政二年九月だった。土屋蕭海から松陰の論集『幽囚録《ゆうしゅうろく》』を贈られて感想を記したもので、密航によって「夷俗及形勢」を調べ「夷主を斬って国患を除」こうとした行為は、「義烈忠憤、神霊の照覧するところ」だと称賛する。そして自らについて「国のために死を致し、義のために忠をつくす」志においては、自分も松陰に後れをとるものではないとして、自分たちの関係を「同気相求める」ものと評した（定本全集六、四六四頁）。

黙霖の書簡にたいして、松陰は九月一三日づけですぐに返礼を書き、「文稿一巻」を添付した。この「文稿」が何をさすかあきらかではないが、時期から「獄舎問答」などを収めた「野山雑著」のことと推定される。黙霖はこれを読んで感想を送ったらしく、一一月一日付の黙霖宛書簡で謝意を表したうえで、松陰は「儒仏の能く大道を輔くるを知らず」という黙霖の言を極端な弁と批判した（全集二、三五八頁）。そして徳川政府が米国などとの条約書で「日本国大君主」と自称するとすれば、国体を汚辱するもので許しがたい。あなたも「同志と此の義を講明し、幕府をして感悟《かんご》」あらしめるべきではないかという（全集二、三五八頁）。

これが両者の論争の起点になるのだが、その後、黙霖は月性宅から九州に旅立つ。おそらく出発前の冬に松陰宛に書簡を出したが、これは現存しない。不在を考慮してか松陰は返信を書かなかったが、黙霖は翌三年八月に再び来萩し、松陰に面会を申しいれた。松陰は蟄居中を理由に謝絶したうえで、昨冬の書簡で黙霖が、徳川政府を「感悟」させようとしても無駄なので「一筆もて姦権の士を誅し、忠孝の冤《えん》を雪《すす》ぐ」と述べたことを、伯夷《はくい》叔《しゆく》斉《せい》や魯《ろ》仲《ちゆう》連《れん》のような世捨て人の立場をとるものと批判する（全集二、四二七頁）。伯夷叔斉は殷を滅ぼした武王に諫言して聞かれなかったため首陽山に隠れて餓死した兄弟、魯仲連は戦国時代の斉の人で功績にもかかわらず官職を固辞して海辺に隠棲した。ともに『史記《しき》』列伝に登場する節義の人であるが、隠棲するのではなく人々に義を説いて「感悟」させる努力をすべきだと、松陰は論じる。

この書簡からあまり日をおかずに、松陰はふたたび黙霖宛に手紙を書き、少しでも考えが違うなら己を曲げるべきではないが、黙霖とは意見が異なる点はあっても、心は通じあう関係だと述べる（八月一八日付）。そして黙霖が言及したらしい陶淵明《とうえんめい》と仏図澄《ぶっとちょう》に関連して、かれが自らを世捨て人に擬し、世を導く業を幻術のごときものと見なしていると批判する。要するに黙霖が目ざすのは「筆誅」だが、自分は誠によって人を「感悟」させたいと語るのである（全集七、四四〇頁以下）。

「僕は毛利家の臣なり」

この手紙で黙霖を仏図澄に擬したのは、松陰の側の完全な誤解だった。黙霖はそれを松陰宛書簡で詳細に説明している。黙霖の拙劣な漢文が誤解の一因だったらしいが、黙霖の「幕府ハ中々我等ガ云タルコトニ百年シテモ感悟ハセヌ」（定本全集五、四一七頁）と言いきる態度に、松陰が一種のニヒリズムを感じとったのだろう。同じ一八日の午後の書簡で、松陰は自分の立場を以下のように説明している。「僕は毛利家の臣なり、故に日夜毛利に奉公することを練磨するなり。毛利家は天子の臣なり、故に日夜天子に奉公するなり。吾れ等国主に忠勤するは即ち天子に忠勤するなり」（全集七、四四二頁）。藩主をつうじて天皇に忠勤するとは、藩主が尊王の立場で行動するように導くことであり、藩主の言動をつうじて徳川政府に反省をせまることを意味する。

ここで表明された、藩主を第一の忠誠対象とする松陰の立場は生涯変わることがなかった。同じ書簡の後半ではつぎのように書いている。「征夷の事は我が主人の君には非ざれども、大将軍は総督の任にて二百年来の恩義一方ならず、故に三諫も九諫も尽し尽すなり。尽しても尽しても遂に其の罪を知らざる時は、已むことを得ず、罪を知れる諸大名と相共に天朝に此の由を奏聞し奉り、勅旨を遵奉して事を行ふのみなり。此の時は公然として東夷は桀紂《けっちゅう》と申すなり」（全集七、四四四頁）。

こう述べたうえで、「一筆姦権を誅す」と「一誠兆人を感ぜしむ」はどう違うのかと、松陰は黙霖に回答をせまった。黙霖の答は「一筆のことも一人にして千万人にこたへるなり」というもので、この回答を得て、松陰は「黙霖と吾れと同志たること疑なし」と、涙を流して「雀躍懽抃《じゃくやくかんべん》」した（全集七、四四八～四四九頁）。

一方的な誤解

松陰の大仰な喜びようは異常だが、孤立した環境で書面だけで面識のない人物と応接したことがこうした感情の起伏を生んだと想像される。「黙霖は一向宗の僧なり、耳一向聞えず言舌不分りなれども、志は至つて高し。漢文を以て数度の往復之れあり候処、遂に降参するなり」と、後に付記している（全集七、四四八頁）。「降参」は論争で負けたとか、相手の主張に屈服したという意味ではなく、自分の側の一方的な誤解を認めたということだろう。松陰の生涯には自分を客観視できない場面が何度も出現するが、外部と遮断された生活でその独りよがりな性向が強まったようだ。

九月一日付の松陰の書簡によれば、黙霖は八月二四日付の書簡で「五六年中、読書を務め神気を養ひ、以て朝廷を崇奉するの素志を堅固にし、切に妄動を禁じ、切に冗語を誡《いまし》めん」と、松陰が自戒する内容のことを説いた（全集七、四五〇頁）。黙霖は、その文章から想像するに、とくに深い教養がある人物ではなかったが、「日本は外夷の為に屈する国に非ず、八百万神守護し玉ふ国なれば、神兵を用ひて北敗［ママ］する意決してなし」と書くような、素朴で純情な尊王主義者だった（廣瀬豊『吉田松陰の研究』所収）。そのひたむきさに松陰は打たれたのだろう。後述の山県太華《やまがたたいか》との論争の末尾にわざわざ黙霖の短い文章を掲載して、その真率な尊王精神を称賛した。

そもそもふたりの論争は、黙霖が松陰の文章に接して同志を得たと感激して手紙を出したのが始まりだった。それに対して松陰のほうは、あたかも鑿《のみ》で削るような調子で黙霖との違いを論じたてた。黙霖からすれば、同志を得たと喜んで手を差し出したのに、思わぬ調子の批判をあびて顔がこわばる思いだっただろう。文章表現の未熟さが一因だったにせよ、批判は松陰の側の思い込みによる誤解が原因だった。

尊王精神を再確認する

八月一八日夜の書簡で、黙霖は松陰の言葉を「俗人の言質」と書いている。「同志」といわれるのを嫌って「同不同を争ふ」議論のしかたに、まるで荒さがしをするような偏狭さを感じたのだろう。黙霖の書簡は、脈絡を十分考慮せず思い込みで他人を判断する松陰の性急な態度を戒めるものだった。松陰は、九月一日の書簡の追伸で、代々の長州藩主と現藩主の敬親《たかちか》がいかに尊王主義を順守してきたかを縷々語っている。いかにも蛇足だが、これは毛利家の臣として忠をつくすことが、自分の尊王の態度であることを改めて確認するとともに、尊王心において自分は黙霖に劣るものではないと弁明したものだろう。

松陰は黙霖（そして月性）との論争で、かれらの直截《ちょくせつ》な討幕論に同調できなかったが、自分の立つ位置を再認識した。「又読む七則」で、かつて天皇のことを憂えたのは夷狄の出現に腹を立てたのが原因だったが、これは本末転倒だったと反省している。自分の忠誠心の対象は藩主だが、それは天皇への忠君を大原則とする。だから「敬事」している徳川政府にたいして、藩主が諫言するよう努めることが自分の任務で、藩主がそれを認めなければ「死して後已まん」（全集二、四四四頁）。藩主・敬親に天皇への忠誠にもとづく行動をさせること、そのために一命を捧げるのが自分にとっての忠君であると確認したのだった。

『講孟余話』

常人には望めない広い視野に立つ的確な現状把握と、歴史的パースペクティブにもとづいた将来構想をもつ人を思想家と呼ぶとすれば、吉田松陰を思想家と呼ぶのは誰もが躊躇するだろう。しかしいずれにせよ、かれの思考の特徴を示す著作を列挙するとすれば、まず『講孟余話《こうもうよわ》』を筆頭にあげるべきである。

『講孟余話』は明治四年（一八七一）に『講孟箚記《さつき》』のタイトルで松下村塾から木版本で出された。その元となる稿本は安政三年（一八五六）六月に完成しており、その「跋《ばつ》」で松陰はタイトルを「講孟余話」と改めると記している。内容が「箚記」という名に値しないと判断したためだが、松陰が文章の添削で敬服していた土屋松如（蕭海）は「箚記」で何ら問題ないと書いている（末尾の「土屋松如跋」）。「余話」と書いているのは「跋」だけで、序文と本文では一貫して「箚記」の表記を残しているので、「講孟箚記」が松陰の本来の意図だった。しかし歴代の『吉田松陰全集』に「講孟余話」の題で収録されているので、ここでも『講孟余話』としておく。

『孟子』講義

『講孟余話』は『孟子』の講義録である。安政二年六月十三日に野山獄中で囚人三人と牢番を相手に『孟子』を講じたのが始まりで、出獄後は父・兄などを相手に講義を続け、ちょうど一年後に終了した。途中三ヵ月ほどの中断があるが、講義は概ね数日間隔でおこなわれている。話したあとで要点をみずから筆記して残したのだろう。テキストは定番というべき朱子『孟子集註』を使い、日本人の注釈では定評のある伊藤仁斎《いとうじんさい》『孟子古義』も参照して、『孟子』全七篇をくまなく論じた。しかし「唯だ其の一憂一楽、一喜一怒、尽くこれを孟子に寓するのみ」と書いているように、松陰の意図は孟子の学説を論じることにあったのではない（全集三、四二七頁）。孟子の言説を自身が直面する問題として引きうけ、自己の内奥の抑えがたい情念を『孟子』に仮託して発露したものである。

まず初日の講義をみよう。冒頭で「孟子序説」として孟子の半生と思想を概観している。これはじつは朱子の註を全文引用したもので、その後に「孟軻《もうか》は騶人《すうじん》なり。斉の宣王《せんおう》・梁《りょう》の恵王《けいおう》に遊事す」という一節を取りあげ、自説が取りあげられないからといって他国の君主に仕えるのは「義」に反すると批判する。臣下である以上、生涯にわたって君主と「休戚《きゆうせき》」を同じくし、一命を賭して仕えねばならない。「闔国《こうこく》の人は闔国の為めに死し、闔藩《こうはん》の人は闔藩の為めに死し、臣は君の為めに死し（後略）」というのが日本の「国体」だという（全集三、二五頁）。

孟子は戦国時代の人で、孔子の孫の子思の門下生から学び、梁・斉・滕《とう》などの君主に孔門の教えを説いたが、受け容れられなかったので、最後は郷里で弟子を教えたとされる。松陰はこうした生きかたを断固として否定し、経書を読む際に「聖賢《せいけん》に阿《おもね》らぬ」ことが第一の要訣だと主張する。前述したように、君臣関係は「義」にもとづくと師の佐久間象山は説くことになるのだが、松陰は逆に全人格的な臣従を強調した。

放伐論を否定

暴君放伐論（梁恵王篇下）も『孟子』のもっとも有名な一節で、松陰が日中の違いを強調した点である。よく知られているように、湯王《とうおう》や武王《ぶおう》による桀《けつ》・紂《ちゆう》の放伐について問われた孟子は、仁を損なう行為をおこなった桀・紂は君とはいえず、「一夫」（普通の男）にすぎないから、湯武の行為は主君への反逆ではないと説明した。朱註は、湯武＝仁で桀紂＝暴のときのみ許されると限定して放伐を認めた。しかし論理の導くところ、仁徳の欠けた君主は「一夫」にすぎないので誅殺してもよいということになる。これにたいして松陰は、日中の君主は起源が異なると説明する。中国では天から命じられて君主となるので、天命に反すれば廃されるが、日本ではアマテラスの子孫が永遠に天皇の地位にあり、征夷大将軍は天皇が命じたものである。だから足利氏のような瀆職《とくしょく》の将軍は廃されるが、天皇の命令なしに将軍に反抗することが許されるわけではないという。月性や黙霖との論争点となった討幕論への観点がここでも再確認されている。

しかし血統の継続によって地位の正統性を説明する天皇制の場合でも、血統が分裂した南北朝以後、正統性の保証がどこに存在するかという議論がうまれた。目の前の君主にたいして子孫末代までの全人格的な臣従を説く松陰は、この問題を熟考しているようにはみえない。この点については後述する。

モラリズム

このように松陰は天皇にかかわる「国体」との関係では異論を唱えたが、別の面では『孟子』に深く感動するところがあった。まず第一はそのモラリズムである。『孟子』冒頭で、梁の恵王が自国の「利」について質問したとき、孟子が「何ぞ必ずしも利を曰はん、亦《ただ》仁義あるのみ」と言い放った。いうまでもなく、この「利」の否定と「仁義」の主唱が『孟子』の最大のテーマであるが、松陰はこの章のコメントで、嘉永六年〜安政元年の米国・ロシアとの折衝で「陋夷《ろうい》の小醜《しょうしゅう》」に屈服したのは「義理を捨てて功効を論ずる」弊害が現れたと批判した（全集三、二八頁）。世の多くの知識人は順境にあるので困難な状況にあえて立ちむかおうとしない。自分は「逆境の人」だからこそ、この困難な状況について語る資格があるのだという。モラリズムとヒロイズムが結合した心境である。

「利」を排斥

別の個所を挙げよう。戦争の不利益を説いて秦・楚の戦争を止めようとしていた宋牼《そうこう》という人物に、孟子はつぎのように主張する。秦・楚の王に仁義にもとづく議論によって戦争を止めさせれば、「君臣父子兄弟利を去り、仁義を懐ひて以て相接するなり。（中略）何ぞ必ずしも利を曰はん」（告子篇下四章）。つまり利益にならないとの理由で戦争を止めさせても、その結果、人々は万事において利益優先の行動をとることになり、かえって社会が乱れる。だから仁義こそ大事だという。松陰はこの一節について、古今の兵論は戦いの損益ばかりを論じて仁義についての議論をしないが、じつは仁義こそが利益になることは「近日魯・墨の事に依りて知るべし」とコメントしている（全集三、二七九頁）。不利を理由にした対外交渉での弱腰を批判したのだが、松陰の場合、国家間の争いでどちらが義に合うかは華夷の弁によってあらかじめ決定されていた。

孟子のモラリズムの根幹をなすのが性善説である。「如何なる田夫野老《でんぷやろう》と雖も、夷狄の軽侮を見て憤懣切歯せざるはなし。是れ性善なり」（全集三、二四一頁）。これは性善説を論じた告子篇の一節についての松陰のコメントである。これに続けて松陰は以下のようにいう。将軍から大名・老中・奉行まで夷狄を掃討しようとしないのはなぜか。知的に田夫野老より劣っているからではなく、「形気《かたぎ》の欲」にとらわれて本来の善性がおおわれているからである。つまり夷狄にたいする敵意にもとづいて、攘夷を実行するのが正しい態度であり、人心が正しければ国を守るのは容易だ。今や夷狄によって「国体」を失墜させているのは「幕府諸藩の将士、皆其の心不正にして、国の為めに忠死すること能はざるに由る」（全集三、一四〇頁）。つまり武士階級は私益の追求にばかり熱心で忠誠心がないと批判する。

梁恵王篇には斉の宣王が外交について質問するシーンがある。孟子は答える。大国でも小国に（礼をもって）仕えるのは仁者であり、小国で大国に使えるのは智者である。前者は「天を楽しむ者」で、後者は「天を畏るる者」である。この孟子の言について、これは夷狄との関係を説いたものではないと松陰は強調する。「仁智の君」は強暴な敵に対しても志を捨てず、利害や一時の勝敗を考慮せずに「遂に善く大仇を斃《たお》し大功を建つる、実に欽慕《きんぼ》に余りあり」（全集三、四九頁）。一時の利害のために抵抗をあきらめて屈服するのは賢明な行為ではない。いつか勝利できると信じてあくまで戦うべきだというのである。そもそも国土と人民は政府の私有物ではない。「下田・箱館を挙げて墨夷に与へ、クシュンコタンを挙げて魯夷に与ふる、吾れ其の解を知らず」と、松陰は怒りを爆発させている

（全集三、九七頁）。

後に山県太華はこの部分をとらえて、寄港を認め樺太を混住地としただけで割譲したのではないと冷静な指摘をすることになるが、松陰にとって合理的な判断による譲歩は大義を滅した敗北と同義語なのである。

ヒロイズム

政治において仁義を説くばかりで「利」を全面否定する孟子が、群雄割拠の戦国を生きている諸侯に受けいれられる余地はなかった。そこに『孟子』を彩る孤高のヒロイズムが生まれる。『孟子』全編には、自説が受けいれられないために仕官を辞退したり、その地を去る孟子の姿がなんども出てくる。滕文公篇には、車数十台、従者数百人を従えて諸国を放浪する孟子にたいして、驕りではないかと不躾な質問をする弟子がでている。むろん孟子には「天下を平治せんことを欲せば、今の世に当りて我れを舎《お》きて其れ誰れぞや」という強烈な自負があった（公孫丑篇下一三章）。『孟子』全編は、孔子の道を知っている自分がそれを伝えなければ、ついに伝えるものがいなくなるだろう、伝えるのは自分しかいないという結語（「爾《しか》あることなければ、則ち亦爾あることなからん」）で終わる。孟子の語をうけて、松陰は「今吾が輩断然自ら任ぜずんば、何ぞ後世に待つを得んや」と述べる（全集三、四二二頁）。自己を孟子に擬しているのである。まことに強烈なヒロイズムである。幽室で読書に耽る松陰は孟子以上に孤高の人だったが、「国を憂ふるを以て自ら任ず」ることを自己の絶対的使命とするゆるぎない自信のもち主でもあった（全集三、四〇六頁）。

武士のプライド

松陰の孤独な心を支えたのは武士としての自負心だった。松陰は『孟子』の「士」を一貫して武士と読みかえている。たとえば「恒の産なくして恒の心ある者は、唯だ士のみ能くす」（梁恵王篇上）の句を「士道」を説いたものと理解し、「武門武士の名」に背くことがなければ死んでも悔いはないと述べる。同じような悲壮な語は『講孟余話』に頻出する。「苟《いやしく》も士と生まれたらん者は、志士勇士とならずんば恥づべきの甚しき者」である（全集三、一二六頁）。だから武士は平穏な心を棄てて「身を戦場に置くの思」をもつべきだ（全集三、一二七頁）。「凡そ人の人たる所は私心を除去するにあり。（中略）武士たる所は国の為めに命を惜しまぬことなり」（全集三、二七四〜二七五頁）。

じつは『孟子』の「士」は有徳の人だから武士とは異なる。たとえば公孫丑篇で、孟子は勇気について語りながら、曽子《そうし》と孟施舎《もうししゃ》を比較して、正義にもとづく勇気を説いた曽子のほうを高く評価し、孟施舎は気力だけだとやや否定的に語っている。しかし松陰は逆に孟施舎の勇気を高く評価し、「武士戦場に向ふ時はかくこそあり度きことなり」と述べ、孟施舎のような人物が一人でもいれば弱国も強国になれるという（全集三、七四頁）。

告子篇下一二章は「孟子曰、君子不亮、悪乎執」という短い章句からなる。松陰はこの章句を「君子亮ならずんば、悪《いずく》んか執らん」と訓読し、「小事にても是非善悪必ず信をば失はぬと云ふ片意地者」でなければだめだと解している（全集三、二九九頁）。「亮」＝信《まこと》で、どんな場合にも信を失わない頑固さが大事だという意味だと解するのである。この訓読は朱子にもとづくが、伊藤仁斎や現代の注釈者は「君子亮ならざるは執ることを悪《にく》めばなり」と訓じ、「亮」＝信は一事に固執するという意味だとする。つまり尽心篇上二六章の「一を執るを悪《にく》む所のものは、其の道を賊《そこな》ふが為めなり」と同趣旨で、一つのことに固執することを戒める意味に解している。松陰の解釈はこれとはまったく逆である。かれは仁斎の解釈を承知のうえで朱註をとり、「亮」＝信の重要性を説いたものとするが、「片意地者」を強調するのは独自の読みこみである。「亮」でなければ執るに足りないという朱註を、「亮」に片意地に固執すべしと理解している。「偏屈者」と呼ばれることを誇るような気持があったのである。

片意地であること

「育《はぐくみ》」として父や兄の保護下で幽囚の身にあった松陰は、逆にその自尊心を研ぎ澄ました。幼年から山鹿流兵学を業とし、「武士道を心掛け死を以て」万事にあたることにしてきた。「危難を冒し狂妄を為す」ことが多かったが、人々の非難を気にせず「古人を以て自ら比す」態度を貫いた（全集三、三八九頁）。大人《たいじん》の志で物事を正そうとしてきたので

「功なくして徒死」しても悔いはないという（全集三、三三二頁）。松陰はその生涯を武士としてのプライドで貫いた。

生来のものなのか、剛直な叔父の薫陶によるのか、松陰は容易に屈しない強い自我のもち主だった。逆境によってその自我はさらに研ぎ澄まされ、主だった門下生たちは、その反骨の精神に魅せられた。反逆は動乱の時代に必要であり魅力的でもある。しかし大きな歴史的転換期には、敵から学び、場合によっては妥協する柔軟な精神ももとめられる。敵を見すえ、けっして妥協しない松陰の強い自我は、かれから認識の柔軟性と言動の自由闊達さを奪い、狭量にしてしまった。

国体論

『孟子』にもどろう。全編の掉尾《ちょうび》をなす尽心篇下の三六章から三八章は、松陰が孟子に自らを擬すとともに、国体論について独特な説明した章である。三六章では、親孝行で知られる曽子が父親の好物だった羊棗《ようそう》（なつめ）を食べなかったというエピソードについて、孟子はつぎのように説明する。誰もが好きな膾炙《かいしゃ》（なますと焼肉）を食べても、亡父の好物だけは食べなかったのは、君主や親の本名を呼ばないで忌み名で呼ぶのと同じことだ。つまり共通のもの（同）は特別視しないが、固有のもの（独）は大事にしたという。

この説明をうけて、松陰は「天下公共の道」は「同」で、一国の国体は「独」である。

両者はともに「道」といえるが、万物は「一理」として彼我の区別をしないのは誤りである。全世界、中国・日本など国家、日本国内の六六国など、各レベルで「同」があるとともに、一家・一村から一国のレベルでの「独」がある。だから日本では「皇国の体」を仰ぎ、「然る後漢土聖人の道をも学ぶ」べきだと、日本の独自性を大事にすべきだと説く（全集三、四一二頁）。忠君が思考の核だった松陰にしかできない翻案である。この論法によれば、世界共通の「公共の道」があるかにもみえる。しかし実際は、日本と中国は「風気」が近く「道も大いに同じ」だが、西欧は「風気」が異なるので「人倫の大道」も「義」を失っているという（全集三、四一二頁）。つまり西欧諸国は日本（や中国）とはまったく共通項のない「夷狄」ということにならざるをえない。

「狂　夫」

三七章で孟子は「中道の人」「狂士」「狷《けん》者」（狭量だが信念がある人）について述べる。「中道の人」が理想だが、そんな人がいない場合は、次善の策として、志は大きいが言行不一致な「狂士」か、消極的だが不義の行いをしない「狷者」に期待する。孔子が「徳の賊」と称した「郷原」（道徳家のふりをする俗物）の徒は断固排斥するという論旨である。

これをうけて松陰は自分についてつぎのように語る。「余大罪の餘《あまり》、永く世の棄物となる。然れども此の道を負荷して天下後世に伝へんと欲するに至りては、敢へて辞せざる所なり」（全集三、四一六頁）。読む者がたじろぐような気負いぶりだが、そこには穏健で常識的なことをいう既成の権威（政治家や儒者）を「郷原」とみなし、みずからを「狂狷《きようけん》」の人として奮い立たせる心理が働いている。聖人はけっして古昔の話ではない。「苟《いやしく》も人々自ら激昂せば、今豈に古に譲らんや」（全集三、四一八頁）。孔子の道を伝えようという孟子の志は死滅したのではない。孔孟の郷里たる魯と鄒は山東半島にあり、長州と海を隔てた対岸である。だから「鄒・魯の聖賢を喚び起すこと固《もと》より長門人の任なり」（全集三、四二二頁）。強引な説明だが、『孟子』への思い入れがわかる。まもなくかれは「狂夫」を自称することになるゆえんである。

山県太華との論争

山県太華

松陰が山県太華《やまがたたいか》（一七八一～一八六六）に『講孟余話』の批評を乞うたのは、好意的な評価を期待してのことだったのだろうか。友人への書簡で、自分の力説した「王を尊び夷を攘《はら》ひ、国体を重んじ、臣節を励まし、人材を育するの緒条は、一も翁の取る所とならず」と失望を告白している（全集二、三六〇頁）。太華は最初亀《かめ》井南冥《いなんめい》に徂徠《そらい》学を学んだというが、後に江戸に出て林家《りんけ》で朱子学を学び、萩で明倫館学頭となった。太華としては、通り一遍で済ますのでなければ、批判しないわけにはいかなかっただろう。嘉永五年（一八五二）に隠居しており、この当時は半身不随の不自由な体だったが、松陰によれば『講孟余話』の評は左手で細々と書かれていたという。五〇歳近く年齢の離れた血気の若者の挑戦ともいえる行為に、誠実に応答したといえる。

藩主は天皇の臣下

松陰と太華がもっとも対立したのは、徳川政府の位置づけだった。太華はいう。徳川政府は征夷大将軍の地位を授けられたので天皇を「尊崇」する立場にあるが、武家の世になって以後、土地と人民は天下をとった武将が伝えてきたもので、諸大名は将軍から土地と人民を付与された家臣である。天皇の臣下ではない。天皇が天下を治めることができなくなったので、かわって武家が支配する世になって、このように変わった。新井白石『読史余論《とくしよろん》』でも論じられているように、これは歴史をありのままに叙述したものといえる。しかし黙霖との論争で熱心な尊王論者に変貌しつつあった松陰には、とうてい認めがたい考えだった。かれはみずから「皇道国運を以て己が任と為す」と揚言し、「老先生其れ喪心せしか」と太華を嘲弄している（全集三、四五〇頁および四五三頁）。

忠と孝の対立

武家支配の時代になったのは天皇が職を全うできなかったからだと論じた太華にたいして、松陰は頼朝《よりとも》・尊氏《たかうじ》を批判せずに後白河《ごしらかわ》・後醍醐《ごだいご》の二天皇を咎めているのは「心術」が歪んでいると批判する。尊王心の欠如を批判したものだが、その背景にはおそらく忠誠をめぐる葛藤が意識されていた。その端緒は『孟子』藤文公篇上五章である。ここで孟子は、もとが一つのものを二つに分けて議論していると墨子《ぼくし》学派を批判するが、この点をとらえて、松陰は武家の勃興による保元の乱から後醍醐天皇による建武の新政までを論じた栗山潜鋒《くりやませんぽう》『保建大記《ほうけんたいき》』に言及する。たとえば君と父のあいだで対立が起こったとき、どちらに忠誠をつくすべきか。後白河天皇側にいて勝利した源義朝《みなもとのよしとも》は、崇徳《すとく》上皇についた父為義《ためよし》を処刑した。松陰は父と闘った義朝の行為を「王事」として肯定するが、父を誅殺したのは「悪逆」だという。しかし父の処刑は後白河天皇の命令によるもので、義朝の意志ではなかったのだから、これも同じく「王事」といえないだろうか。

この点について、松陰は「一旦は重き方の為めに、軽き方を棄てて顧みざることもあれども、其の事終る時は、又前の罪過を償ふべきこと固よりなり」という（全集三、一二三頁）。ようするに父を殺した後、義朝は自殺するべきだったというのだが、これははたして葛藤の解決になっているだろうか。天皇と上皇との関係についていえば、上皇はもはや天皇ではないから、現に帝位ある天皇が優先されるというのもあまりに形式論理に過ぎるのではないだろうか。松陰の議論には、事件発生の原因と経緯、すなわちどちらの言動が正義にかなっているかという点での考察が欠如している。

『神皇正統記』の立場

院政期の天皇・上皇（法皇）・武士の争いの歴史を読むものは、上皇や武士よりも天皇のほうが一義的に正しいとは認めがたいと感じるだろう。天皇・上皇が不徳なら「一夫」にすぎない。有徳な武士が出現して仁政を実現するのが望ましいと説くのが『孟子』の放伐論だった。放伐までいわないとしても、奇しくもこれに似た議論を展開したのは南朝の高官だった北畠親房《きたばたけちかふさ》の『神皇正統記《じんのうしょうとうき》』である。北畠は白河《しらかわ》・鳥羽《とば》天皇以後の治世の混乱を歎き、「頼朝と云人もなく、泰時《やすとき》といふもののなからましかば、日本国の人民いかゞなりなまし」と書いた。

周知のように、『神皇正統記』は三種の神器の所在を正統性の根拠としたことで、水戸学に決定的な影響を与えたことで知られる。しかし「政《まつりごと》の可否にしたがひて御運の通《つう》塞《そく》あるべし」と述べているように、神器の所在だけではなく仁政の実現が正統性の根拠をなすと考えられている。

『保建大記』と『中興鑑言』

前述の藤文公篇上五章で松陰が意識していたのはまさにこの問題で、『講孟余話』の「附尾」として「保建大記を読む一条」と題する短文が付載されている。栗山潜鋒『保建大記』の「躬《み》、三器を擁するを以て正と為すべし」との立場を支持したものである。崇徳上皇は兄だが帝位を去っており、後白河天皇は弟だが現に帝位にあるから、後者が正統だと、潜鋒は書いている。

しかし三宅観瀾《みやけかんらん》（緝明《しゅうめい》）は『保建大記』の「序」で、神器の存否で皇位の正統性を説明する点だけは潜鋒に同意できないと明言し、後醍醐天皇の建武の中興を論じた『中興《ちゅうこう》鑑言《かんげん》』でも「正統は義にありて、器にあらず」と主張した。後醍醐天皇は徳に欠け利を追求したが、これは孟子が戒めたことだと述べている。松陰は観瀾の異論を承知したうえで、「神器と正統と、別に見るべからず」と『保建大記』の立場を支持した。

では神器が奪い取られたときはどう考えるのか。松陰の答は「死を以て取返して止むべきのみ」（全集三、四二五頁）。では天武《てんむ》天皇が壬申の乱で大友皇子《おおとものおうじ》から皇位を奪ったことはどう評価すべきだろうか。大友がすでに死去した以上、天武が皇位に着くのは「理勢の極まる所」であり、このとき「大友に事《つか》へたる者は、悉く大友に殉じて節を致すべし。決して生を偸《ぬす》んで天武に事ふべからず」（全集三、四二六頁）。これが松陰の結論である。さきの源義朝についての言及でもわかるように、松陰の思考では、自裁すれば難問はすべて解決するかのようだ。

正統性論の欠如

前述のように栗山潜鋒は神器の所在を正統の根拠と論じたが、他方で「人君能く身を律《ただ》し徳を慎めば、則ち天下の人心、服するを期せずして自から服し、（中略）天命従ひて焉《これ》に帰す」と書いて、君主は有徳であることを要求されると主張していた。必ずしも神器さえあればいいと考えたわけではない。だから後鳥羽や後醍醐の行為を「神器を無み」し、「淆《みだ》る」ものとして明確に指弾しているのである。

こうした議論と比較すると、松陰の主張には統治の正統性についての思考が欠けていることに気づかざるをえない。換言すると、死をもって忠誠を尽くさねばならないことが強調されるだけで、なぜその主君に忠誠心をもたねばならないかは説明されない。ここには眼前の主従関係を相対化する思考の回路がないので、現存の秩序を超える構想は出て来ようがないのである。

松陰が好んで読んだ中国の史書は、『春秋』をはじめとして君主の統治の徳性を主要テーマとしているが、かれの議論では盲目的で全人格的な忠誠心だけが突出している。つまり統治の正統性や服従の根拠は自明のものとして不問に付されているので、それが議論の俎上に乗ると思考停止状態になり、自裁すれば万事解決ということになってしまう。

太華「講孟箚記評語」

『吉田松陰全集』第三巻の「講孟余話附録」には、太華による「講孟箚記評語上」「講孟箚記評語草稿」「講孟箚記評語下の一」「講孟箚記評語下の二」の四編とそれぞれへの松陰の反論が収録されている。桐原健真『吉田松陰の思想と行動——幕末日本における自他認識の転回』によれば、「講孟箚記評語草稿」と「講孟箚記評語上」は安政二年九月と一一月に、「講孟箚記評語下の一」「講孟箚記評語下の二」は安政三年四月と六月に、それぞれ松陰に届けられた。『孟子』講義の進行と並行したものだったことがわかる。

太華が最初に執筆した「講孟箚記評語草稿」への松陰の付記によれば、松陰の友人の口《くち》羽徳祐《ばとくすけ》が「面諫《めんかん》」したので、太華は「本藩に関係するもの」を削除して執筆しなおした。

それが「講孟劄記評語上」だろう。「草稿」のほうは太華のために焼却すべきものだが、「因循《いんじゅん》未だ果さざるは余の罪なり」と松陰はいう（全集三、四六六頁）。「草稿」の内容を非とする松陰の意を体して、友人の口羽が太華のところに行ってねじ込んだということだろう。問題とされたのは、西国の大名は参勤交代の際に京都に立ち寄っておらず、歴代の長州藩主も「禁裏を見ること全く路人に異らず」などと、太華が主張した部分であることはあきらかだ（全集三、四六一頁）。太華は藩主が王臣ではなく徳川政府の臣下であると主張したのだが、松陰はそれを座視できなかった。『講孟余話』には松陰が長州藩主に言及した箇所があるが、いずれも礼賛に終始している。とくに藩の始祖の毛利元就《もうりもとなり》について「文王に似たり」とし、「至公至仁の心」で皇室の儀礼の衰退を憂慮して即位料を献じた事実を強調する（全集三、三三七頁）。文王は周を建国した武王の父で儒教の聖人の一人だから、絶賛である。藩主を第一の忠誠対象とする松陰は、藩主の勤王精神を否定する太華の率直な表現を許しがたいと感じたのである。

しかし依頼したコメントに同意しがたい論旨が含まれているからといって、わざわざ面詰して撤回させ、しかも撤回した文書を故意に他見に供するのは、あきらかに敬意を欠いている。同藩の大先輩に対する態度としては大胆不敵というべきだろう。松陰は次のように主張している。

（前略）其の立論、悖謬乖戻《はいびゆうかいれい》、忌憚《きたん》あるなし。大意は幕府を崇んで朝廷を抑ふるに在り。朝廷の衰微未だ此の時より甚しきものあらざるに、而も太華猶ほ以て未だ足らずと為し、之れを罵り之れを詆《そし》り、唯だ人の朝廷の徳を思はんことを恐る。是れ其の志、朝廷を滅ぼして幕府を帝とするに非ざれば、則ち饜《あ》かざるなり。凡そ皇国の皇国たる所以は、天子の尊、万古不易なるを以てなり。苟も天子易ふべくんば則り幕府も帝とすべく、諸侯も帝とすべく、士夫も帝とすべく、農商も帝とすべく、夷狄も帝とすべく、禽獣も帝とすべし。（「太華翁の講孟劄記評語の後に書す」全集三、四五一頁）

太華のコメントに松陰の尊王精神を逆なでするような内容が含まれていたことを考慮しても、この表現はあきらかに度を越している。しかし今はそれは不問にしておこう。問題は別のところにある。

「不敬」による論敵批判

藩主に対する不忠、あるいは皇室に対する不敬が大きな問題として浮上すれば、最悪の場合、切腹も覚悟しなければならない。太華も松陰もそれを意識しなかったはずがない。実例はしばらく後に起こった。松陰刑死後、藩論となった公武合体論に沿って「航海遠略策《こうかいえんりやくさく》」を掲げて江戸と京都のあいだを周旋しようとしたのは長井雅楽《ながいうた》である。客観的状況からみて成功の見込みはほとんどなかったのだが、かれが正親町三条実愛《おおぎまちさんじようさねなる》に提出した文書を「不敬」と批判し、辞職ついで自決に追いこんだのは久坂玄瑞ら松陰門下だった（中原邦平編述『長井雅楽詳伝』参照）。「航海遠略策」は周布《すふ》政之助《まさのすけ》ら藩政府首脳部も賛同して推進したもので、「破約攘夷」を批判した長井の文書にとくに「不敬」の表現があったわけではない。

不忠あるいは不敬は、政治的に焦点化されれば、相手を自決にさえ追いこむことができる魔術的な語だった。大名が天皇の臣下ではないこと、土地人民が天皇のものではないことなどについて、太華は改定稿でも見解を変えていない。しかし天皇より将軍のほうが服喪規律が重いとか、天皇は土地をもたないので武士から供給された等々の具体的記述は削除して表現を和らげている。松陰の行為はあきらかに太華を委縮（shrink）させた。これはかれが意図していなかったことだろうか。天皇や主君への忠誠をテコに不敬・不忠を言いたてる精神の偏狭さは看過できない。

中華と夷狄

太華と松陰のもうひとつの対立点は水戸学や国学に関連する。太華は夷狄観を認めない。中国は服属する国々があったので中華を自称したが、日本にはその理由はなく、また西欧諸国にも「君臣父子の道」があるので中国とかわりない。天から見れば「同じく人の世界」なので外国を「卑視」するのは誤りだと主張する（全集三、四四一頁）。会沢正志斎にもみられた相対主義の観点が、太華にもあったことを示している。さらにかれは、外国から派遣された使節には対等の礼儀で接するべきで、不遜な態度だからといって即座に戦争に訴えて恨みを買うのは拙策で、防備不十分だから「小を忍んで深長の謀」をもつべきだという（全集三、四三九頁）。儒学の合理主義に立つ太華は記紀の国生み神話も認めないが、「皇国の道悉く神代に原《もと》づく」と考える松陰は、神話は「信奉」すべきもので、疑わしいことはあえて論じないのが「慎みの至り」だという（全集三、四五四頁）。

狭隘な忠誠観

総じて尊王論に傾斜する松陰は、その忠誠観をますます先鋭化し狭隘化した。自分の先祖が（毛利氏に滅ぼされた）大内《おおうち》氏や尼子《あまこ》氏に仕えていた萩藩人の例を挙げ、自分も織田《おだ》氏の臣下の末裔であると告白したのち、「先臣の来り仕へたるは皆非なり」と言い放つ（全集三、四五三頁）。つまりかれらの先祖はみな主君に殉じるべきだったのに、節を曲げて毛利家に仕えてきたのは不忠だという。「一日臣とならば満劫《まんごう》変ぜず」でなければならない（同上）。だから他国に仕えた先祖の罪を償うために自分も子孫も藩に忠をつくすと、かれは自分の決意を語る。しかし他方で、かれは天下の人材を萩に召集すると述べるので、こんな狭隘な忠誠観では他藩から人を呼ぶことができないだろうと、太華から揶揄されるのである。

山鹿素行『武教小学』の「子孫教戒」について論じた箇所で、松陰は「貞婦烈女」を称揚して、女性は「夫を天」とし婚家が耐え得ないなら自刃すべきで、もし親家に戻ったら父兄がかの女に自刃を強要すべしとまでいう（全集四、五四頁）。この辟易するしかないモラリズムが、「忠臣は二君に仕えず」の忠誠観と一対だったことはいうまでもない。

正しいこと、理にかなった行動のために自己の身命を賭すというならわかるが、たまたま君臣関係になった主君に、なにがなんでも全身全霊を捧げるべきだという主張は、現代人には理不尽にしか思えない。しかしこれは後述の『葉隠《はがくれ》』などの武士道論に普遍的にみられる主張である。特異なのは、松陰がその忠誠観を先祖から子孫にいたる恒久的なものとして強調したことだった。そうすることで、かれは忠誠心を過去から未来永劫まで延長し、自己の生を永遠の時間軸のなかに位置づけた。そこから、かれの後半生を特徴づける「一死を快くすれば名を後世に揚げ、一義を闕《か》けば羞《はじ》を終身に荷《にな》ふ」（全集三、二五九頁）と考えるような、後世の評価を重大視し生を犠牲にする能動的ラディカリズムが生まれる。

急旋回

尊王攘夷から刑死へ

通商条約調印

通商条約と将軍継嗣問題

松陰の言動は安政五年（一八五八）を境に大きく旋回し始める。その契機は前年一〇月、政府が江戸城で米国領事ハリスから大統領親書を受領し、江戸駐在を認め、さらに修好通商条約締結を決定したことだった。

この年の年末、老中・堀田《ほった》正睦《まさよし》は諸大名にたいして条約締結の必要性を説き、異論を抑え込むために、翌五年正月に京都に赴いて勅許を求めた。堀田ら開明派官僚の予想に反して、孝明《こうめい》天皇の条約拒否の意志は固く、下級公家も大挙して反対運動をおこした。

状況を複雑にしたのは将軍継嗣をめぐる対立が条約問題と絡んだことだった。ペリー来航直後に将軍になった家定《いえさだ》は病弱だったので、早くから継嗣問題が取りざたされていた。英明との世評が高かった一橋《ひとつばし》慶喜《よしのぶ》を推す福井藩主・松平《まつだいら》慶永《よしなが》（春嶽）ら改革派と、紀州藩主徳川慶福《よしとみ》（後の将軍家茂《いえもち》）を推す保守派が対立し、調印問題と連動した。一橋派はおおむね調印賛成派だったからであるが、結局、彦根藩主・井伊直弼《いいなおすけ》が大老に就任することで、問題は決着した。井伊は徳川政府の伝統と権威を重んじる保守派で、家格や血統を重んじる観点から慶福を継嗣と決定した（正式決定は六月二五日）。条約問題については、内心は反対だった。しかし拒否して戦争になれば敗戦必至で、政府の権威を失墜させることがあきらかだったので、意に反して勅許をえる猶予がないまま調印に踏みきる結果になった。安政五年六月一九日のことである。

勅許によって事態を鎮静化しようとしたのに、逆に天皇の反対意志が明示されてしまったのは、政府開明派の大きな失敗だった。結果として下級公家や民間の浪士にまで反対運動を激成させ、松陰もその渦のなかに巻き込まれていく。

自由貿易について

安政五年正月、松陰はハリスとの条約交渉の内容を知って、日本が「墨夷《ぼくい》」の「臣」になってしまうとの危機感を露わにするようになる。いわく「幕府も已に墨夷のコンシュルに天下を任せられ、属国を甘んぜらるる由」（全集八、三二頁）。「一价（价＝使用人）府に入り、六十六国殆ど其の口舌に呑噬《どんぜい》せらる」（全集四、三〇五頁）。こうした危機感を露わにした前のめりの姿勢に対して、「胸中閑日月なし」と余裕のなさを批判し、あるいは米国に開国してもらうのを「愉快」とする門下生もいた（全集八、三三～三四頁）。松陰は大患をそれと気づかないことが最大の危機だと考え、こうした周囲の状況にますます焦慮を強めた。

正月一九日の月性《げっしょう》宛書簡で松陰はいう。「ミニストルを江都におき、万国の通商、政府に拘らず勝手に出来候へば、神州も実に是れきりに御座候」（全集八、三四頁）。最大の焦点は自由貿易にあった。江戸や京阪に外国商人が自由に往来する事態になれば、かれらは病院・幼院・貧院などを設置して愚民の歓心を買い、官吏のなかにも好意を寄せるものが出てきて、将軍や大名にも影響を与えることになる。「墨夷功利の政」によって人々が籠絡されると危惧した（全集四、三一二頁）。すでに述べたように、これは水戸学の危機意識と同質である。徳川政府首脳は自由貿易やむなしと考えていたが、民間では即座に自由貿易を認める見解は皆無だっただろう。松陰の場合、認めたのは和親条約とその付属の下田条約の条項で、それによれば下田と函館での薪水・食料の提供や乗組員の上陸に限られていた。

前述の月性宛書簡で松陰は、佐久間象山の貿易にかんする考えかたを参照している。その大意は「吾が国より人を開くは妙、左候へば通信通市も心の儘《まま》なり。人に開かれ涙出で呉《ご》に妻《めあわ》す分には迚《とて》も国は持ちこたへ」られないという（全集八、三四頁）。「涙出でて呉に妻す」とは、弱国だったために斉の国王が呉の要求どおり公女を差し出すしかなかったという『孟子』の記述にもとづく。他国と同等以上の国力を備えて主体的に始める貿易はいいが、他国の要求でやむをえずおこなう貿易はだめだというのである。

松陰が象山に最後に会ったのは、密航のために下田に向かう前の嘉永七年（一八五四）三月のことだった。象山から上記の考えを聞いたのはそれ以前だろう。前章で述べたように、象山はその後、安政三年（一八五六）七月の勝海舟《かつかいしゅう》宛書簡で、管理貿易による海外貿易が必要と書いていた。松陰は象山のそれ以前の考えを参照している。

ハリス口上書

同じ内容のことを、松陰はハリス口上書論駁でも書いている。象山が「出交易」はいいが「居交易」はだめだと述べたのに対して、松陰はつぎのようにいう。「国力強勢にて外夷を駕馭《がぎよ》するに余りあらば、居交易も亦可なり、況《いわ》んや出交易をや。外夷の威勢に畏懾《いしよう》して已むを得ざるに出でば、出交易も亦不可なり、況や居交易をや」（全集四、四五一頁）。つまり国力が「外夷」を制御するに足る場合のみ貿易を認めるという。当然、日米通商条約が課題となった安政五～六年段階では、自由貿易どころか、いかなる形での貿易も反対ということになる。貿易は「利を争ふ」ことなので、管理貿易でも「万国を引受けての事は損得曲直の論起こらざる」を得ない（全集四、四四三頁）。つまり相手国を限定しなければならないと考えた。

ハリス口上書は、安政四年（一八五七）一〇月二六日にハリスが堀田正睦宅で自由貿易と外交使節の常駐の必要性を説得するためにおこなった演説で、翌月に諸大名に公表された。諸外国とくに英国の力づくのアジア政策を説明し、善意（「懇切」）による米国の通商要求を認めれば、英国の意図を挫き、貿易によって国益を増進できると説いている。これを読んで象山は「欺瞞恐嚇《きょうかく》の説」で日本を「属国同様」にする意図だと憤慨した（「米使応接の折衝按を陳べ幕府に上らんとせし稿」、『象山全集』巻二）。もちろん松陰も激怒した。「彼れの懇切は吾れを臣妾《しんしょう》にせんとする」ものと非難し、電気・電信・蒸気船の発明で諸国の貿易がますます盛んになったとのハリスの言を「死せる器械は活せる勇気に如かず」と強がったのも無理からぬところがあるが、冷静さを失っているともいえる（全集四、四三九頁以下。なおハリス口上書は勝海舟『開国起原《かいこくきげん》一』に所収）。

松陰の主張の特徴を確認するために、同じ時期に橋本左内《はしもとさない》がハリス口上書について福井藩主・松平春嶽に提出した意見書（安政四年一

橋本左内の意見書

一月二六日付）を参照してみよう。左内の主張の要点は次のとおりである。

一、鎖国不可は具眼の人には瞭然である。

二、航海交易はこちらの希望するところだから、道理をもって来航したものを拒絶する理由はなく、外交使節の設置も同断である。

三、強兵のもとは富国だから、貿易の学に興し、「四民の業」を奨励し「諸芸術の学

校」を設置する。
四、互市《ごし》は「貨賂《かわい》流通の根本」なので場合によっては「奢惰萎弱《しやだいじやく》の因」となるので注意すべし。
五、居ながら外国を迎えるより、「我より無数之軍艦を製し、近傍之小邦を兼併」して「互市之道」を盛んにすれば欧米を凌駕できる。（『橋本景岳全集』上巻）

貿易が社会にもたらすマイナス要因や海外への勢力拡張の必要性は、松陰の認識ととても似ている。しかし左内が貿易（管理貿易）と使節の常駐を認めて現実主義的に対処しようとしているのに対して、松陰の場合は国力が劣っている段階での貿易を全面否認し、観念的ラディカリズムに堕している。違いは松陰の攘夷意識である。このころになると、松陰も強兵と貿易は密接な関係にあると考えるようになっている。しかし左内と違って、松陰の場合は富国よりも強兵が先で兵学的思考が先行している。かれのいう「開国通市」は、何より外に打って出て国力を拡張することなのである。兵学に偏った思考と、西欧諸国を「犬羊」「醜虜」と呼んではばからない露骨な夷狄観があいまって、商品生産と交換を原理とする資本主義の根幹を、松陰は理解できなかった。

「対策一道」

安政五年三月二〇日の条約拒否の勅旨のことを、松陰は四月一一日に久坂《くさか》玄瑞《げんずい》などからの書簡で知った。直後の書簡で「抃舞《べんぶ》に耐へず」「感激の至り」と喜びを表現している（全集八、五二一〜五二三頁）。その後すぐに執筆したのが「対策一道」で、京都の梁川星巌《やながわせいがん》を介して天皇に届けられたという。

松陰はここで通商条約の危険性を強調する。「墨夷」は外交官を常置して自由に交易するとともに、教会堂を設置して禁教政策を無化してしまうだろう。これは「国を馭《ぎょ》し民を誘う」ためのかれらの企みである（全集四、三三〇頁）。しかしそれを防ぐために鎖国という退嬰《たいえい》的政策はとるべきではない。「雄略を振ひ四夷を駁せん」とするなら「航海通市」しかない（全集四、三二九頁）。しかし現下の状況では、「航海通市」を説くものは戦争を恐れているにすぎず、逆に戦争を辞さない人は鎖国論者で、攘夷論と開国論はねじれた関係にあると指摘する。

ではどうするのか。まず「墨夷」が撤退せざるをえないように、言葉をつくして条約破棄を申し出て、聞かれなければ「擒《とりこ》にし之れを誅《ちゅう》す」と極言する（全集四、三三一頁）。正義は日本側にあるので戦争を辞さないというのだ。他方では、大艦を建造して蝦夷・樺太から琉球・対馬を往来して訓練する。そして朝鮮・満州・清国、さらに広東・バタヴィア・喜望峰・オーストラリアに行って「館を設け将士を置き、以て四方の事を探聴し、且つ互市の利を征《と》る」（全集四、三三二頁）。軍事力を整備してアジアに勢力をもち、それを背景にした貿易によって国力を強化する。このように実力を蓄えてから、あらためてカリフォルニアを訪れて条約締結を提案する。これが松陰の考えた方針だった。

松陰の「開国通市」

「開国通市」に言及しているので、松陰が貿易を容認しているようにみえるかもしれない。しかしよく読めばわかるように、かれはこの時点での貿易開始に反対しているのだ。軍事力を整備し、アジアに勢力を拡張した後に「館を設け将士を置」いた形での貿易、すなわち管理貿易によって利益を得る。ハリス口上書論駁でいうように「国力強勢にて外夷を駕馭する」ことができるようになってから、日本が主導権をもつ形で米国に通商条約を提起するという。

松陰自身が「平昔の持論」と書いているように、「対策一道」は安政初年ころからのかれの基本的な考えをくり返したものである。強制された開国を批判し、地力を蓄えて積極的に打って出る形の開国論であり、最後までかれはこの考えを変えなかった。死刑に処される直前の安政六年（一八五九）六、七月ごろに書かれた藩政府への弁明書「此の度私儀」でも同趣旨を説いている。「通信通商は天地の常道に候へども、吾が国より海外へ人を出し万国の形勢得と呑み込み候上ならでは相調《ととの》ひ申さず、此の方不調の所を以て妄りに相開き候事宜しからず候」（全集五、七三頁）。

京都から帰府した堀田老中は、四月二五日に諸大名に勅旨を示すとともに、条約締結に理解をもとめた。五月一二日にこの文書を見た松陰は「戦を畏るるの見」だと断じ、「武臣」たる徳川政府が和議ばかりに注力するのは亡国の態度だと批判する（全集四、三四四頁）。同日、徳川政府から長州藩に勅旨にかんする諮問が伝えられると、藩政府首脳の周布《す》政之助《ふまさのすけ》が二日後に江戸に出立した。松陰は周布に四月に執筆した「対策一道」の草稿を届けていたが、周布はその議論を「疎」と評し、条約全体を否認することは不可能だと述べた。それを伝え聞いた松陰は、勅旨にもとづいて条約を拒否すれば、「神州の興隆」はあきらかだと訴えている（全集四、三三七頁）。

攘夷＝開国論

「墨夷」とは一点の妥協もすべきではない。松陰の素志は開国だが、まず目の前の夷狄を退けてからのことだという。この主張は鎖国論と紙一重である。たしかに「対策一道」の続編ともいうべき「愚論」では、鎖国論では「材臣智士」はそっぽを向いてしまって「天朝孤立」になると切言している（全集四、三四二頁）。しかし既述のように、松陰のいう「開国」の趣旨は通商ではなく、まず第一に海外への勢力拡張だから、実践的には早くとも数年以上後の目標であって、現下の課題ではない。北東アジアに地政学的拠点を築いた後で、列強との外交通商関係を樹立するというのがかれの考えだった。

したがってかれのいう「尊王攘夷」は、事実上、天皇の意志である鎖国論に合流することにならざるをえない。これは松陰の思考の矛盾というより、攘夷＝開国論の政治的力学の帰結である。尊王攘夷というスローガンが、強いられた開国への屈辱感を補償するナショナリズムを結集しえたのは、攘夷＝鎖国が天皇の意志として明示されたからであるが、天皇が条約反対を撤回した後も、攘夷熱は燃え続けた。だからこそ攘夷＝鎖国を口実に政府を追いつめることが、討幕のもっとも有力な戦術になっていくのである。

違勅問題

前述のように、徳川政府が通商条約締結を強行したのは安政五年六月一九日で、松陰は七月一二日に藩政府首脳の前田孫右衛門《まえだまごえもん》からその事実を知らされた。かれはすぐに前田に、勅旨に従うのが義務であると直言し、聴かれなければ天皇に訴え、徳川政府との軍事的対決も辞すべきではないと説いた。翌日執筆した「大義を議す」では、「外、夷狄を引き、内、諸侯を威《おど》す」徳川政府は「違勅の国賊」だと断じ、「大義に準じて、討滅誅戮」すべしと、強いことばを使って批判している（全集四、三七二頁）。討幕論のようにみえるが、この主張は討幕のための即座の挙兵を説いたのではない。勅旨を順守するという「大義」にもとづいて天下に訴えれば、「賊」となった徳川政府を孤立させ恭順させることができると強調し、藩政府が天皇と徳川政府のあいだを調停するよう説いたのである。

松陰はもはやじっとしていられない。かれの思考は違勅の一点に向けられ、藩政府首脳や門下生たちに対して徳川政府批判の方策をつぎつぎに提言する。七月一六日執筆の「時義略論」では、まず徳川政府に対して「諫争」する必要を説き、つぎに京都に密使を送って違勅批判の密奏をすること、さらに徳川政府の機先を制するため天皇を比叡山に行幸（退避）させ、藩がその護衛の出兵をする策を提案している。この文章は、京都が政治工作の焦点になったことを如実に示すものである。同日、かれは藩に命じられた兵庫の警備を辞退せよと提言する。これは高杉晋作《たかすぎしんさく》の案で、松陰はこれまで躊躇していたが、この日になって「卓識」と判断するにいたった（全集八、七九頁）。

徳川政府の命令を拒否するとは、政府との対決を辞さないことを意味する。ストレートな討幕論ではないが、ぎりぎりの所まで踏みこんでいる。この時期になると、かれが「吾が党」と呼ぶ門下生たちが遊学の許可を得て、つぎつぎに江戸と京都に向かっている。かれらは情報収集と政治工作に力を注いだことだろう。天皇を彦根に移すという当時流れていた噂も伝え聞いており、兵庫警衛の名目で精鋭を送りこみ、途中で天皇を奪取する算段をすべきだと訴えている。松陰は「育」という身分にもかかわらず、従来の関係から前田孫右衛門や周布政之助ら藩政府首脳に提言できる関係にあり、その提言はかれらを通じて藩主・敬親にも届けられていた。

松下村塾の政治セクト化

松下村塾

松陰の名と切り離せない松下村塾は、もとは叔父の玉木文之進が天保一三年（一八四二）に始めたものである（海原徹『吉田松陰と松下村塾』参照）。その後、玉木が公職についたので、すでに自宅で塾を営んでいた久保五郎左衛門が塾の名を継いだ。久保は、松陰の養母・久満が吉田家に嫁すために、形式上、久保家の養女となっていたという関係で、松陰の外叔にあたる。

既述のように、安政二年（一八五五）末に野山獄から解放され杉家で幽囚生活を始めたとき、獄中でおこなっていた『孟子』の講義を再開した。最初は父・兄・外叔久保だけだったが、のちに近隣の親戚や子弟が加わった。それが安政三年六月に終わると、八月二二日から『武教小学』の講義を始め、さらに後には『資治通鑑《しじつがん》』『蒙求《もうぎゅう》』『春秋《しゅんじゅう》左伝《さでん》』な

図19　玉木文之進旧宅・松下村塾発祥之地（萩市椿東）

ど種々の本を会読あるいは講義をしている。外界との接触の禁止が緩むにつれて、松陰の教えを受けるものが増え、事実上、塾のような形になり、翌安政四年一一月五日に松陰主宰の松下村塾が成立した。徐々に学ぶものが増えて、翌年五月には塾舎を増築している。

相反する評判

松下村塾については、やや矛盾したふたつの評判が伝えられている。一方では、松陰が罪人だからという理由で塾にいくのを嫌う父兄が多く、文字を習うならいいが、政治の話はダメだと戒告されたという。しかし他方では、松陰の評判がよくて、松下村塾に行けば「何か仕事にありつける」という理由で、「流行」のように誰もが行ったとされる。ふたつの評はともに渡辺蒿蔵《わたなべこうぞう》（在塾時の名は天野清三郎《あまのせいざぶろう》）の回想で、前者は大正五年（一九一六）、後者は昭和八年（一九三三）になされた。時代によってイメージが変わったのかもしれないが、おそらく両方が松下村塾の一面だったのだろう。相対的に高い地位の人（たとえば高杉晋作の父）は松陰を警戒しただろうが、身分の低い若年層にとって入塾資格の制限がなかった松陰の塾は魅力的だったのではないだろうか。

若い塾生たち

海原徹『吉田松陰と松下村塾』が列挙している九二名の塾生をみると、一〇歳代が約六〇パーセントを占め、とくに十代半ばから後半の人が圧倒的に多い。代表的な人物の入塾時の年齢をみると、久坂玄瑞（一七）、吉田栄太郎《よしだえいたろう》（一六）、品川弥二郎《しながわやじろう》（一五）、高杉晋作（一九）、野村和作《のむらわさく》（一六）などで、野村の実兄の入江《いりえ》杉蔵《すぎぞう》（二二）はむしろ例外である。

同じく塾生だった天野御民《あまのみたみ》（旧姓・冷泉雅二郎《れいぜいまさじろう》）は、松陰の講義のようすを以下のように伝えている。

先生門人に書を授くるに当り、忠臣孝子身を殺し節に殉ずる等の事に至るときは、満眼涙を含み、声を顫《ふる》はし、甚しきは熱涙点々書に滴るに至る。是れを以て門人も亦自ら感動して流涕《りゅうてい》するに至る。又逆臣君を窘《くるし》ますが如きに至れば、目眦《もくし》裂け、声大にして、怒髪逆立するものの如し、弟子亦自ら之れを悪むの情を発す。

(全集一〇、三五一頁)

『靖献遺言』　松陰の文章を読みなれたものなら、このエピソードを誇張とは思わないだろう。かれの語るストーリーは、つねに主君への死をも厭わぬ忠誠をテーマにしていた。とくに北方の蛮族や佞臣と闘って身を犠牲にした英雄についての中国史書は、かれの十八番だった。たとえば山崎闇斎《やまざきあんさい》門下の三傑のひとり浅見絅斎《あさみけいさい》の『靖献遺言《せいけんいげん》』は、中国の忠臣列伝とでもいうべき内容である。野山獄でこの本を手にした松陰は、同囚の富永有隣《とみながゆうりん》宛に「読者をして勃然沛然《はいぜん》として忠義の心を興起せしむ」と感動を語り、「博聞強記」や「能文巧詞」には関心がなく、「忠孝節義のみ」が自分の念願だと述べている(全集二、三〇三頁)。

『靖献遺言』で主として取りあげられているのは屈原《くつげん》・諸葛亮《しょかつりょう》・陶淵明《とうえんめい》・顔真卿《がんしんけい》・文天祥《ぶんてんしょう》などである。屈原は亡国の淵にあった祖国のために献策したが容れられず、絶望して石を抱いて汨羅《べきら》江に身を投げた。諸葛亮は主君の劉備《りゅうび》の死後、漢の帝位を簒奪した魏の曹丕《そうひ》を討つべく、劉備の太子・禅《ぜん》に二度の「出師表《すいしのひょう》」を呈して「興漢討賊」を唱えたが、達成できないまま陣中に没した。顔真卿は安禄山の変後の混乱のなかで、玄宗《げんそう》後継の粛宗《しゅくそう》・代宗《だいそう》・徳宗《とくそう》に忠義をつくし、反乱を起こした李希烈《りきれつ》に殺されている。文天祥は南宋の官僚で、元との戦いで講和使節となり拘束されて死刑に処された。屈原・陶淵明は詩、諸葛亮は軍略、顔真卿は書で著名だが、『靖献遺言』はかれらの忠誠心だけを主題にした。

『靖献遺言』の文天祥の章の冒頭から引いてみよう。元の侵略に対して徴兵の勅命が発せられたが、重臣たちはだれも立ちあがらなかった。江西省の知事だった文天祥は、非力をかえりみず少数の兵を率いて決起する。

文天祥

（前略）元の兵已に江を渡りて東に下り、勢ひ日に迫る。勤王の詔下る。重臣宿将率《おおむ》ね頸を縮めて駭汗《がいかん》す。天祥時に贛《こう》州に知たり。慨然として郡中の豪傑を発し、孤兵を提《ひっさ》げてひとり赴く。その友これを止めていはく、「これなんぞ群羊を駆りて猛虎を博《てう》つに異ならん」と。天祥いはく、「吾れも亦たその然るを知るなり。ただ国家、臣庶を養育すること三百余年、一旦急あり兵を徴し、一人一騎関に入るものなし。吾れ深くここに恨む。故にみづから力を量らずして身を以てこれに徇《したが》ふ。天下忠臣義士、まさに風《ふう》を聞きて起こるものあらんとす。かくの如くならば、則ち社稷《しゃしょく》猶ほ保つべきなり。

「群羊」が「猛虎」と闘うような無謀な行為だという友人の忠告に対して、文天祥は自分が立ちあがれば天下の「忠臣義士」が呼応するだろうと答えた。似た心境は松陰の文章に何度も出てくる。たとえば「吾が輩皆に先駆て死んで見せたら観感して起るものもあらん」（安政六年正月、全集八、一八三頁）。「よく思うて見よ、自ら死ぬ事の出来ぬ男が決し

図20　品川弥二郎（国立国会図書館「近代日本人の肖像」）

て人を死なす事は出来ぬぞ」（安政六年四月ころ、全集八、三二一頁）。このように晩年の松陰がしきりに語るのは先駆者として死ぬことだった。かれが『靖献遺言』を愛読した理由が了解できるだろう。

松陰が書いた漢詩には、中国史上の忠君の人の名が頻繁に援用されている。江戸送りになる直前にも、古人の語を摘記した「照顔録《しょうがんろく》」を書いた。「照顔」は文天祥の「生気の歌」の末尾の「風簷《ふうえん》書を展べて読めば、古道顔色を照らす」（風のおとずれる軒端で書を開いて読んでいると、古人の身をもって行った節義の道が、ありありと我が顔色を照らす）にもとづいたものである。近藤啓吾『吉田松陰と靖献遺言』が指摘しているように、かれはこの「照顔録」に『靖献遺言』で言及された屈原と文天祥の詩句を引いている。最末期のかれの心ばえが推測できるだろう。

品川弥二郎

死をもって忠誠心を示したという話を劇的に語る松陰の講義を、向学心に燃えた多感な少年たちがどのように受け取ったか、容易に想像できる。むろんかれらのなかには松陰の姿勢に同調できず、あるいは躊躇して姿をみせなくなるものもいたことだろう。才能を高く評価していた少年・品川弥二郎が姿をみせなくなったとき、松陰はなぜ来ないのかと詰問叱咤している。

（前略）時勢は切迫せり、豈《あ》に内に自ら惧《おそ》るるものあるか。抑々已に自ら立ち、吾れの論に与《くみ》せざるものあるか。（中略）三日過ぎて来らずんば、弥二は吾が友に非ざるなり。（全集四、四一六〜四一七頁）

これは安政五年九月の書簡だが、同志か否かの踏み絵を迫る内容である。塾がすでにたんなる学習の場ではなくなっているのがわかるだろう。これより前の四月一二日、松陰が品川あてに「安坐」せずにすぐ来いと命じた書簡には「村塾策問一道」という短文が付されている。前月の条約拒否の勅旨をふまえた塾生へのアジテーションというべきもので、事態を傍観せず、日ごろの学習の成果を行動でしめせと説いている。

図21　高杉晋作（『近世名士写真』）

高杉晋作

> 高杉晋作が江戸に遊学するに際して書いた文「高杉暢夫《ちょうふ》を送る叙」では、高杉と久坂玄瑞を門下の双璧と讃えたうえで、以下のように鼓舞する。
>
> 桂《かつら》［小五郎《こごろう》］・赤川《あかがわ》［淡水《おうみ》］は吾れの重んずる所なり。無逸《むいつ》［吉田栄太郎］・無《む》窮《きゅう》［松浦亀太郎《まつうらかめたろう》］は吾れの愛する所なり。新知の［入江］杉蔵は一見して心与《くみ》せり。（中略）暢夫往け。急ぎ玄瑞を招きて之れを道《い》ひ、且つ之れを五人の者に語れ。
>
> （全集四、三八八〜三八九頁）

松陰が高杉と江戸にいる五人の門下生に対してこのようなアジテーションを書いたのは、いわゆる戊午の密勅が発せられる八月八日直前の七月一八日のことである。

松下村塾は松陰という強烈な個性を核にした政治セクトに化していった。かれが盛んに「同志」とか「吾が党」いう語を使っているのもその表れで、福本椿水『吉田松陰之殉国教育』も塾生たちを「松陰宗の信者」と評している。ただしその「信者」たちは松陰に盲従したのではない。日本が「墨夷」の植民地になるとの危機感で猪突する松陰に、塾生が制御をかける局面が何度も出現する。信従するが盲従ではないのが、この集団の特徴だった。そこには絶交宣言したばかりの門下生に平然と手紙をだすこだわりの無さ、言い換えれば、松陰の論理的な一貫性の欠如と、私心のないひたむきな忠誠心のみを重視する心情的な一貫性とが反映している。心情の一致を結合の基礎にした集団は、小規模であるかぎり、少々の対立はあっても結束を維持することができるものである。

「草莽の臣藤原矩方」

孝明天皇の苦衷

安政五年（一八五八）二月、老中・堀田正睦が通商条約勅許を奏請するために上京したとき、孝明天皇は関白・九条尚忠《くじようひさただ》にその苦衷を吐露した。通商条約の締結は「天下之一大事」で「私之代ヨリ加様之儀ニ相成テハ後々迄之恥」で皇祖皇宗に対して身の置き所がない（『孝明天皇紀』第二巻）。夷狄が国内に居住するのは耐えがたい屈辱で「先代之方々」への「不孝」だという。しかし天皇の意志は無視され、さらに蘭露英仏などと同様な条約を締結した（あるいはその予定）と知った天皇は、政府の「聞棄同様」の態度に激怒し、「天下国家之存亡ニ拘ル大患」を放置すれば伊勢神宮をはじめ皇祖皇宗に申し訳が立たないと危機感を募らせた（同上書第二巻）。

戊午の密勅

焦燥感に駆られた孝明天皇が、水戸や薩摩の藩士の入説を受けて直接行動に出たのがいわゆる戊午《ぼご》の密勅《みっちょく》である。条約反対の意志が無視され、水戸・尾張などの藩主が謹慎に処されたことを非難するとともに、公武合体で外夷を排斥する必要性を説いたものである。「密勅」とされるのは、本来、勅諚は徳川政府に下付されるものなのに、最初に水戸藩に下されたこと、勅諚の作成で政府と協調的な関白九条尚忠の関与を排したことだった。密勅は孝明天皇の意図を超えて尊王攘夷派を鼓舞し、テロリズムを激成させて、後には無謀な攘夷は自分の意志ではないと、天皇が激派を非難する事態に発展した。

勅諚が下されたのは八月八日で、うわさはすぐに広まり、松陰は一八日に久坂玄瑞からの書簡で事実を知った。感激してさっそく二〇日付で「謹んで言上仕り候事」という文書を、藩政府首脳の益田弾正に送っている（全集五、四六頁以下）。「観望自重」で時間を浪費せず、「勤王攘夷」の基本姿勢を闡明《せんめい》にする必要を力説したものである。ここでかれは水野忠央《みずのただなか》を違勅行為の首謀者とみており、門下への書簡では「一人の奸猾さへ仆《たお》し候へば天下の事は定まり申すべく候」と書いている（全集八、一〇七頁）。情報源は不明だが、真偽取り混ぜた風聞が飛び交っていた。水野は将軍後嗣決定で暗躍したようだが、条約締結にはとくに関係なかった。

癇癖に苦しむ

松陰はできごとを大状況のなかで判断する余裕がなく、少数の「奸物」の仕業と考える。自己をめぐる状況を客観視するのは苦手で、しかも東北行きや密航の企図でもわかるように、考えたらすぐに行動せずにいられない即断即決の人でもあった。流言飛語の閉じた社会で幽囚の身だった松陰が、ますます独りよがりになっていった事情は理解できる。極度の精神集中で、安政六年二〜三月ころには「感癖を発し落涙禁じ難く候」と自ら語るような精神状態になっていた（全集八、二三〇頁）。その異常なほど高揚した孤立状態のなかで焦燥感に駆られ、かれは次々に強硬手段に訴えることになる。

伏見獄襲撃策

松陰が計画したのは、伏見獄襲撃による梅田雲浜《うめだうんぴん》奪回、老中・間部詮勝《まなべあきかつ》暗殺計画、三位・大原重徳《おおはらしげとみ》下向策、伏見での藩主要駕策などで、いずれも未遂に終わった。梅田雲浜の奪回は、安政の大獄で捕縛されていた梅田雲浜の救出を策したもので、雲浜の門下で一時連座で拘束されていた赤根武人《あかねたけと》に使嗾した。「大和の土民」の協力を期待してのことだったが、まるでフランス革命のバスティーユ牢獄襲撃や大塩平八郎《おおしおへいはちろう》の事件を連想させる壮大な計画である。しかし赤根の行動はすぐに露見して着手に至らなかった。

間部暗殺計画

間部老中暗殺計画は、水戸藩浪士たちが井伊大老襲撃を企図しているとの噂を聞き知って思いついた。噂については安政五年一〇月八日以来、書簡で何度も言及されているが、一一月六日に周布政之助に暗殺計画を告白した。暗殺実行によって「御当家勤王の魁《さきがけ》仕り、天下の諸藩に後れず、江家（毛利家のこと）の義名末代に輝かし候」ようにしたいと、松陰はいう（全集八、一二八～一二九頁）。井伊暗殺は薩摩・越前両藩が協力し、尾張・水戸さらに土佐・宇和島も同調するだろうと憶測し、後れを取ってはならないと焦った。標的になったのが、井伊の意を受けて京都で宮廷工作と志士弾圧に従事していた間部詮勝だった。

周布は行相府（江戸の藩政府）右筆の要職にあって、開国に備えて藩改革を精力的に進めており、松陰もそれを好意的にみていた。また周布は松陰の才能を高く評価し、登波《とわ》という女性の復讐譚を「討賊始末」としてまとめさせたこともあった（『周布政之助伝』上巻）。しかし松陰が四月に執筆した「対策一道」の攘夷論には同意せず、両者はすでに疎隔していたのだから、この告白は軽率だった。だが勇み足はそれだけではない。同じ日、松陰は国相府（萩の藩政府）手元役という要職にある前田孫右衛門に暗殺実行のため「クーボール三門、百目玉筒五門、三貫目鉄空弾二十、百目鉄玉百、合薬五貫目」を要求した（全集八、一二九頁）。行相府と国相府の双方に、徳川政府要人の暗殺計画を告白し、全面的な協力を求めたのである。求めた兵器は個人に対するテロの域を越えている。これを契機にした徳川政府軍との戦闘も予期していたのだろうか（小野正朝《おのまさとも》という門下生が松陰を連れ出して、銃の演習や火薬の製造をしたという回顧譚もあるが、信じがたい）。それにしても、これだけの兵器を京都に搬入する手段をちゃんと考えていたのだろうかと、基本的なことを疑いたくなる所作である。

二人に手紙を出したのと同じ六日、松陰は父・玉木叔父・兄に訣別の辞を書いた。出立の日に残すつもりだったのだろう。江戸で尾張・水戸・越前・薩摩四藩が井伊大老を襲撃するとの情報を得たので、「同志を糾合して神速に京に上り、間部の首を獲てこれを竿頭に貫き、上は以て吾が公勤王の衷を表し且つ江家名門の声を振ひ、下は以て天下士民の公憤を発して、旗を挙げ闕《けつ》に趨《おもむ》くの首魁《しゆかい》とならん」（全集四、四三一頁）。周布への手紙と同じ内容である。「義挙」が遅れて、四藩が主となり長州藩が従となるのは「志士の大恥」という焦りとライバル意識が、松陰の行動のバネになっているのがわかる（全集四、四七一頁）。江戸で人に先んじられたのに、京都でも何も起こせなければ「吾が党」の面目にかかわるというのだ（同上）。動機が不純だと感じられないでもないが、こうした自藩中心のライバル意識はこの時代の武士に一般的なものだった。

血盟書

松陰は決起の血盟書に一七名が連判したと書いている（全集八、三一九頁）。しかし門下生のなかには同意しないものがかなりいたのは確かである。久坂や高杉をはじめ江戸にいた門下生たちは軽挙を戒めたし、長崎の海軍伝習所から帰萩した来原良蔵《くりはらりようぞう》もあきらかに署名しなかった。松陰の独走に近い。血盟に先立つ一〇月二三日付の入江杉蔵の書簡（吉田栄太郎宛）に、「栄太早々帰レ先生之もりニこまる人斗也《ばかり》」とあるのは、そうした事情を物語るものだろう（定本全集六、一一三頁）。

周布政之助の反対

松陰の企図に、藩政府首脳で賛意を表したのは国相手元役の前田だけで、もっとも強く反対し制止しようとしたのは周布だった（ただし松陰が事件の経緯の一部始終を記録した「厳囚紀事」の末尾では両者が「心を協《かな》へた」とあるので、前田も反対に転じたのだろう）。周布は藩主が早めに出府して井伊大老に直言するか、入京して有志の諸藩と協力して勅旨を奏請するなどの策を説明し、「義挙」を思いとどまらせようとした。しかし松陰は納得せず、門下生をつうじて問いつめ、言を左右にする周布をついに「奸人」と罵倒するようになる。業を煮やした周布は「勤王の事は政府已に定算あり。（中略）書生の妄動を費すことなかれ、妄動して止まずんば投獄あるのみ」と言い渡した（全集四、四七〇頁）。

大原下向策

大原三位下向策は、大原重徳を長州に迎えて勤王の旗幟を明確にし、徳川政府への対抗の狼煙をあげることを策したものである。大原は、岩倉具視《いわくらともみ》とともに天皇の政治的権威の復権をめざした公家のリーダー格である。久坂玄瑞ら松陰門下生が大原に接触したのは安政五年九月初旬で、梅田雲浜が逮捕されて安政の大獄が始まったころだった。松陰はこれを受けて、大原に宛てて九月二七日に「時勢論《じせいろん》」、翌日に「大原卿に寄する書」を書いた（全集四、四一七頁以下）。これによると、西下案は大原自身が示唆して、松陰門下がその気になったらしい。松陰は、もし失敗しても同志が「三十人五十人」いるので「勤王の先鞭」になるとの覚悟を述べているが、西下案がたとえ本気だったとしても、藩政府の主導によるものでなければ、大原としては乗れなかっただろう。

松陰は「時勢論」で「草莽《そうもう》の臣藤原矩方《ふじわらののりかた》」と記名し、別の日の大原三位宛書簡では「草莽囚奴」と名のった（全集四、四二一頁、および全集八、一二一頁）。「草莽の臣」とは、『孟子』万章篇下に出てくる語で、在野の臣下のことだが、まだ仕官をしていない田舎の庶人だと、孟子は説明している。松陰がこの語を使った背景には、庶人（すなわち浪人あるいは育《はぐくみ》）にすぎないというコンプレックスと、それにもかかわらず天皇に仕える熱心な臣下だという自負心とが混ざり合った心理があったのだろう。松陰自身は長州藩への強い帰属意識を失うことはなかったが、いずれ藩という秩序と拘束から解き放たれた若者たちが、「草莽」という名のもとに叢生《そうせい》してくる予兆である。

松陰のふたつの書を大原に届けるはずだった飯田正伯《いいだしょうはく》は、西下の決意をした大原がかならず京摂で捕まり、そうなれば長州藩が苦境に陥ると考えて、計画を断念した。安政の大獄で厳しい探索が続いていたから、怖気づいたのではなく、むしろ当然の判断だっただろう。京都の状況を肌で感じていない松陰は、同月二一日、友人の白井小助《しらいこすけ》を京都に送って大原を引率させようと考えたが、これも白井が上京できないまま終わった。さらに一二月九日に野村和作など三名が入京して大原を連れ出す手はずだったが、うち一人が怯えて裏切ったため、これも未遂に終わったという。

恃むは草莽のみ

年が明けても松陰はあきらめず、獄中から指示を出している。しかし周布ら藩首脳も京都にいたので、門下生が自重を促した。もはや松陰の独り相撲の感がある。全集第一〇巻には「某事件相談書」などのメモ書きのようなものが収録されている。大原の萩到着を想定した役割分担表のようなものだが、すべて空論に終わった。一二月三日、松陰は「恃むべき所の者は草莽の英雄のみ」（全集四、四六九頁）と書いている。藩政府には期待できないとの断念の表明だが、身分制によって権力から疎外されていた下級武士が叢生してくる事情を説明している。

再び獄窓から

間部襲撃計画も大原下向策も、結局、未遂に終わる。しかし梅田雲浜が二年前に長州を訪ねた事実や、松陰の大原宛書簡が梁川星巌家の家宅捜索によって徳川政府側に洩れている可能性があった。藩を代表して京都と江戸で活動した周布政之助はその連累を恐れた。松陰たちの行動を放置できないと考えたのは当然だろう。抑え込もうとすればますます激昂する松陰への最後の手段は、「学術純ならず」との理由で再入獄にさせることだった。

玉木叔父の取りなしで、安政五年（一八五八）一一月二九日にいったん杉家に厳囚となったが、結局それでは収まらず、一二月五日、父・百合之助が借牢願を提出する形で、かれは野山獄に投獄されることになった。入獄は父の病気でしばらく延期されたが、結局、一二月二六日に再び野山獄中の人となった。こうした措置に憤った門下生たちが、収監理由を問い質すために周布や行相府相談役の井上与四郎の自宅に押しかけたので、かれらも謹慎を命じられた。

伏見要駕策

松陰はあきらめなかった。今度は、翌安政六年三月に参勤交代で江戸に行くことになっている藩主・毛利敬親《もうりたかちか》を伏見で出迎え、下向した大原重徳とともに入京して、勤王の旗幟を誇示することをねらった。これが伏見要駕《ようが》策と呼ばれるもので、大原下向策の際に、大原から逆提案されたのである。少数の浪士の誘いには乗れないので、藩主自らが態度をあきらかにせよと求められたのである。松陰はもともと藩主が出府することに反対だった。江戸に行けば、徳川政府に従わざるをえなくなることは明白だったからである。一月一五日、大高又次郎《おおたかまたじろう》（播磨人）と平島武次郎《ひらしまたけじろう》（備中人）が相たずさえて萩を訪れ、要駕策の具体化を図ろうとしたが、藩政府首脳はかれらとの会見を拒否し、塾生たちもほとんど動こうとしなかった。また要駕策も、入江杉蔵・野村和作兄弟以外の門下生がほぼこぞって反対した。獄中の松陰は孤立無援

図22　野村和作（国立国会図書館「近代日本人の肖像」）

のまま要駕策に固執し、和作を京都に行かせたが未遂に終わる。

孤立

　松陰の孤立はますます深まっていく。門下生から手紙が来ないことに苛立ち、幼時から親しい久保清太郎《くぼせいたろう》には、ゆくゆくは手元役（藩政府首脳）にでもなるつもりか、結構なことだと皮肉をいう始末だった。萩の支藩である清末《きよすえ》藩に塾生が乗り込んで、ひと騒ぎを起こすという提案もしているが、忠実だった入江杉蔵さえ動かなかったらしい。こんなことで命を捨てろというほうが無理だろう。もはや破れかぶれである。

　松陰は、下田で密航に失敗した安政元年三月以来、江戸送りになる安政六年五月まで、五年余り幽囚の身だった。そのうち松下村塾での授業を許された一年二ヵ月ほどの期間、やや自由だったにすぎない。この間、状況は通商条約をめぐって急展開し、水戸を始めとするさまざまな所で尊王攘夷の運動が渦巻き始めた。松下村塾はその渦のひとつだったのだが、長崎、京都、江戸などで渦中にいた門下生と、それを伝聞でしか知ることができなかった松陰とのあいだに、認識の落差が生じたのは当然だった。

　安政六年一月一一日付の書簡で、松陰は門下生と自分との違いを「僕は忠義をする積り、諸友は功業をなす積り」と表現している（全集八、一八四頁）。政治的行為において、「男子事を立つる、真心を行ふを貴ぶ」（全集八、二二〇頁）と説くような、結果や成否よりも動機や信条の純粋さを第一義とする態度は、他者を顧みない自己中心主義になりやすい。門人の名前を挙げて、某は「妙」、某は「傑出」、某は「偽君子の極」などと書いたり、「足下も諸友と絶交せよ」と否応なくの同調を迫る脅迫的な態度は、こうした姿勢の表われである（全集八、一七七頁および二〇四頁）。

松陰はエゴイストとはいえないが、周囲の状況をねじ伏せてしまうばかりの強い自我のもち主だった。他者との接触を厳しく制約され、自分に信従するか、同情してくれる人としか交わることがない孤絶した状況で、かれは中国古代の逸話を書いた歴史書に耽溺し、「宋朝の衰弱を見る毎に余所事《よそごと》ながら涙を絞り候」とか、古人の事績をみて「悲泣に堪へず。（中略）伏して眠ること能はず」などと書いていた（全集七、三八九頁。全集八、二二五頁）。

「墨夷」を排斥するのは、中華王朝が夷狄と闘うのと同じ意味づけなのである。外の世界への飛耳長目を働かせる心の余裕と想像力がなければ、思考が眼前の状況だけに極限されてしまうのは避けがたい。

松陰は革命家？

徳富蘇峰《とくとみそほう》は『吉田松陰』（初版）の「革命家としての松陰」の章で、革命劇には予言者・革命家・建設的革命家の三種の役者が必要だとし、予言者には横井小楠・佐久間象山、建設的革命家には大久保利通《おおくぼとしみち》・木戸孝允《きどたかよし》を配し、松陰を革命家と位置づけた。革命家とは現体制の転覆を志して一貫して活動する人のことだとすれば、松陰を「革命家」と呼ぶのは、誰もが躊躇するだろう。『吉田松陰』は明治二六年（一八九三）一二月に刊行された。この本を執筆するころまで、蘇峰は自由党と改進党の民党連合による藩閥打倒という第二の維新革命をめざしていたので、その主張の象徴が松陰に割り当てられたのである。

皮肉なことに、この本の刊行と期を同じくして、民党連合や第二の維新という蘇峰の構想は破綻してしまうのだが、それはさておこう。興味深いのは、かれが予言者を「眼の人」、建設的革命家を「手の人」と形容し、革命家は「眼に見る所、直ちに手にも行うの人」だと述べていることである。蘇峰は「余り多くの識見と余り多くの手腕」は革命家にとって有害だと述べる。しかしこれは松陰を革命家と規定したことからくる説明だろう。現状にたいする認識、将来への構想力と機を見る洞察力がなければ、革命家は務まらない。わたしは松陰を革命家とは考えないので、かれが革命家失格だという必要もないが、違勅問題以後の松陰には、すぐ目の前にあることしか見えていなかったことは否定しがたい。

つまり違勅と攘夷だけがかれの関心で、そうした問題が生じた政治的背景や国際情勢は視野の外に吹き飛んでしまっていた。蘇峰流の語法に倣えば、「彼は甚だ性急なり、幾分か独断的なり」ということになる。そしてその視野の狭さと実践における拙劣さ、つまり一本気で他を顧みる余裕のない所作が、逆説的に（というより当然の勢いとして）現状に対する強力な突破力となり、かれの門下生たちのひたむきで不屈の運動を導いて、長州藩は尊王攘夷につき進んでいくのである。

「死んで見せる」

密航失敗以後の松陰の言動は、自己の忠誠観念を純化していく過程だった。忠誠は、問題の性質上、突きつめれば突きつめるほど言葉による説明が困難になり、行為によって実証するしかなくなる。つまり生命を賭すことによってしか表現できない。「尊攘の為めに一死を遂げさへすれば名節自ら天地に愧《は》ぢず」「一人なりと死んで見せたら朋友故旧生残つたもの共、少しは力を致して呉れうか」などの語が、この時期の松陰の書簡に氾濫する（全集八、二七一頁および二八九頁）。門下生たちが離反した安政五年末以後、これが松陰が達した境地だった。

絶　食

再入獄後、松陰は門下の人びとに手紙を書きまくった。なかには返信を出さずに無視するものもいたようだ。再入獄二日前の安政五年一二月二四日、来原良蔵が長崎の海軍伝習所へむけて出発し、桂小五郎が江戸から帰萩した。ふたりはかねてから松陰がもっとも信頼した人物だが、間部暗殺計画の時点から松陰と距離を取っていた。松陰には複雑な感情があっただろう。桂は収監前の松陰に挨拶に来たが、その後、つぎつぎに扇動の手紙を出す松陰に業を煮やして、年が明けた一月二二日、叔父の玉木文之進を訪れ、松陰が手紙を出すのを止めさせるように説いた。

それを伝え聞いた松陰は「諸友交々《こもごも》吾れを棄つ、吾れ生きて楽しむものなし」（全集五、一六五頁）と述べて、二四日午後から絶食という挙に出た。孤立と絶望の果ての衝動的な行為だった。絶食は父母や叔父に諭されて翌日夜にはやめたようだが、収監の理由を当局に問い詰めて切腹すべきだったと、松陰は当初から後悔していた。だからこれを契機に、自分の信念と覚悟の真剣さを証明するために、「死んでみせる」という観念がたえずかれの胸を去来するようになる。

松陰が最後までこだわった伏見要駕策は、京都に送った野村和作が拘束され、伏見で藩主と合流する手はずの大原重徳も動かなかったので、失敗に終わった。実際に動いたのは野村和作ひとりで、他の門下生はむしろ阻止しようとしたのだから、自暴自棄といってよい。野村は実兄の入江杉蔵の代役だったが、事前の兄梅太郎宛書簡で、松陰は「是非杉蔵に一命を棄てさせたし」と書いている。ねらいは失敗による死をセンセーショナルな事件にすることだった（全集八、一八五頁）。失敗は最初から織りこみずみで、とにかく死に場所を求めたのである。

草莽崛起

松陰はそれまでに入江杉蔵・野村和作兄弟以外の門下生のほぼ全員に絶交を言い渡していたが、絶交したはずの相手に何度も手紙を送って、くり返し尊攘の大義と自分の心情を訴えた。要は「国家へ一騒乱を起し人々を死地に陥れ」ること、つまり事が失敗に終わって罪を問われることで「草莽崛起《くつき》」を促すことだった（全集八、二七四頁）。「死地」に追いこむことによって兵士の士気を高めるのは『孫子』の兵法の一手段だが、この場合に適用すれば「破れかぶれ」と評するしかなかろう。むろん死ぬのは野村和作だけではない。自分もまた事件の首謀者としていっしょに死ぬことになる。「死を求むるの切なる、偽言に非ず」と訴えているように、かれの覚悟に偽りはなかった（全集八、二七五頁）。

孤立した松陰は自分を追いつめずにすまなかった。藩政府首脳や門下生はもはや尊攘の徒ではない。「正気」は天皇と大原三位のような廷臣、藩主と「吾が輩」しかいないので、自分が藩主を、廷臣が天皇を奉戴して「奸人撫斬《なでぎ》り」をするという（全集八、二八二頁）。そのとき期待できるのは「草莽」だけというのだが、具体的にどんな人を想定していたのだろうか。百姓一揆を利用するという発想はあるが、かれらを草莽と考えているわけではない。尊攘派の浪人を漠然と想定していたのだろうが、「草莽崛起の豪傑」（全集八、二八九頁）や「那波列翁《ナポレオン》を起してフレーヘードを唱へねば腹悶医《いや》し難し」（同、二九三頁）などの表現から、ごく少数の人の決死の決起を期待したのだろう。

なおここで使われた「フレーヘード」（自由）という語から、松陰がヨーロッパ近代思想の片鱗をつかんでいたかのように考えるかもしれない。しかしアルファベットに毛の生えた程度のオランダ語の知識しかなかった松陰には、近代の「自由」は想像を絶していた。平戸滞在時に読んだナポレオン伝から推して、「那波列翁を起」こすとは近隣国を蹂躙《じゅうりん》することであり、「フレーヘードを唱」えるとは欧米列強の圧力を排斥するという願望を表明したものだろう。かつて平戸滞在時にナポレオンのオランダ侵略について「樸那把児的《ボナパルト》の暴を悪《にく》む」と書いたが、今は大陸への勢力拡張によって列強の圧力を退けたいと願ったのである。

「六尺の微躯」のみ

伏見要駕策の見込みがなくなり孤絶状態にあった三月末から五月初めのころ、松陰が信頼したのは入江・野村兄弟と品川弥二郎の三人だけだった。入江二二歳、野村一八歳、品川一六歳である。とくに野村和作とは何度も決死の覚悟について確認しあっている。死の覚悟の真剣さを論じ立てていけば、つまるところ目的は宙に浮き、死ぬことあるいはその心情の切実さを強調することに言葉をつくすことになるのは、当然の勢いである。その究極の表現が「恐れながら　天朝も幕府・吾が藩も入らぬ、只だ六尺の微躯《びく》が入用」である（全集八、三二一頁）。

周囲の状況はすべて霧消し、自分自身の決断だけがすべてを決するということになる。孤絶のなかで自己主張する自我の強さと強引さには、端倪すべからざるものがあるが、この語をもって、かれが藩意識を克服したなどと考えるのは筋違いである。「育」という肩書にもかかわらず、かれは最後まで毛利家の家臣という強い忠誠心とアイデンティティをもち続けた。

回心

しかし激しかった感情の起伏は、五月になって落ちつきをとり戻したらしい。「怒気」が減じ、無気力で何もやる気になれず、眠くて読書も進まないと近状を報告し、一〇年も経てば自分に対する敵意がなくなり、出獄できたら知己の恩に報じたいと書いている。あれほど罵倒した周布政之助についても、自分が悪かった面もあると反省している。まなじりを決して死んで見せるといっていた態度も改め、「自今僕復《ま》た死を請はざるなり。斯の道至大、何ぞ独り一死して後楽しと為さんや。分に随ひ職を守らば道皆楽しむべし」と書くようになった（全集八、三三二頁）。死そのものが目的とされるような異様に昂揚した精神状態から、冷静さをとり戻したことがわかる。

万事が終わって、熱狂が去った後の諦念の境地だった。しかしこの平穏さは突然断ち切られた。江戸への護送を知らされたのである。だがその話にはいる前に、ここで時間を少し遡って、かれの生涯の言動の根底を流れていた精神について一瞥しておかねばならない。

武士道精神

松陰は密航に失敗して萩に蟄居していた安政三年（一八五六）に山鹿素行『武教全書』を講義した。「卜定《ぼくじょう》」した講義開始の日付は八月二二日で、その記録『武教全書講録』を書き終えたのは四ヵ月後の一二月二二日だった。講義開始と講義録の脱稿が同じ二二日なのは、なんらかの「験《げん》」をかついだものだろう。思い入れが想像できる。別のところで、かれがこの講義録を「武教小学講録」と呼んでいることでもわかるように、講義の主題は武士の心がけについて論じた「武教小学」だった。サムライ魂は松陰の言動の根源の力だったのである。

戦国時代の武士にとって戦闘での勝利がすべてであり、日常生活はつねに死と隣りあわせだった。素行以降の士道論（あるいは武士道論）は、大規模な戦闘など起こりそうにない平穏な時代の武士の存在理由《レーゾン・デートル》を説明しなければならなかった。具体的には、それは戦闘の勝利によって獲得された支配と特権を社会的に納得させることである。そのために武士はそれぞれの身分や職位にふさわしい倫理と権威をまもり、農工商三民の模範でなければならない。庶民とは異なるというこの特権意識は戦国時代と同様な精神の緊張を維持することであり、君主（上位者）への忠誠と、日常の生活規律の厳格な順守義務として表現された。このことは松陰の時代になっても変わらない。むしろ幕末の対外的危機はサムライ魂を強く刺激した。

サムライ魂

以下では、松陰のサムライ魂がいかなるものだったか、主にかれが嘉永四年（一八五一）の江戸滞在時に読んだことが確認される井沢蟠竜《いざわばんりよう》『武士《ぶし》訓《くん》』、斎藤拙堂《さいとうせつどう》『士道要論《しどうようろん》』、大道寺友山《だいどうじゆうざん》『武道初心集《ぶどうしょしんしゅう》』などの武士道論を中心に考えてみよう。なお『武士訓』と『武道初心集』を松陰は「抄出」している。武士道はかれにとって生半可なものではなかったことがわかる（『武士訓』は井上哲次郎・有馬祐政共編『武士道叢書』上巻、『士道要論』は同叢書中巻、『武道初心集』は岩波文庫版から引用する）。

山鹿素行は『山鹿語類』巻二一「立本」で、農工商のような業に従事しない武士の職務を「主人を得て奉公の忠を尽し、朋輩に交はりて信を厚くし、身の独りを慎んで義を専らとする」ことだと論じる。この考えかたは斎藤拙堂『士道要論』では、武士たるものは

「礼儀廉恥」を旨とすべしと表現され、井沢蟠竜『武士訓』では武術よりもまず「文学」(「忠孝の道」をさす)を習うべしという逆説的表現となる。武士の日常生活を儒教倫理によって律しようとしたものである。

四民の首

素行が「士道」と表現し、後に多くの人(松陰を含めて)が「武士道」と呼ぶ倫理観には、三つの側面があった。第一は農工商三民の上に位置するという特権意識と、それに伴う義務感である。「士を三民の上に置て三民にうやまはしむるものは。他なし。義理をよくさとして。子としては孝をつくし。臣としては忠をつくし。おのれをおさめ。人をおしゆる職なればなり」(『武士訓』)。「士大夫は四民の首となり、上は君に事《つか》へ、下は民に臨むものなれば、その風正しかるべきなり」(『士道要論』)。「武士たらむものは。三民の上に立て。事を執る職分の義に候へば。学問を致し。博《ひろ》く物の道理を弁へ不申しては不叶義に候」(『武道初心集』)。いかにも諭すような平易な語調は、この時代の武士の教養レベルの反映だろうが、それだけに最低限の心がけを強調する意図が伝わってくる。

三民の長の責任

このように武士たるものは統治階級の一員としての自覚をもち、武技だけでなく智徳を兼ねた人間として絶えず自己鍛錬を怠らないことがもとめられた。素行の士道論は主としてこの第一の側面を仔細に論じているが、武士の義務は自己鍛錬や対人関係での道徳の順守だけにとどまらない。第二の側面として、統治階級として、一身を修めるだけでなく、人を治めることの責任も強調された。『武教小学』の序は以下のように始まる。「士は農工商の業なくして、三民の長たる所以のものは、（中略）国を治め天下を平かにすればなり」。農工商は「天下の三宝」なので、武士はかれらの生活を平穏に維持する義務があるという。『士道要論』も、武士は「四民の首」の地位にあるが、実業に従事するわけではないので、「耕し織るもの、労にむくゆる」責任があると論じた。

『武道初心集』では、武士は「世の乱賊を誅し三民の輩に。安堵の思ひをなさしむべき」義務があるとし、農工商の庶民に無理非道をせず、いたわり尊ばねばならないと説かれた。同様に松陰も『武教小学』序への注釈で、「士たる者は（中略）君意を奉じて民の為めに災害禍乱を防ぎ、財成輔相をなす」ことが職務なのに、現在の武士が人民の膏血《こうけつ》を絞るような行為をしているのは「天の賊民」だと非難する（全集四、一五頁）。

体制が安定し「静謐の時代」（『武道初心集』）になったという意識が強かった時期には自己鍛錬の道徳が強調されたが、社会が不安定になってくると下級武士にも治者意識が強まるのは当然の勢いだろう。「三民の長」として特権意識は、逆説的ながら、まず主君への忠誠心を強調することにつながる。仕えるべき主君があることが統治者階級に属することの端的な証明だからである。すでに『武教小学』は「士たるの道は身を主君に委ね、死を全道に守る」と述べていた。松陰の注釈によれば、武士は些事に憤慨せず「忠孝の大節を立つる」ために生命を賭すべしという意味だという。そのうえで松陰は「武士たる者は元日より大晦日《みそか》迄、日夜朝暮、動静語黙、常に一死を以て心上に措きて、扨《さ》て其の一死を又徒らに成らぬ如く持ち詰める、例えば悍馬を引留めて立つるが如し」と説いている（全集四、三六頁）。軽々しく身命を棄てるべきではないが、主君への献身のためなら、いつでも死ぬ覚悟を持てというのである。

死の覚悟

統治者としての使命観と主君への献身の情が結合して、つねに死を意識して生きるべきだという意識が生まれた。これが武士道の第三の側面である。

「武士たらんものは。正月元日の朝。雑煮の餅を祝ふとて。箸を取初るより。其年の大晦日の夕べに至るまで。日々夜々死を常に心にあつるを以。本意の第一と仕り候」。これは『武道初心集』冒頭の語だが、先に引用した松陰の言葉がこれをなぞっていることはあきらかだろう。四六時中、死を意識して生きよという訓戒の背景には、武士は「身ばかりを売切の奉公人」ではなく「一命を奉る奉公人」であるという意識があった。多くの藩があるなかで、たまたま何かの「宿縁」で主従関係を結び、先祖代々奉公してきた以上、自分の一身は自分の物ではなく「主君に捧げ置たる身命」だという。

『葉　隠』

松陰は読んでいないが、人口に膾炙した「武士道と云は、死ぬ事と見付たり」とか「武士道は死狂ひ也」の語で知られる『葉隠』について、相良亨「解説」(『日本思想大系』二六)は「士道論によって否定の対象とされた戦国の余習」と評している。しかし相良の説明とは違って、小池喜明『葉隠——武士と「奉公」』のように、『葉隠』は「武士道」と「奉公人」道の二重構造からなり、「死狂ひ」を強調する前者がその主旋律ではないとする解釈もある。この二重構造は平時の「士法」と非常時の「変法」を区別している『武道初心集』と、基本的に同じ心理構造である。「武士はもと変の役人」と説く『武道初心集』は、「死狂ひ」の心構えで日常生活を送るべしという『葉隠』と似た精神といえるのではないだろうか。『葉隠』は主君への忠誠心を「忍恋」に例えているが、「死狂ひ」の根底には、報われぬ恋に例えられるような徹底的に純化された無私の忠誠心があった。そして無私であることによって、いつかはかならず報われるという逆説的な心理が潜んでいたことも否定できないだろう。

死についての過剰で甘美な表現をそぎ落とせば、士道論から『葉隠』的精神につながる回路はあった。武士道にいう「死」は、主君への忠誠心を核に、「四民の首」「三民の長」としての自覚、民政への責任という統治者意識が結合してできあがった。だから対外的危機の激化によって、主君への忠誠心・外敵への屈辱感・尊王精神・徳川政府への敵意が複合して、死の覚悟ができていることを自己の存在証明とする、いわば能動化した武士道の倫理観が、幕末の下級武士の心をとらえることになる。『武教全書講録』の段階では徒死を排斥して、「悍馬を引留めて立つる」忍耐を説いていた松陰は、数年後には「死んでみせる」と絶叫するようになるのである。

兵学と儒学

松陰は「常住坐臥、死を常に心」に意識する武士としての自覚によってみずからを持した（全集一、一六六頁）。戦いを主とする兵学と儒教道徳は、一見すると矛盾するかにみえるが、唐利国『兵学与儒学之間——論近代化先駆吉田松陰』も指摘しているように、松陰にはそのような葛藤は存在しなかった。松陰自身も「兵を学ぶ者は経を治めざるべからず」と説いて、相補的関係を強調する（全集一、三〇六頁）。「武士道を守り礼儀廉恥の風」を養うという形で、両者は武士道精神のなかで癒着していた（全集一、一六三頁）。戦国時代のような臨戦体制ではないので、戦闘はむしろ観念化し、戦いの心がまえと死の覚悟が強調される結果となったのである。

ルーティン化した生活に慣れた徳川期の武士が、『葉隠』はもちろんのこと、素行や大道寺友山の訓戒にそった意識で日常生活を送っていたとは信じがたいが、それがあるべき理想像だったことは疑えない。だから幕末期に対外的な危機意識が刺激されたとき、遠い過去の記憶になっていた戦国武士の魂が、とくに下級武士たちのあいだで急速に思い出された。皮肉ないいかたをすれば、喧嘩と仇討でしか発揮する機会のなかったサムライ魂が、国家的危機によって絶好の機会をみつけ出したのである。かれらは「生死を離れ」て大義に殉じるという意識をもつことで、さまざまな羈束《きそく》から自らを解き放ち、一種のニヒリズムをはらんだ行動にでることができた。剛直な叔父の薫陶をうけ、幼児から兵学を業としてきた松陰はそうした雰囲気のなかに身をおき、「逆境」を自覚したがゆえに反逆の焔を燃やし、「夷狄」に対する恥の感覚が「死ぬ事」への衝動を刺激した。口を開けば徳川政府の軟弱を批判し、眉をつりあげて決死の覚悟を説く松陰は、後に武士道精神の象徴とみなされることになる。

「やまとだましひ」

「かくすればかくなるものとしりながら、やむにやまれぬやまとだましひ」（全集二、八六頁）。これは密航に失敗して江戸に送られるときに、泉岳寺《せんがくじ》の前で作った歌である。通俗的なので人口に膾炙《かいしゃ》した。松陰はこれが武士道の真髄だと考えている。ここに「やまとだましひ」と表現されたのは、「夷狄」から受けた屈辱感、安定した身分に安住して「夷狄」に屈服した権力者たちへの憎しみ、空隙が見えてきた権力構造への参入の欲求などの情念が複合したものである。言葉は、しばしばその深遠さではなく、単純さと明快さによって人の心を動かす。理屈を拒否したこの歌にかぎらず、松陰の著作は心情一辺倒で論理性が欠けていることが多い。言葉に深みはないが、そうした精神のありかたを美しいと感じる人もいるだろう。松陰は必ずしもアジテーターであろうと意識したわけではなかった。しかしその体当たりの真剣さと、率先して自らを犠牲にすることを辞さなかった態度は、期せずして同時代の若い武士の心情と共振し、結果として多くの人々を鼓舞することになった。

死出の旅

江戸に召喚

安政の大獄の取り調べをになった五手掛《ごてがかり》（寺社奉行・町奉行など五人で構成された）が、長州藩主に対して松陰の江戸呼び出し命令を発したのは安政六年（一八五九）四月二〇日だった。江戸詰めの周布政之助らが、萩の前田孫右衛門（国相府手元役）にそのことを伝達した書類には、「終に此の期に立至り苦々敷き事に候」とある（全集一〇、九九頁）。「苦々敷き」は下田密航事件の際にも周布らが書いた文書にでてくるので、不祥事の際の決まり文句だったのかもしれないが、危惧していたことが現実になってしまったと苦り切っている様子が目に浮かぶ。しかしかれらも召喚の原因はつかみかねていた。松陰は、大獄の第一の犠牲者となった梅田雲浜や、京都で尊攘派の梁山泊になっていた梁川星巌と交際があった。梁川は逮捕直前にコレラで急死していたが、家宅捜索で書類が押収されていたので、梁川に文書を送っていた松陰も早くからマークされていたかもしれない。

松陰は江戸送りの報知を、その任務のために長井雅楽《ながいうた》が帰萩したという形で五月一四日に兄から知らされた。江戸在住の門下生・飯田正伯が萩の久坂玄瑞宛に送った四月二一日付書簡で、長井らから密かに江戸召喚の事実を知らされたと書いている。梅太郎は久坂からその手紙を見せられたのだろう。長井はかねてから徳川政府寄りの公武合体論者として、松陰たちから敵視されていたが、江戸送りを担当したことによって敵意は決定的となり、文久三年（一八六三）に自決に追いこまれることになる。

松陰はすぐに一月に執筆した「愚按の趣」と題する所信を長井に送った。公武合体・勅旨遵奉が本願で、徳川政府と敵対する意図はないと説き、さらに間部暗殺計画は自分一人の創案で、藩政府や塾生は無関係だと弁明している。松陰は間部問題が呼び出しの主因と想像し、取り調べの機会を利用して自分の主張の正当性を弁じる決意だった。しかし藩政府首脳は、取り調べの過程でかれが藩に連累を及ぼさないか心配していたので、その懸念を払拭する弁明をしたのである。前述の書簡で、飯田正伯は寛大な処置を予想しており、松陰が「公武合体尊王攘夷」を堂々と説けば、俗吏の「心胆ニ徹」して「国家ノ幸福」になると述べている。周囲の人々は意外に楽観していたようだ。

江戸送りの命令書が父の百合之助に正式に伝達されたのは五月二四日で、翌日出立だった。かねて松陰に敬意をもっていた獄吏が、久坂玄瑞の示唆にもとづいて、二四日夜に松陰の身柄を父・百合之助に引きとらせたので、松陰は最後の夜を家族とともに過ごした。心中、これが永訣《えいけつ》になると覚悟していただろう。伝え聞いた品川弥二郎をはじめ数人の門弟が杉家を訪れた。

取り調べ　翌朝は雨だった。護送の役人が来て、松陰をいったん野山獄に帰牢させた後に出発した。錠前つきの駕籠に上から細引きで網をかけ、手もゆるく縛られた。昼食は駕籠のなかでとり、夜は手錠付きで一人部屋で寝た。護送の役人は総勢三〇人という物々しさだった。

江戸の藩邸に着いたのは、ちょうど一ヵ月後の六月二五日だった。五手掛から評定所への呼び出しがあったのは七月八日で、翌朝五ツ時（午前八時ころ）に出頭した。取り調べの模様は、江戸にいた高杉晋作宛の書簡で詳しく報告している。それによると、取り調べにあたったのは奉行三人で、中心は井伊大老の意を受けた町奉行・石谷穆清《いしがやあつきよ》だったらしい。

奉行側から問われたのは、梅田雲浜が安政三年に萩を訪ねた際の会話の内容と、御所内にあった落文《おとしぶみ》を書いたのではないかという嫌疑の二点だった。前述のように、松陰は雲浜脱獄の策を赤根武人に授けていた。奉行はその事実をつかんでいて、松陰と雲浜の連繋を疑ったのかもしれない。落文については、筆跡や紙が自分の物ではないと断固として否定した。また雲浜との関係については、その尊大な態度を批判し、連携することはないと述べ、さら自分は「別に為すあるなり」と弁じた（全集八、三六〇頁）。

暗殺計画を告白

二点の尋問が終わった後、奉行は態度を変え、考えていることを自由に述べよと促した。「別に為す」こととは何かと突っ込んできたのである。松陰は当初から、取り調べでは堂々と所信を述べ、相手を説服して忠義心を表白するつもりだった。奉行の態度に勢いづいた松陰は、死罪に値することが二件あるとして、大原下向策と間部老中諫言計画を告白した。暗殺計画を諫言計画と和らげて表現したのは、連累を避ける工夫だった。奉行は大原下向策については察知していたかもしれないが、間部の件はあきらかに初耳だった。協議で中座した後に奉行から宣告されたのは「揚屋入り」、すなわち伝馬町牢への収監だった。

当初の嫌疑から離れて自由にしゃべらせたのは、奉行の巧みな誘導策だったのだろう。しかしそれは松陰の望むところでもあったので、かれには策に乗せられたという気持はなかったにちがいない。

松陰は自分の弁論の効果について、三つの場合を想定している。第一は、自分の主張にもとづいて、奉行たちが何らかの改革策をとるなら死んでも光栄である。第二は、かれの忠義心を理解して死刑を減刑するなら、生き永らえても名誉である。第三は、峻烈な態度で親戚朋友をも連座させた場合、「昇平の惰気を鼓舞する」ことができる（全集八、三六一頁）。決死の行為が無駄死に終わることは想定していない。かれはあくまで自信の人だった。

伝馬町牢には独特の制度があったことは前述した。入獄のときに持参の金銭がないと木片で叩かれるのだが、牢名主の沼崎吉五郎《ぬまざききちごろう》は松陰の名前を知っていて、無一文だった松陰に上座を与えて優遇した。沼崎は松陰の絶筆『留魂録』を寄託され、流刑先でも保管して松陰の門下生のもとに残した人物である。

松陰の在獄当時、伝馬町の別の牢には、橋本左内・頼三樹三郎《らいみきさぶろう》・飯泉喜内《いいずみきない》など、松陰に先立って処刑される人々がいたが、かれが何度も手紙を交換したのは、ハリス暗殺計画で逮捕されていた旧水戸藩士・堀江克之助だった。八月二五日の堀江宛書簡で、拘束された以上、自分の信念を堂々と述べて「奸人共と対決」すると、かねてからの考えを披歴している（全集八、三八二頁）。

楽　観

二回目の取り調べ（九月五日）の翌日の書簡では、間部暗殺の企図を「一死を決して諫争する積り」だったと主張した（全集八、三八五〜三八六頁）。前述のように、暗殺計画を「諫争」とトーンダウンしたのは連累者を出さないためだった。

二回目の取り調べでは諫言が聞かれなかった場合、刃傷におよぶつもりだったのではないかと追及され、あくまで「諫争」が意図だったと言い張った。そのために事態を楽観し、国元での蟄居か他家預けになるだろうと予想し、高杉晋作にも軽罪になると書き送った。

第三回目の一〇月五日の取り調べでも厳しい追及はなく、関係者への波及もなしと判断して、「御慈悲」の処置になると確信した。おそらく牢内でも、さまざまな憶測がされたのだろう。しかし一〇月七日に橋本・頼・飯泉らが処刑されて、自分も遠島は免れまいと覚悟したが、それでも間部の件を「諫争」としてくれたのは三奉行の慈悲だと考えた。実際は、問題を公家や長州藩政府にまで波及させたくないというのが、奉行側の真意だっただろう。

口上書の内容

事態が一変したのは一〇月一六日に口上書（供述書）の内容が判明したときである。間部への諫言が聞かれなかった際は刺し違え、警護人は切り払うつもりだったと書かれていたので強く抗弁し、その文言は取り消された。しかし口上書の後半に「公儀を憚らざる不敬の至り」という文言があったので、死刑は免れないと判断した。「公儀を憚らざる云々」が極刑の際の決まり文句だったのだ。門下生への手紙では「鵜飼［吉左衛門］や頼・橋本なんどの名士と同じく死罪なれば、小生においては本望なり」と書いている（全集八、四一四頁）。今では幕末を代表する人物とみなされているが、じつは生前の松陰は全国的には無名に近い存在だったことを、この言葉は裏書きしているだろう。

安政の大獄の標的にされたのは、おもに将軍後継で慶喜《よしのぶ》を推した一橋派と戊午の密勅にかかわった人々だった。松陰は梅田雲浜や梁川星巌と交際があったが、将軍後継や密勅の政治工作にかかわったわけではない。また奉行側は公家の行動を俎上に挙げるのは避けたいところなので、大原重徳下向策も不問になった。間部襲撃計画を告白していなかったら、松陰は無罪放免か軽罪ですんだはずだから、死罪は悲劇である。だが他方で、初歩段階で挫折した実現可能性の低い暗殺計画を誇るために、あえて告白して死罪になったのは喜劇といえなくもない。しかしみずから死を求めた潔い態度は人びとを感動させた。

一〇月二〇日、松陰は父・叔父・兄や門下生への訣別の手紙を書き、さらに二五日から翌日にかけて、絶筆『留魂録』を書いた。入江杉蔵宛書簡では、井伊政権は近いうちに倒れ、徳川政府に従順な関白の九条尚忠が辞任すれば公武一和が実現するとの期待を披歴している。最後までギリギリの所で公武合体論に踏みとどまったのである。

死刑の言い渡しと執行がなされたのは二七日だった。吉田常吉『安政の大獄』によれば、じつは五手掛の決定は流刑だったのを、井伊大老が罪一等を加重して死刑にしたとのことである。『留魂録』の末尾に記された辞世の句は五首、そのうちの二首を書き写しておこう（全集六、二九六〜二九七頁）。

討たれたる吾れをあはれと見ん人は君を崇《あが》めて夷《えびす》払へよ
七たびも生きかへりつつ戎《えびす》をぞ攘《はら》はんこころ吾れ忘れめや
最後の最後まで攘夷に執着した。時に松陰三〇歳、満年齢でいえば二九歳一ヵ月余だった。

死して不朽の見込あらばいつでも死ぬべし――エピローグ

処刑直前の姿

処刑直前の松陰の様子について、『全集』には四つの逸話が収録されている。漢学者で明治期には演劇改良運動で活躍した依田学海《よだがっかい》（一八三三～一九〇九）は、処刑の約一〇日後の日記で、八丁堀同心から直接聞いた話として、松陰の挙止が大きな感動を与えたとつぎのように伝えている。

（前略）奉行死罪のよしを読み聞かせし後、畏《かしこま》り候よし恭《うやうや》しく御答申して、平日庁に出づる時に介添せる吏人に久しく労をかけ候よしを言葉やさしくのべ、さて死刑にのぞみて鼻をかみ候はんとて心しづかに用意してうたれけるとなり。

（全集一〇、三一一頁）

死刑の宣告は五名の五手掛全員が臨席した。松陰は伝馬町牢から評定所の白洲に呼び出されて宣告を受け、ただちに下袴だけにされて白洲の外に出され荒縄をかけられた。そして駕籠で伝馬町牢まで運ばれて、牢の東隅の死罪場で処刑された（図16「伝馬町牢の見取り図」〈一五二〜一五三頁〉を参照）。伊勢松阪の尊攘家で安政の大獄で逮捕され伝馬町牢にいた世古格太郎《せこかくたろう》という人物が、たまたま白洲の外の仮牢にいて死刑宣告直後の松陰を実見し、『唱義聞見録《しょうぎけんぶんろく》』（出版年不明）に書き残した。

（前略）一人の同心寅次郎にいふ、御覚悟は宜うございますかと。寅次郎答へに、素より覚悟のことでございます、各方にも段々御世話に相成りましたといふや否、直ちに押出し、彼の駕に押込み、戸をしめると直様彼の同心大勢取巻き、飛ぶが如くに出で行きたり。（中略）吉田も斯の死刑に処せらるべしとは思はざりしにや、彼れ縛る時誡に気息荒く切歯し、口角泡を出す如く、実に無念の顔色なりき。

（全集一〇、三一四頁）

従容として死についたと、泰然自若たる態度を称賛するのが、こういう場合の決まり文句だから、『唱義聞見録』の記述はやや異例で、依田学海の日記とも食い違う。しかしよく読むと、依田が伝聞した同心は白洲での言い渡しと死刑直前の姿しか描いておらず、白洲の外で荒縄をかけられる場面を描いていない。藩の立会人だった小幡高政《おばたたかまさ》が語った回顧談では、白洲を出た直後に朗々と詩吟をしたとされている。しかし埋葬を担当した飯田正伯と尾寺新之丞《おでらしんのじょう》が、死刑直後に萩の高杉晋作らに宛てた「埋葬報告書」によれば、松陰が辞世の詩歌を吟じたのは、伝馬町牢にもどって牢の東奥の死罪場でのことだった。白洲の外で縄をかけられる光景を伝えた『唱義聞見録』の叙述は、それなりに事実を伝えているとみるべきだろう。

門下生にさかんに死の覚悟を説いていた時期に、松陰は「僕未だ人の血を見たる事なく、又己れの血を人に見せたる事なし、遺憾少なからず」と書いていた（全集八、一九三頁）。自信がなさそうにもみえるが、早くから武士道に恥じない生きかたをすると自戒し、他人にも広言していた。江戸に召喚されたとき、永訣を期し死の覚悟を固めてもいた。一時寛刑を期待したこともあったが、よもやこの期に及んで狼狽することはなかったのではないか。それでも縄をかけられるときは口惜しさを隠せなかったのだろう。

なお死刑直前に吟じた詩歌は以下の二句である。

身はたとひ武蔵の野辺に朽ちぬとも留め置かまし大和魂

吾れ今国の為に死す／死して君親に負《そむ》かず

悠々たり天地の事／鑑明、明神に在り

牢の西側の囚室の囚人が聞いて書き留めたとされる。囚室と死罪場のあいだは相当な距離があるが、「大音声」で三度吟じたというから、静まり返った囚室でも聞きとれたのだろう。

松陰神社創建

松陰は刑死後の処置について、前述の飯田正伯と尾寺新之丞に書き残していた。獄中で世話になった人々への謝礼を細かく記したもので、費用を周布政之助から一〇両借用するように命じ、首の埋葬は牢名主の沼崎吉五郎と、牢内の堀江克之介に頼んでいた。ハリス暗殺を策した堀江には強い親近感をもっていて、刑場に引かれる直前に面会して挨拶できたという。

刑死は前夜に周布から尾寺に知らされていたらしく、飯田と尾寺が伝馬町に遺骸を受けとりに行った。交渉は難航し、二九日にやっと小塚原《こづかつぱら》の回向院《えこういん》で受けとることができた。桂小五郎と伊藤利助《いとうりすけ》（博文《ひろぶみ》）もいっしょで、四人で遺骸を洗い、橋本左内の横に埋葬して、後に「松陰二十一回猛士墓」の墓石を建てた。この墓石は時勢の変遷とともに撤去や再建を経て、文久三年（一八六三）に若林村（現世田谷区若林）に移され、明治一五年（一八八二）にこの地に松陰神社が創建された。他方、萩の松陰神社のほうは明治二三年（一八九〇）に松下村塾の地に土蔵造りの祠が造られ、明治四〇年（一九〇七）に正式の神社として創建されたものである。個人の名前を冠した神社がふたつある例は他にもあるが、やはり異例に属する。

高杉晋作は松陰の刑死一ヵ月後の周布政之助宛書簡で、刑死は「防長恥辱口外仕候も汗顔之至」で「仇を報い候らはて安心不仕候」と書いている（定本全集六、四二三頁）。「死して不朽の見込あらばいつでも死ぬべし」という松陰の執念は現実のものになった（全集八、三六八頁）。吉田松陰の名はどんな小学生でも知っているほど有名になり、驚くほど多くの人々がかれの著書を読み論じるようになったのである。

あとがき

本書の執筆依頼を受けたのは二〇一九年四月のことだった。わたしはいまだかつて吉田松陰について一本の論文も書いたことがない。唯一まとまったものは日本政治思想史の通史（『日本政治思想』）の一節だけで、七頁ほどの小文にすぎない。その一文は、政治思想史の専門家としては当然のことだが、松陰に対してかなり辛い評価をしている。意外なお誘いだったが、親しみのないテーマでの執筆を依頼され、取り組んでみたら、自分の視野が広がる経験をしたことがこれまでにもあった。試しにやってみようというのが本書執筆の動機である。

本格的に取り組み始めたのは二〇二〇年春以降だった。折から新型コロナ感染症が社会を覆い始めていた。外出にたいする自己規制の風潮が社会にひろがり、県外ナンバーの自家用車への険しいまなざしもあったが、わたしはしばしば郷里の徳島や関西一円の山々に出かけ、時には車中泊をして過ごした。妻につき合ってもらうこともあったが、たいていは独りで、地図と磁石とGPSを頼りに誰にも出会わない山道を歩いていると、ふと着想が浮かぶこともあった。

山に行くときは多くの場合、高速道路を使う。わたしは時速八〇キロを少し超えた程度でトロトロ走るので、たいていの車は追い越していくが、ときに走行車線と追い越し車線を巧みに縫って百数十キロのスピードで走り去っていく車がある。何か急な用があるのではなく、そのスピードが気に入っているのだろう。そのドライバーにとって五感を総合した体感のようなものが要求するスピードなのだと思う。

こんなことを書くのは、猛スピードで走り去る車をみて、吉田松陰を連想せずにいられなかったからだ。松陰の生涯、とくにペリー来航後は、「死に急ぐ」という表現がぴったりする生き方だった。〈今ここで直ちに〉やらねば、という衝迫感がかれの言動の源泉で、それはかれの性格というより、時代の刻印というべきものだろう。松陰だけではない。同時代の多くの若者が同じ衝動にとらえられていた。かれらを突き動かしていたのは、危機意識と屈辱感、サムライとしての忠誠心と使命感、体制からの疎外感が複合したものだった。列強の接近で旧来の秩序に動揺が生じ、裂け目が見え始めていた。伝統的な秩序意識によってがんじがらめにされ、統治階級の一員というタテマエとは逆に権力から疎外されてきた若者たちが、その裂け目に分け入り何とか既成の権力を相対化し、そこに参入しようともがき始めた。松陰のいう「草莽崛起《そうもうくっき》」とはまさにこうした意識の表現にほかならない。

話をもとにもどすと、スピードを出せば視野が狭くなる。周囲の状況はおろか、直近の前景だけを見て、アクセル・ブレーキ・ハンドルに全神経を集中する。〈今ここで直ちに〉と考える人にとっては、その緊張感が心地よいのだろう。もっと周囲を見て数十メートル先の状況を予見しないと、などと説教するのは野暮の骨頂だ。しかし車の運転を離れて、歴史評価ということになれば、視野狭窄や将来構想の無さ、忠誠心にもとづく自己絶対化と内閉性に目をつむって、現状への衝撃の強さだけで評価するわけにはいくまい。

松陰は好奇心が強く、本来は型にはまらない自由さをもった人だったと思う。しかし伝統や慣例が何より重視された社会では、かれの傍若無人にみえる言動は既成の秩序との衝突を生まないわけにはいかない。順風満帆に見えた松陰の人生は、東北への出奔によって歯車が狂ったように暗転しはじめ、下田での密航失敗によって文字どおり幽閉状態になる。閉じられたのは空間だけではない。精神的にも内閉し、人間関係や読書の内容も狭隘《きょうあい》になっていった。自我の要求を貫こうとして、逆に強固な自己防御の殻を作ってしまったのである。既成の型を拒否し抵抗するために、自分では自覚しない鋳型《いがた》に自らを流し込み、一点のみに視点を集中して、周囲の状況のなかで自分の位置を測る余裕をなくした。その偏頗《へんぱ》さや頑固さを評価する人たちがいるが、危機の時代だからこそ開かれた精神が必要だったのではないか。

松陰が下田での密航に成功していたらと想像するよりも、わたしはむしろ佐久間象山らのもとでずっと勉学を続けていたらと、想像したい気もする。ガチガチの鋳型に自分をはめ込んで、現状打破の焦燥感に駆られた生活とは違った人生が、かれの前に開かれたのではないだろうか。しかしこれは例のスピード狂のドライバーに対するのと同じ野暮な想定だろう。かれは幕末という時代の野心に燃える青年たちの典型的な生きかたをしたのだ。

ひるがえって、現在われわれを取りまく世界を見まわしてみよう。社会は政治的にも文化的にも急速に多元化しつつあるが、他方でインターネット上では他者理解の努力を欠いた独りよがりな自己主張が「いいね！」という声とともに拡散している。政治はいずこでもますますポピュリズムに傾斜し、冷静な議論はかき消されがちだ。松陰の生死を顧みない切迫した生き方と残された著作の文体は、「憂国」（右であれ左であれ）のナショナリズムと現状からの出口をもとめて焦燥感に駆られる人々を誘惑してやまず、今世紀になってその熱度はますます高まっているようだ。近年の松陰への関心の高まりは、はたして深まりつつある社会の分断を包摂の方向に転換する契機になりうるだろうか。

本書の執筆はわたしにとって武者修行のようなものだった。大学院時代から周囲に日本政治思想を専攻する人は誰もいなかったので、研究指導やアドバイスを受ける機会はなく、我流は否応なく身についたわたしの作法だった。これまで書いたものも、多かれ少なかれ、武者修行の気味がある。しかし今回は、多くの松陰論とはひどく方向性が違っている。我流がどのように受けとめられるか、不安がなくもなかった。初稿は（薩長史観の素朴な信奉者である妻を含めて）何人かの人に読んでいただき、貴重な感想を手にすることができた。また編集部の斎藤信子氏からも、大小にかかわらず、誤りや疑問が呈された。発表前に、これほど丁寧な指摘や感想をいただいたのは初めてで、とても参考になった。

末筆ながら、校正でお世話になった編集部の森成史氏、そしていつもわたしの駄弁につきあってくれている〈丸山眞男を読む会〉の皆さんにもお礼を申しあげる。

二〇二三年七月

枚方市の寓居にて　米　原　　謙

略年譜

年	松陰事績	関連事項
天保元年（一八三〇）	八月四日（陽暦九月二〇日）父・藩士杉百合之助、母・瀧の次男として長門国萩松本村護国山の麓の団子岩で生まれる。	水戸藩主徳川斉昭が藩政改革に着手。
天保五年	叔父吉田大助賢良の仮養子となる。	福澤諭吉が誕生。
天保六年	四月三日、義父大助死去。六月二〇日、吉田家を嗣ぐ。	
天保八年		大塩平八郎の乱が起こる。
天保九年	正月、家学教授見習となる。	村田清風が藩政改革に着手。
天保一〇年	一一月、明倫館に出勤して初めて家学を教授する。	蛮社の獄が起こる。
天保一一年	藩主敬親の前で『武教全書』戦法篇を講ずる。	
天保一二年	波多野源左衛門に馬術を学ぶ。	高島秋帆が徳丸原で西洋砲術の調練を実施。
天保一三年	藩主の親試があり『武教全書』を講ずる。兄とともに叔父の玉木文之進が開いた松下村塾で学ぶ。	異国船打払令を改め薪水食糧の供与を許可。
天保一四年	父百合之介が百人中間頭兼盗賊改方に就任。	
弘化元年（一八四四）	藩主の親試があり『武教全書』を講じ、さらに『孫子』虚実篇を講じて『七書直解』を賜与される。外叔久保五郎左衛門が私塾を始め、後に松下村塾の名を継ぐ。	徳川斉昭が謹慎を命じられる。
弘化二年	山田亦介に就いて長沼流兵学を学ぶ。	

弘化 三年	三月、山田亦介から長沼流兵学の免許を受け家伝の『兵要録』を授与される。また佐藤寛作に『兵要録』、飯田猪之助に西洋陣法を学び、森永弥右衛門から荻野流砲術の伝授を受ける。	閏五月、米国東インド艦隊司令官ビッドルが浦賀に来航。
弘化 四年	一〇月、林真人から大星目録の免許返伝を受ける。	
嘉永元年（一八四八）	正月、家学後見がなくなり独立の師範となる。一〇月、「明倫館御再興に付き気付書」を上書。杉家が松本村清水口に転居。	
嘉永 二年	三月、「水陸戦略」を上書。六月、藩主の親試があり『武教全書』用士篇を講ずる。七月、須佐から大津・豊浦を経て赤間が関まで船で巡視（「廻浦紀略」）。一〇月、門人を率いて羽賀台で演習を実施。	藤田東湖「弘道館述義」できる。
嘉永 三年	五月、藩主の文学親試で『中庸』を講ずる。八月、藩主の親試があり『武教全書』守城篇を講ずる。同月二五日、萩を発し平戸に遊学して葉山佐内・山鹿萬助（介）に学ぶ。長崎・熊本などを漫遊して一二月末に帰萩（「西遊日記」）。	高野長英『三兵答古知幾』完成。
嘉永 四年	正月、林真人から三重伝の印可返伝を受ける。二月、藩主に『孫子』を講ずる。三月、藩主の参勤交代に扈従して江戸に行き、安積艮斎・古賀茶渓・山鹿素水・佐久間象山の塾で学ぶ。鳥山新三郎の私塾に出入りし、宮部鼎蔵・来島良蔵らと	一月、中浜万次郎が米国船に送られて琉球に着く。

	交流する。六月、宮部鼎蔵と浦賀周辺や房州沿岸を視察。七月、東北遊歴を許可される。一二月一四日、藩政府の過書がないまま江戸を出発し水戸に行く（亡命）。同行の約束をしていた宮部鼎蔵・江幡五郎が数日後に水戸に着き行動を共にする。	
嘉永五年	正月、宮部・江幡とともに銚子・鹿島などに遊ぶ。同月二〇日、水戸を出発し、白河で江幡と別れ、宮部と松陰は会津から新潟へ。松前行のため船を使おうとしたが果たさず、日本海側を北上。三月五日、津軽半島西岸の小泊から山越えで東岸の三厩に出て、その後、青森・岩手から仙台・会津若松を経て、四月五日、江戸にもどる（『東北遊日記』）。同月一〇日、知友の勧めで藩邸にもどり、帰萩の命を受ける。五月一二日、萩に帰着し謹慎する。一一月ころから「松陰」の号を使用。一二月九日、亡命の罪により士籍剥奪、実父百合之介の育となったが、同日、百合之介から一〇年間遊学の内願書が提出され、翌月一六日許可される。	六月、オランダ商館長クルチウスが米国艦隊の来航を予告。
嘉永六年	正月二六日、萩を発ち讃岐・摂津・河内・大和・伊勢・美濃・信濃を経て、五月二四日、江戸に着く。六月四日、米艦隊の浦賀来航を知り探索に行く。八月、「将及私言」執筆。九月一八日、ロシア艦による密航を企図して江戸を発し長崎	六月、ペリー艦隊が浦賀に来航。七月、ロシア使節プチャーチンが長崎に来航、一〇月二三日いったん退去

	に行ったが、ロシア艦出航後で果たさず。一一月一三日、帰萩。宮部鼎蔵・野口直之が来萩し、相たずさえて出発、京都・伊勢などに寄って一二月二七日に江戸に着く。	し、一二月五日に再来。一一月、中浜万次郎を幕臣に登用。
安政元年（一八五四）	三月五日、米艦による密航を企図して金子重之助とともに江戸を発ち下田に至る。三月二七日、漁船を漕いで米艦に行くが密航協力を拒否され、翌日奉行所に自首。四月一五日、江戸伝馬町の獄舎に拘引され、九月一八日、「在所にて蟄居」の処分を受けて、一〇月二四日、萩の野山獄に収監される。一一月、「二十一回猛士」を号するようになる。『幽囚録』執筆。	正月、ペリーが再来し、三月に日米和親条約締結。同月プチャーチンが長崎に再来し、一二月に日露和親条約調印。
安政二年	正月一一日、金子重之助が岩倉獄で死去。三月、月性が来萩し文通が始まる。六月、獄中で『孟子』の講義開始。九月、黙霖が来萩し文通が始まる。一二月一五日、出獄し杉家で謹慎する。『回顧録』『清国咸豊乱記』など執筆。	一〇月、堀田正睦が老中首座となる。
安政三年	六月、『孟子』講義終了（『孟子余話』）。八月、囚室で『武教小学』講義（『武教全書講録』）。九月、外叔久保五郎左衛門の私塾のため「松下村塾記」執筆。一二月、梅田雲浜が萩を訪れ松陰と面会。	駐日米国領事ハリスが下田に来航。
安政四年	囚室での松陰の講義に久保の松下村塾生が参加。一一月、杉家の宅地内に八畳の塾舎が発足。	一〇月、ハリス登城。一二月、ハリスとの通商条約交

安政五年	正月六日、「狂夫の言」執筆。三月、塾舎を増築する。四月一二日ころ、戊午の密勅を知り「対策一道」執筆。六月一五日、藩主が江戸から帰萩し「狂夫の言」を読んで自由に献策させるように伝える。七月、「大義を議す」「時義略論」など執筆。七月二〇日、藩政府が家学教授を許可。八月、萩郊外大井浜で演習実施。九月、「時勢論」「大原卿に寄せる書」を執筆して大原重徳三位の長門下向を説く。一〇月、赤根武人に梅田雲浜解放のため伏見の獄の襲撃を説く。一一月六日、老中間部詮勝襲撃の血盟書を作成、家族への永訣の辞「家大人・玉叔父・家大兄に上る書」を書き、さらに藩政府首脳の周布政之助・前田孫右衛門に暗殺への協力をもとめる。一一月二九日、藩政府が自宅厳囚を命じ、さらに一二月五日、野山獄への投獄を命令、二六日に収監される（「厳囚紀事」）。	渉開始。三月二〇日、孝明天皇が条約拒否の勅答。四月二三日、井伊直弼が大老に就任。六月一九日、日米修好通商条約・貿易章程に調印。八月八日、戊午の密勅が下る。九月七日、梅田雲浜が逮捕され安政の大獄が始まる。一二月三〇日、老中間部詮勝が参内して条約調印了解の勅諚を受ける。
安政六年	正月、伏見要駕策実行のため尊王派志士が来萩したが、藩政府首脳に会見できずに去る。方針対立で孤立し多くの門下生と絶交。同月二四日、絶食したが父母などの説得で翌日夕に中止。二月、伏見要駕策のため門下生を京都に送る（「大原三位に贈る」）。三月、京都にむかった野村和作が藩吏に捕まり岩倉獄へ。四月二〇日、松陰の江戸呼び出しが藩主に通告	五月、神奈川・長崎・箱館を開港し、ロシア・フランス・英国・オランダ・米国との自由貿易を許可。一〇月七日、橋本左内らが死罪となる。

	され、五月一四日に事実を知る。同月二四日、正式に命がだされ、翌日、江戸に護送される。六月二四日に江戸藩邸に着き、七月九日の尋問の後、伝馬町牢に収監される。九月五日と一〇月五日に尋問があり、一〇月一六日の口書の内容から死罪を覚悟する。一〇月二六日『留魂録』執筆。一〇月二七日に評定所で刑の宣告を受け、即日伝馬町牢で処刑。同月二九日、尾寺新之丞・飯田正伯・桂小五郎・伊藤利助が小塚原回向院で遺体を受けとり葬った。

（『吉田松陰全集』第一〇巻、玖村敏雄『吉田松陰』、海原徹『吉田松陰』の年譜を参照した）

参考文献

吉田松陰全集

全集：『吉田松陰全集』全一〇巻別巻一（山口県教育会編纂）、大和書房、一九七二～七四年
定本全集：『吉田松陰全集』全一〇巻（山口県教育会編纂）、岩波書店、一九三四～三六年
五「書簡篇の一（嘉永二年─安政四年）」／六「書簡篇二（安政五年─安政六年）」／九「抄録篇の二、関係文書篇の一」

史料

会沢正志斎「廸彝篇」『会沢正志斎集〈水戸学大系二〉』（高須芳次郎編）、水戸学大系刊行会、一九四一年
会沢正志斎「新論」「退食間話」・徳川斉昭「告志篇」・藤田幽谷「正名論」『水戸学〈日本思想大系五三〉』（今井宇三郎・瀬谷義彦・尾藤正英校注）岩波書店、一九七三年
新井白石「読史余論」『新井白石〈日本思想大系三五〉』（松村明・尾藤正英・加藤周一校注）、岩波書店、一九七五年
井沢蟠竜「武士訓」井上哲次郎・有馬祐政編『武士道叢書』上巻、博文館、一九〇六年
「堀田備中守宅に於て米国使節の陳述」『勝海舟全集　開国起原一』一（勝部真長・松本三之介・大口勇

次郎編）勁草書房、一九七七年
ドンケル・クルチウス「和蘭領事陳告」『勝海舟全集　開国起原四』四（勝部真長・松本三之介・大口勇次郎編）勁草書房、一九八〇年
勝海舟「参政への意見書」『勝海舟全集』一四（勝部真長・松本三之介・大口勇次郎編）勁草書房、一九七四年
川路聖謨『長崎日記・下田日記』（東洋文庫、藤井貞文・川田貞夫校注）、平凡社、一九六八年
北畠親房『神皇正統記』（岩波文庫、岩佐正校注）、岩波書店、一九七五年
栗山潜鋒「保健大記」『近世史論集〈日本思想大系四八〉』（松本三之介・小倉芳彦校注）、岩波書店、一九七四年
土屋蕭海「浮屠清狂伝」・月性「猛火輪転揚黒煙」「二十一回猛士の野山獄中に在るに送る」（『清狂遺稿』）三坂圭治監修『維新の先覚月性の研究』月性顕彰会、一九七九年
月性「封事草稿」京都大学附属図書館所蔵
『孝明天皇紀』二、三（宮内庁先帝御事蹟取調掛編）、平安神宮、一九六七年
斎藤拙堂「士道要論」井上哲次郎・有馬祐政編『武士道叢書』中、博文館、一九〇九年
末松謙澄『防長回天史　修訂』上下巻、柏書房、一九六七年
住田正一編『日本海防史料叢書』一・二、海防史料刊行会、一九三二年
『象山全集』全五巻（信濃教育会編）、信濃毎日新聞、一九三四〜三五年
大道寺友山『武道初心集』（岩波文庫、古川哲史校訂）、岩波書店、一九四三年

高島秋帆「高島喜平、外国交易の建議」勝海舟『勝海舟全集一五　陸軍歴史二』(勝部真長・松本三之介・大口勇次郎編)勁草書房、一九七六年
田辺太一『幕末外交談』全二巻(東洋文庫)、坂田精一訳・校注、平凡社、一九六六年
徳川斉昭「海防愚存」「堀田正睦意見書」(安政四年一一月)『幕末政治論集〈日本思想大系五六〉』(吉田常吉・佐藤誠三郎校注)、岩波書店、一九七六年
徳川光圀「西山公随筆」『水戸義公・烈公集〈水戸学大系五〉』(高須芳次郎編)、水戸学大系刊行会、一九四一年
橋本左内「獄制論」「村田氏壽宛書簡」『橋本景岳全集』上下巻(景岳会編)、畝傍書房、一九四三年
藤田東湖「常陸帯」『藤田東湖集〈水戸学大系一〉』(高須芳次郎編)、水戸学大系刊行会、一九四〇年
三宅観瀾「中興鑑言」『栗山潜鋒・三宅観瀾集〈水戸学大系七〉』(高須芳次郎編)、水戸学大系刊行会、一九四一年
山鹿素行「武家事紀」「山鹿語類」『山鹿素行全集　思想篇』全一五巻(廣瀬豊編)、岩波書店、一九四〇〜一九四二年
『山鹿素行兵学全集』四〜五巻(廣瀬豊編)、教材社、一九四四年
横井小楠「夷虜応接大意」「国是三論」『横井小楠関係史料』全二巻(山崎正董編、続日本史籍協会叢書)、東京大学出版会、一九七七年
頼山陽『日本外史』下(頼成一・頼惟勤訳)、岩波文庫、一九八一年
サミュエル・ウェルズ・ウィリアムズ『ペリー日本遠征随行記』(新異国叢書八)洞富雄訳、雄松堂書

店、一九七〇年
『ゴンチャローフ日本渡航記』（講談社学術文庫）高野明・島田陽訳、講談社、二〇〇八年
『ハリス　日本滞在記』全三巻（岩波文庫）坂田精一訳、岩波書店、一九五三～一九五四年
『ペリー　日本遠征日記』（新異国叢書第Ⅱ輯一）金井圓訳、雄松堂出版、一九八五年
『ペルリ提督　日本遠征記』全四冊（岩波文庫）土屋喬雄・玉城肇訳、岩波書店、一九四八年
レザーノフ『日本滞在日記　一八〇四―一八〇五』（岩波文庫）大島幹雄訳、岩波書店、二〇〇〇年
アーネスト・サトウ『一外交官の見た明治維新』上下巻（岩波文庫）、岩波書店、一九六〇年
ハナ・アーレント『全体主義の起原』（第三巻）大久保和郎・大島かおり訳、みすず書房、一九七四年
浅見絅斎『靖献遺言』（講談社学術文庫、近藤啓吾訳注）、講談社、二〇一八年
『新訂　孫子』（金谷治訳注、岩波文庫）、岩波書店、二〇〇〇年

研究文献

荒木精之編『宮部鼎蔵先生殉難百年記念誌』日本談義社、一九六三年
石井孝『日本開国史』吉川弘文館、一九七二年
石井良助『江戸の刑罰』中公新書、中央公論社、一九六四年
石岡久夫『日本兵法史―兵法学の源流と展開―』上下巻、雄山閣、一九七二年
石岡久夫『山鹿素行兵法学の史的研究』玉川大学出版部、一九八〇年
石原醜男「永鳥三平先生」、本田光彦編『松村大成永鳥三平両先生伝』熊本県教育会玉名郡支会、一九

三五年
市井三郎『思想からみた明治維新―「明治維新」の哲学―』（講談社学術文庫）、講談社、二〇〇四年
氏家幹人『江戸時代の罪と罰』草思社、二〇一五年
海原徹『松下村塾の人びと―近世私塾の人間形成―』ミネルヴァ書房、一九九三年
海原徹『江戸の旅人吉田松陰』ミネルヴァ書房、二〇〇三年
海原徹『吉田松陰―身はたとひ武蔵の野辺に―』（ミネルヴァ日本評伝選）、ミネルヴァ書房、二〇〇三年
海原徹『月性―人間至る処青山有り―』（ミネルヴァ日本評伝選）、ミネルヴァ書房、二〇〇五年
大久保健晴「蘭学と西洋兵学」前田勉・苅部直編『日本思想史の現在と未来―対立と調和―』ぺりかん社、二〇二一年
小川亜弥子『幕末期長州藩洋学史の研究』思文閣出版、一九九八年
利井興隆『国体明徴と仏教』行信教校内一味出版部、一九三六年
郭连友『吉田松阴与近代中国』中国社会科学出版社、二〇〇七年
加藤祐三『黒船前後の世界』岩波書店、一九八五年
川路寛堂編述『川路聖謨之生涯』世界文庫、一九七〇年
川澄哲夫編『中浜万次郎集成（増補改訂版）』小学館、二〇〇一年
桐原健真『吉田松陰の思想と行動―幕末日本における自他認識の転回―』東北大学出版会、二〇〇九年
玖村敏雄『吉田松陰』岩波書店、一九三六年

カール・クロウ『ハリス伝』（東洋文庫）、田坂長次郎訳、平凡社、一九六六年
小池喜明『葉隠─武士と「奉公」─』（講談社学術文庫）、講談社、一九九九年
近藤啓吾『吉田松陰と靖献遺言』錦正社、二〇〇八年
相良亨「解説」『三河物語・葉隠〈日本思想大系二六〉』（齋藤一馬・岡山泰四・相良亨校注）、岩波書店、一九七四年
相良亨『武士の思想』ぺりかん社、一九八四年
佐藤昌介『洋学史の研究』中央公論社、一九八〇年
信夫清三郎『象山と松陰─開国と攘夷の論理─』河出書房新社、一九七五年
須田努『吉田松陰の時代』（岩波現代全書）、岩波書店、二〇一七年
周布公平・妻木忠太編『周布政之助伝』上巻、東京大学出版会、一九七七年
高野直之『宮部鼎蔵先生伝』熊本県立図書館所蔵、奥付なし、一九二六年
田中彰『吉田松陰─変転する人物像─』（中公新書）、中央公論新社、二〇〇一年
田保橋潔『増訂近代日本外国関係史』刀江書院、一九四三年
知切光歳『宇都宮黙霖』（郷土偉人伝選書）、日本電報通信社出版部、一九四二年
妻木忠太『前原一誠伝』積文社、一九三四年
妻木忠太『来原良蔵伝』上下巻（復刻版）、村田書店、一九八八年
妻木忠太『吉田松陰の遊歴』泰山房、一九四一年
陶徳民「「投夷書」原本でみる松陰の西洋学習の姿勢」、『日本思想史学』第三六号、二〇〇四年）

唐利国『兵学与儒学之间—论日本近代化先驱吉田松阴—』社会科学文献出版社、二〇一六年
徳富猪一郎『近世日本国民史三七　安政条約締結篇』近世日本国民史刊行会、一九六五年
徳富蘇峰『吉田松陰』岩波文庫、一九八一年
内藤耻叟『徳川十五代史』博文館、一八九二～九三年
中原邦平編述『長井雅楽詳伝』(臼杵華臣校訂)、マツノ書店、一九七九年
日本歴史学会編『明治維新人名辞典』吉川弘文館、一九八一年
布目唯信『吉田松陰と月性と黙霖』興教書院、一九四二年
野口武彦『徳川光圀』(朝日評伝選)、朝日新聞社、一九七六年
野口武彦『王道と革命の間—日本思想と孟子問題—』筑摩書房、一九八六年
野口武彦『江戸の兵学思想』中央公論社、一九九一年
萩市史編纂委員会編『萩市史』一～三巻、萩市、一九八三～八九年
廣瀬豊『吉田松陰の研究』東京武蔵野書院、一九四三年
福地源一郎「幕府衰亡論」、柳田泉編『福地桜痴集(明治文学全集一一)』筑摩書房、一九六六年
福本義亮『踏海志士金子重之助』金子敏輔、一九五八年
福本義亮『吉田松陰之殉国教育』誠文堂、一九三三年
堀勇雄『山鹿素行』(人物叢書)、吉川弘文館、一九五九年
前田勉『近世日本の儒学と兵学』ぺりかん社、一九九六年
増田渉「『満清紀事』とその著者」『西学東漸と中国事情—「雑書」札記—』岩波書店、一九七九年

松浦玲『横井小楠』（朝日評伝選）、朝日新聞社、一九七六年
三谷博『ペリー来航』（日本歴史叢書）、吉川弘文館、二〇〇三年
宮本仲『佐久間象山』岩波書店、一九三二年
山川菊栄『覚書　幕末の水戸藩』（岩波文庫）、岩波書店、一九九一年
山崎正董『横井小楠伝』全三巻、日新書院、一九四二年
山田稔「吉田松陰自賛肖像考」『山口県文書館研究紀要』三七、二〇一〇年
吉田常吉『安政の大獄』（日本歴史叢書）、吉川弘文館、一九九六年
ピーター・ブース・ワイリー『黒船が見た幕末日本―徳川慶喜とペリーの時代―』興梠一郎訳、ティビーエス・ブリタニカ、一九九八年
渡辺京二『神風連とその時代』葦書房、一九七七年
和田春樹『開国―日露国境交渉―』（ＮＨＫブックス）、日本放送出版協会、一九九一年

著者紹介

一九四八年、徳島県に生まれる
一九八〇年、大阪大学大学院法学研究科博士課程単位取得退学
一九八四〜八五年、フランス政府給費留学生としてパリ第四大学に留学
大阪大学大学院国際公共政策研究科教授を二〇一三年定年退職後、台湾政治大学客座教授、中国人民大学講座教授を歴任

〔主要著書〕
『徳富蘇峰――日本ナショナリズムの軌跡』（中央公論新社、二〇〇三年）
『日本政治思想』（ミネルヴァ書房、二〇〇七年、増補版二〇一七年）
『国体論はなぜ生まれたか――明治国家の知の地形図』（ミネルヴァ書房、二〇一五年）
『山川均』（ミネルヴァ書房、二〇一九年）

歴史文化ライブラリー
586

吉田松陰の生涯
猪突猛進の三〇年

二〇二四年（令和六）二月一日　第一刷発行

著　者　米《よね》原《はら》謙《けん》
発行者　吉川道郎
発行所　株式会社　吉川弘文館
東京都文京区本郷七丁目二番八号
郵便番号一一三―〇〇三三
電話〇三―三八一三―九一五一〈代表〉
振替口座〇〇一〇〇―五―二四四
https://www.yoshikawa-k.co.jp/
印刷＝株式会社　平文社
製本＝ナショナル製本協同組合
装幀＝清水良洋・宮崎萌美

ISBN978-4-642-05986-2

歴史文化ライブラリー

1996.10

刊行のことば

現今の日本および国際社会は、さまざまな面で大変動の時代を迎えておりますが、近づきつつある二十一世紀は人類史の到達点として、物質的な繁栄のみならず文化や自然・社会環境を謳歌できる平和な社会でなければなりません。しかしながら高度成長・技術革新にともなう急激な変貌は「自己本位な刹那主義」の風潮を生みだし、先人が築いてきた歴史や文化に学ぶ余裕もなく、いまだ明るい人類の将来が展望できていないようにも見えます。このような状況を踏まえ、よりよい二十一世紀社会を築くために、人類誕生から現在に至る「人類の遺産・教訓」としてのあらゆる分野の歴史と文化を「歴史文化ライブラリー」として刊行することといたしました。

小社は、安政四年(一八五七)の創業以来、一貫して歴史学を中心とした専門出版社として書籍を刊行しつづけてまいりました。その経験を生かし、学問成果にもとづいた本叢書を刊行し社会的要請に応えて行きたいと考えております。

現代は、マスメディアが発達した高度情報化社会といわれますが、私どもはあくまでも活字を主体とした出版こそ、ものの本質を考える基礎と信じ、本叢書をとおして社会に訴えてまいりたいと思います。これから生まれでる一冊一冊が、それぞれの読者を知的冒険の旅へと誘い、希望に満ちた人類の未来を構築する糧となれば幸いです。

吉川弘文館